北京市社会科学基金重点资助项目
北京市社会科学理论著作出版基金重点资助项目
辽宁省"提升高校核心竞争力特色学科建设"项目

国外经济学发展报告（2014）

国外经济热点前沿

（第 11 辑）

黄泰岩　等著

经济科学出版社

图书在版编目（CIP）数据

国外经济热点前沿. 第 11 辑／黄泰岩等著. —北京：经济科学出版社，2014.12
ISBN 978 - 7 - 5141 - 5295 - 1

Ⅰ. ①国… Ⅱ. ①黄… Ⅲ. ①经济 - 问题 - 研究 - 国外 Ⅳ. ①F113

中国版本图书馆 CIP 数据核字（2014）第 289096 号

责任编辑：柳　敏　于海汛
责任校对：刘　昕
责任印制：李　鹏

国外经济热点前沿
（第 11 辑）

黄泰岩　等著

经济科学出版社出版、发行　新华书店经销
社址：北京市海淀区阜成路甲 28 号　邮编：100142
总编部电话：010 - 88191217　发行部电话：010 - 88191522
网址：www.esp.com.cn
电子邮件：esp@esp.com.cn
天猫网店：经济科学出版社旗舰店
网址：http://jjkxcbs.tmall.com
北京汉德鼎印刷有限公司印刷
三河市华玉装订厂装订
710×1000　16 开　15.25 印张　260000 字
2014 年 12 月第 1 版　2014 年 12 月第 1 次印刷
ISBN 978 - 7 - 5141 - 5295 - 1　定价：34.00 元
（图书出现印装问题，本社负责调换。电话：010 - 88191502）
（版权所有　侵权必究　举报电话：010 - 88191586
电子邮箱：dbts@esp.com.cn）

前　言

《国外经济学发展报告——国外经济热点前沿（第11辑）》终于交给出版社了，一半是喜悦，一半是伤感！

喜悦的是，本书走过了黄金10年，进入了钻石10年的新发展期，创造了学界一个新的纪录：至今还没有一个学术团队能够对一个学科的年度发展给予11年不离不弃、无怨无悔的跟踪描述。有了这种真诚的执着，何愁玉不成器，甚至即使是块石头，也应被炼成金。因此，本书受到社会越来越多的关注，如本书的一些章节先后在《经济学动态》、《经济学家》、《教学与研究》等国内一流刊物发表；2013年本书又得到了北京市社科基金重点项目的资助；在新的10年，北京市社会科学理论著作出版基金将继续资助本书的连续出版，经济科学出版社也将一如既往地承担本书的出版工作。有了大家的共同培养，这个美女，一定会更加亭亭玉立、妩媚动人。不管你信不信，反正我信！

伤感的是，本书的交稿日期总是一拖再拖，比去年延后了两个多月。不是不为，而是真有些力不从心，所以感到纠结，有些伤感。2013年当了一回"拼命三郎"，在"红五月"将本书的姊妹篇《中国经济学发展报告——中国经济热点前沿（第10辑）》如期交稿。

今年不敢拼了，主要原因，一是自身行政与学术的冲突。校长履职三年，前两年凭借以往的身体本钱，白天行政，晚上熬夜，以及利用双休日和节假日做点学术，还可以应付。今年这一模式难以为继了，那点油水熬干了！行政事务忙了一天，甚至还要经常加班，晚上拖着疲惫的身体回到学校公寓。在这种情况下，强打"鸡血"熬夜做学术，怎能持久？两年已是超出想象。二是外在的巨大压力。我的好友，南开大学经济研究所所长柳欣教授，只比我年长一岁，2013年年底因心脏病突发离开了我们；我身边的同事，有的只有三四十岁，因劳累过度，突发脑溢血。声声警钟，一再提醒自己，不可过度透支身体！

人来到这个世界上不容易，能赶上改革开放的伟大时代更不容易，而且更加难得的是，再给中国10年左右的和平稳定发展，中国的GDP总量就将毫无悬念地超越美国，成为世界第一大经济体，中华民族伟大复兴的第一个百年梦想就将得以实现。到那时，中国就可以像今天的美国那么"牛"，每一个中国人就可以活得那么扬眉吐气，意气风发。假如此时你不在了，那将是多么大的悲伤和遗憾！所以，现在我们一定要"两手"都要硬：一手努力工作；一手努力保重身体，健康地活到那一天！尤其对我们这些年近花甲之人，一定要记住：工作易，长寿难，且干且珍惜！

如何珍惜？就是做减法，不可"贪"！中国字"贪"，是由"今"和"贝"两个字组成的，"贝"是古代的钱币。这说明"贪"，只要今天的钱，不管明天的命。不"贪"，一是要敢于"舍"。每个人都想赢，但中国字"赢"，开始就是一个"亡"字，表明要赢，首先必须"亡"掉一些东西，什么都不想舍的人，最终什么也得不到。这就是"赢"和"亡"的辩证法。二是要学会拒绝。不会拒绝，就不会"亡"掉一些事情，就不会赢，所以"赢"在"亡"字下面是一个"口"字，这表明要"亡"就要会说，会沟通，从而会拒绝。"亡"和

"口"两个字合在一起，就延伸出一个新的意思，要赢，应该"亡"掉多少东西呢？答案是：要舍掉所有的东西，只留下一口气。这就是要专注于一件事，干成一件事，而做好这件事的能力就成为你的立身之本。其实，人活着也就是一口气，争的也是一口气，难咽下去的还是一口气！三是要急不得。急了，就容易出事、乱事，因为"冲动是魔鬼"。星云大师说："沉得住气，才能理性地思考解决之道，这才是智者所为。"[①]所以，"赢"字的下面有三个字，第一个字就是"月"，表明要有时间的积累，要经得起岁月的考验，认准了，就要坚守到底。四是要够吃够喝。无论是精神的坚守，还是事业的坚守，都需要一定的物质基础，不贪，不是不吃不喝，而是够吃够喝，所以"赢"字下面的第二个字就是"贝"。五是要有平常心。"赢"字下面的第三个字是"凡"，就是要有一颗"平常心"，以平常心去做事，以凡人的心态去做人。只有"平常心"，才能不平常！

我走到今天，其实就是一路舍过来的。我为从事我所喜欢的经济学舍掉了许多，当然也在经济学的教学与研究中收获了许多幸福和快乐。现在，我担任校长又放弃了许多学术活动，这是应该的。既然选择了行政，就要把它做好，这是我的做人准则。同时，这也丰富了我的人生。但是，现在我感到最为纠结的是，从一个大学校长应该担负的职责层面来看，还是面临着如何处理好行政与学术关系的难题。在西方的大学体制下，校长是职业教育家，可以从事单一的行政工作。在我国现行的大学体制下，担任大学校长，是否就不可以再从事学术研究了，不能再申请国家课题了，不能再带研究生了，不能再报学术奖励了，等等，可能还是一个值得研究的大课题。从个人的时间和精力来看，最好在履职期间专心于行政工作，做好校长这一件事。但在现实中可行吗？好像不可行。在建一

---

① 星云：《沉不住气》，载《生命时报》2014年7月22日，第23版。

流大学的"985"高校中，由于聚集了一大批知名学者，好像还好些，但在地方院校，特别是建高水平大学的地方"211"高校，由于资源相对短缺，校长还要担负着为学科建设整合外部资源的重要职责，这样，没有一定的学术地位很难做到。在我国现行的体制下，行政与学术的平衡需要有很高的能力和艺术。看来，我的纠结和伤感可能还得持续一段时间，但愿能够早些了结。

本书作为《中国经济学发展报告（2014）——中国经济热点前沿（第11辑）》的姊妹篇，试图针对2013年中国经济学研究的热点问题，通过对相关热点问题国外研究文献的系统梳理，展示国外经济学在相应专题研究方面的最新进展，使对相关热点问题感兴趣的学者们可以较容易地通览国内外的文献，把握研究的学术前沿，为推进经济学的理论创新打造基础和平台。当然，由于我们的水平和对资料的掌握有限，难免有一些相当精彩的观点没有被综述进来，从而使研究成果反映得不够全面，敬请有关专家、学者谅解。同时我们也诚心诚意地欢迎有关专家、学者支持和帮助我们，以使我们的工作越做越好。

参加本书写作的有（按章顺序）：牛飞亮（第一章）；渠慎宁、李鹏飞、李伟红（第二章）；许悦雷（第三章）；魏博文（第四章）；沈春苗、郑江淮（第五章）；于宁（第六章）；许悦雷（第七章）；张培丽、陈畅（第八章）；和军（第九章）；丁守海、奚春（第十章）；张培丽、姜伟（第十一章）；高倚云（第十二章）；张广辉（第十三章）；韩蕾（第十四章）；曹艳秋（第十五章）。他们分别是来自于中国社会科学院、中国人民大学、南京大学、辽宁大学、云南大学、北京第二外国语学院的教授、副教授、讲师和博士生等。全书最后由我修改和定稿。

本书的出版，得到了北京市社会科学理论著作出版基金、北京市社科基金重点项目和辽宁省"提升高校核心竞争力特色学科建设工程"项目的资助。正是有了他们的资助，我国的理论之树才更加根深叶茂。经济科学出版社的吕萍总编辑、财经分社的于海汛副社长，及其同事们为本书又好又快地出版给予了超乎寻常的鼎力支持，在此一并表示衷心的感谢！

黄泰岩

2014年12月于辽宁大学

目 录

第一章
经济增长收敛理论研究的新进展 ………………………… (1)
一、索洛—斯旺模型的经济增长收敛理论 ………………… (1)
二、新增长理论对经济收敛理论的质疑 …………………… (5)
三、拉姆齐模型的经济增长收敛理论 ……………………… (7)
四、巴罗等对经济增长收敛理论的扩展 …………………… (17)
五、主要的收敛假说 ………………………………………… (21)

第二章
绿色增长理论研究的新进展 ……………………………… (27)
一、绿色增长的理论分析框架 ……………………………… (27)
二、不可再生资源利用下的经济增长 ……………………… (28)
三、可再生资源使用及对经济增长的影响 ………………… (29)
四、环境政策的影响 ………………………………………… (31)
五、绿色技术创新 …………………………………………… (33)
六、主要结论及下一步研究方向 …………………………… (36)

第三章
"中等收入陷阱"理论研究的新进展 …………………… (41)
一、陷入"中等收入陷阱"的主要原因 …………………… (41)
二、跨越"中等收入陷阱"的对策 ………………………… (44)
三、中国跨越"中等收入陷阱"的问题与对策 …………… (48)

第四章
政府债务对经济增长影响研究的新进展 ……………… (54)
  一、政府债务膨胀的原因 ……………………………… (54)
  二、政府债务的经济增长效应 ………………………… (56)
  三、政府债务影响经济增长的内在机制 ……………… (58)
  四、预防政府债务危机的对策建议 …………………… (60)

第五章
资源错配理论研究的新进展 …………………………… (66)
  一、资源错配的本质和内涵 …………………………… (66)
  二、资源错配的成因 …………………………………… (68)
  三、资源错配程度核算 ………………………………… (72)
  四、资源错配与经济增长 ……………………………… (76)
  五、简要评述 …………………………………………… (78)

第六章
影子银行风险与监管研究的新进展 …………………… (81)
  一、影子银行的定义和组织形式 ……………………… (81)
  二、影子银行风险放大机制 …………………………… (83)
  三、影子银行与金融危机的关系 ……………………… (85)
  四、影子银行的监管 …………………………………… (88)
  五、简要评述 …………………………………………… (90)

第七章
产学研合作研究的新进展 ……………………………… (94)
  一、产学研合作的参与主体 …………………………… (94)
  二、技术转移办公室的作用 …………………………… (96)
  三、产学研合作效果 …………………………………… (100)

第八章
基础设施投资研究的新进展 …………………………… (108)
  一、基础设施投资与经济增长的关系 ………………… (108)

二、基础设施投资与私人投资的关系 …………………… (113)
　　三、基础设施的投资规模 ……………………………… (114)
　　四、基础设施的投资方向 ……………………………… (117)
　　五、基础设施的投融资模式 …………………………… (118)

第九章
公私合作伙伴关系（PPP）研究的新进展 …………… (126)
　　一、PPP 的由来与内涵 ………………………………… (126)
　　二、PPP 的功能与优势 ………………………………… (128)
　　三、PPP 的风险与机构内在组织文化冲突 …………… (131)
　　四、PPP 绩效的实证检验 ……………………………… (134)
　　五、提升 PPP 绩效的对策建议 ………………………… (137)

第十章
信息技术就业效应研究的新进展 ……………………… (145)
　　一、信息技术对就业总量的影响 ……………………… (145)
　　二、信息技术对就业结构的影响 ……………………… (148)
　　三、信息技术的就业传导机制 ………………………… (152)
　　四、简要评述 …………………………………………… (157)

第十一章
收入不平等问题研究的新进展 ………………………… (162)
　　一、收入不平等变动新趋势 …………………………… (162)
　　二、收入不平等的经济影响 …………………………… (166)
　　三、经济增长与收入不平等 …………………………… (167)
　　四、收入结构与收入不平等 …………………………… (169)
　　五、财政与收入不平等 ………………………………… (170)
　　六、金融与收入不平等 ………………………………… (173)
　　七、就业与收入不平等 ………………………………… (176)
　　八、教育与收入不平等 ………………………………… (178)
　　九、经济全球化和收入不平等 ………………………… (179)

第十二章
路径依赖理论研究的新进展 …………………………… (184)
一、路径依赖理论的发展脉络 …………………………… (184)
二、报酬递增与路径依赖 ………………………………… (186)
三、报酬递减与不合意的锁定 …………………………… (188)
四、制度变迁与路径依赖 ………………………………… (190)
五、路径依赖理论的应用 ………………………………… (193)

第十三章
土地交易中抵抗问题研究的新进展 ……………………… (197)
一、土地交易中抵抗问题的含义 ………………………… (197)
二、土地交易中抵抗问题的表现 ………………………… (198)
三、土地交易中抵抗问题的影响 ………………………… (199)
四、土地交易中抵抗问题的协调 ………………………… (201)

第十四章
医疗服务规制研究的新进展 ……………………………… (208)
一、医疗服务的性质 ……………………………………… (208)
二、医疗服务规制依据 …………………………………… (209)
三、医疗服务价格规制 …………………………………… (213)
四、医疗服务质量规制 …………………………………… (217)

第十五章
经济性规制绩效研究的新进展 …………………………… (223)
一、经济性规制绩效评估 ………………………………… (223)
二、经济性规制绩效的影响因素 ………………………… (225)
三、提高经济性规制绩效的措施 ………………………… (228)

第一章 经济增长收敛理论研究的新进展

经济增长收敛理论建立在新古典增长模型索洛—斯旺（Solow – Swan）模型基础之上，并不断从理论和实证两个角度得到丰富、扩展和争论。

一、索洛—斯旺模型的经济增长收敛理论

新古典增长模型——索洛—斯模型是研究经济增长收敛的理论基础，它构建了一个规模报酬不变的生产函数，并且假设人口增长率和储蓄率是不变的外生变量，同时认为资本的边际产量为正且递减，当达到人均产出不变时经济实现稳态发展。因而在新古典增长模型中就蕴含着经济增长的收敛性。经济总体低于稳态越多，它的增长速度越快；经济总体高于稳态越多，它的增长速度越慢，经济落后的国家存在着比发达国家更高的人均资本增长率，所以它的增长速度也快于发达国家。长期来看，发展中国家最终能够追赶上发达国家的经济增长，实现各自的经济稳态。由于这一模型假设各国各地区都具有相同的人口增长率、资本折旧率、储蓄率以及生产函数，所以所有经济体具有相同稳态，唯一的区别在于初始的人均资本量不同，因而实现稳态的速度不同，但最终都会收敛到同一个稳态，这就是绝对收敛的情形。

（一）索洛—斯旺模型的生产函数性质

索洛—斯旺模型假设：在不存在政府和对外贸易的封闭经济中，有无数同质的家庭和厂商，家庭拥有全部的劳动力和资本，通过依靠劳动收入和资本收入来形成收入源。在这样的简单经济体中，总产出等于消费部分

和投资部分之和，即 $Y(t) = C(t) + I(t)$，而总储蓄量等于总投资量，即 $S(t) = Y(t) - C(t) = I(t)$。

经济体的生产函数如下：

$$Y(t) = F[K(t), L(t), T(t)] \tag{1}$$

其中，$Y(t)$ 是时间 t 时的总产出；$K(t)$ 代表物质资本；$L(t)$ 代表劳动力；$T(t)$ 代表技术水平。新古典主义生产函数要求满足以下四个性质：

（1）生产函数 $F(\cdot)$ 满足规模报酬不变。即：

$$F(\lambda K, \lambda L, T) = \lambda \cdot F(K, L, T), \quad \forall \lambda > 0 \tag{2}$$

其中，由于经济水平具有非竞争性特质，即多个厂商生产相同的商品仅需要使用同一套技术方案，因而有如上规模报酬的定义。

（2）生产函数 $F(\cdot)$ 中各要素的边际产出为正，且边际产出递减。对所有 $K > 0$，$F > 0$，

$$\frac{\partial F}{\partial K} > 0, \frac{\partial^2 F}{\partial K^2} < 0; \frac{\partial F}{\partial L} > 0, \frac{\partial^2 F}{\partial K^2} < 0 \tag{3}$$

（3）生产函数 $F(\cdot)$ 满足稻田条件（Inada Conditions）。即随着资本存量（或劳动力）趋于零时，资本的边际产品（或劳动的边际产品）趋向无穷；反之，随着资本存量（或劳动力）趋向正无穷时，资本的边际产品（或劳动的边际产品）趋于零。

$$\lim_{K \to 0} \frac{\partial F}{\partial K} = \lim_{L \to 0} \frac{\partial F}{\partial L} = \infty \quad \lim_{K \to \infty} \frac{\partial F}{\partial K} = \lim_{L \to \infty} \frac{\partial F}{\partial L} = 0 \tag{4}$$

（4）生产函数 $F(\cdot)$ 满足投入要素的必要性。即资本和劳动力这两种投入要素对于生产而言都是必要的，仅使用其中一种作为生产要素的，则产出量为零。

$$F(0, L) = F(K, 0) = 0 \tag{5}$$

由以上性质可以得到生产函数的集约形式，即：

$$Y = F(K, L, T) = L \cdot F\left(\frac{K}{L}, 1, T\right) = L \cdot F(k, 1, T) = L \cdot f(k) \tag{6}$$

$$y = \frac{Y}{L} = f(k) \tag{7}$$

其中，$k = \frac{K}{L}$ 代表人均资本；$y = \frac{Y}{L}$ 代表人均产出。可以证明集约形式的生产函数仍满足新古典生产函数的性质。

(二) 索洛—斯旺模型的经济动态行为

从生产的角度来看，假设封闭经济中有一个代表性厂商，它以具有劳动增进型技术进步的生产函数来指导生产，即具有哈罗德中性：

$$Y = F[K(t), L(t) \cdot T(t)] \tag{8}$$

此生产函数仍满足前面新古典增长理论的性质。同时，厂商在面对生产要素完全竞争市场条件下，选择使得其利润最大化的产品数量来生产。此时，称 $L(t) \cdot T(t) = \hat{L}(t)$ 为有效劳动，相对应的 $\hat{k} = \frac{k}{T} = \frac{K}{TL}$ 称为有效人均劳动的资本，同样 $\hat{y} = \frac{Y}{TL} = F(\hat{k}, 1) = f(\hat{k})$ 称为有效人均劳动的产出。

同时假设劳动力和技术水平分别以 n 和 x 的速率外生增长，并且将 0 时刻的人口数和技术水平都标准化为 1，那么有：

$$\begin{aligned}\frac{\dot{L}(t)}{L(t)} &= n \Leftrightarrow L(t) = L(0) \cdot e^{nt} = e^{nt} \\ \frac{\dot{T}(t)}{T(t)} &= x \Leftrightarrow T(t) = T(0) \cdot e^{xt} = e^{xt}\end{aligned} \tag{9}$$

$\dot{L}(t)$ 表示对 $L(t)$ 求时间 t 的导数，$\dot{T}(t)$ 表示对 $T(t)$ 求时间 t 的导数，本章此标注均是相同含义不再赘述。在 t 时刻，资本存量的净投资额为：

$$\frac{\partial K(t)}{\partial t} = \dot{K}(t) = I(t) - \delta K(t) = s \cdot F(K, TL) - \delta K \tag{10}$$

其中，$0 \leq s \leq 1$ 为储蓄率，$\delta \geq 0$ 为折旧率，且均为外生变量。

因为 $\hat{k}(t) = \frac{K(t)}{T(t)L(t)}$，等式两边同时取自然对数可得：

$$\ln \hat{k}(t) = \ln K(t) - \ln T(t) - \ln L(t) \tag{11}$$

对 (11) 式两边求时间偏导数，得：

$$\frac{\dot{\hat{k}}}{\hat{k}} = \frac{\dot{K}}{K} - \frac{\dot{T}}{T} - \frac{\dot{L}}{L} \tag{12}$$

将 (9) 式和 (10) 式代入 (12) 式中，有：

$$\frac{\dot{\hat{k}}}{\hat{k}} = \frac{s \cdot F(K, TL) - \delta K}{K} - x - n \tag{13}$$

整理得：

$$\dot{\hat{k}} = s \cdot f(\hat{k}) - (x + n + \delta) \cdot \hat{k} \tag{14}$$

等式（14）被称为新古典增长的索洛方程，它表明有效人均资本增量（$\dot{\hat{k}}(t)$）是实际投资（$s \cdot f(\hat{k})$）与持平投资（$(x+n+\delta) \cdot \hat{k}$）即资本广化的差值。

现在考察长期中经济体的均衡增长路径，将稳态定义为各种数据增长率为零的情况。此时有效人均资本的动态方程为：

$$\frac{\dot{\hat{k}}}{\hat{k}} = \frac{s \cdot f(\hat{k})}{\hat{k}} - (x + n + \delta) \tag{15}$$

当$\dot{\hat{k}}=0$时，即图1中曲线和直线的交点位置$\hat{k}^*$，此时经济实现稳态，同时$\hat{k}^*$也满足$s \cdot f(\hat{k}^*) = (x+n+\delta) \cdot \hat{k}^*$，即实际投资等于持平投资。从图1中分析可知，如果$s \cdot f(\hat{k})/\hat{k} > (x+n+\delta)$时，$\dot{\hat{k}}$大于零，$\hat{k}$增加，经济将向着$\hat{k}^*$方向移动；如果$s \cdot f(\hat{k})/\hat{k} < (x+n+\delta)$时，$\dot{\hat{k}}$小于零，$\hat{k}$减少，经济也将向着$\hat{k}^*$方向移动；因此只有当$s \cdot f(\hat{k})/\hat{k} = (x+n+\delta)$时，经济位于$\hat{k}^*$状态，$\hat{k}$的增长率为零，实现经济体的均衡稳态。

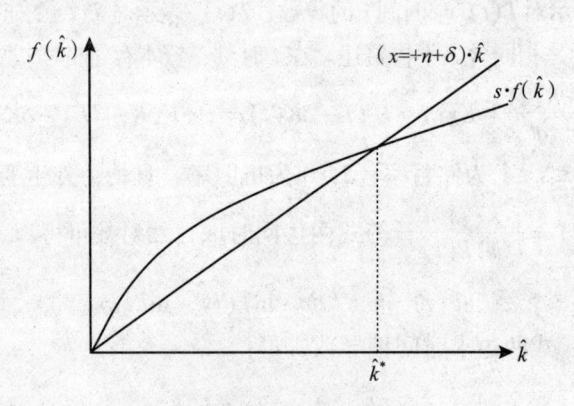

图1 索洛—斯旺模型稳态点

（三）索洛—斯旺模型的稳态收敛系数

通过对动态增长方程（15）求一阶导数来考察它的增长变化情况，即：

$$\frac{\partial(\dot{\hat{k}}/\hat{k})}{\partial \hat{k}} = \frac{s}{\hat{k}^2} \cdot [\hat{k} \cdot f'(\hat{k}) - f(\hat{k})] < 0 \qquad (16)①$$

可知，经济增长对有效人均资本存量单调递减，当有效人均资本量越大，经济体远高于稳态水平时，经济增长越慢；反过来说，有效人均资本存量越低的经济体，则具有越高的经济增长率。因此对于具有相同经济条件（技术水平、储蓄率、经济制度等）的国家或地区来说，那些初始有效人均经济水平越低的经济体会以越快的增长率来发展经济，最终所有这些国家或地区的经济增长水平将会收敛到相同的稳态水平，这便称为绝对收敛。

二、新增长理论对经济收敛理论的质疑

新古典增长理论在苛刻的假设条件下认为，只有在外生技术进步的推动下，经济才能实现长期增长，否则仅仅依靠经济系统本身的发展，资本的边际报酬始终是递减的，从而资本积累递减性质阻碍经济增长。这一理论因为和现实情况不相符，促使经济学家进一步探究更为符合现实的经济增长理论，由罗默（Romer, 1986）和卢卡斯（Lucas, 1988）为代表的新增长理论开始出现。这一理论认为经济增长并不是外生变量决定的，而是由经济系统的内生变量来决定。需要注意的是与新古典增长理论不同，新增长理论对经济增长的收敛性持否定态度（Arrow, 1962; Romer, 1986, 1990; Uzawa, 1965; Lucas, 1988）。

---

① 在前文对生产函数的假设条件下，生产函数为 $Y = F[K(t), L(t) \cdot T(t)]$，写成有效人均产出的形式为：$\hat{y} = Y/\hat{L}$，$\hat{k} = K/\hat{L}$，且 $\hat{y} = f(\hat{k})$。那么，可以推导出厂商两种生产要素的边际产品：

首先，$\frac{\partial Y}{\partial K} = \hat{L} \cdot f'(\hat{k}) \cdot \frac{\partial \hat{k}}{\partial K} = \hat{L} \cdot f'(\hat{k}) \cdot \frac{1}{\hat{L}} = f'(\hat{k})$，则资本要素的边际产品为：$\frac{\partial Y}{\partial K} = f'(\hat{k})$ (*)；其次，$\frac{\partial Y}{\partial L} = \frac{\partial \hat{L}}{\partial L} \cdot f(\hat{k}) + \hat{L} \cdot f'(\hat{k}) \cdot \frac{\partial \hat{k}}{\partial L} = T(t) \cdot f(\hat{k}) + \hat{L} \cdot f'(\hat{k}) \cdot \left(-\frac{K}{\hat{L}^2}\right) \cdot T(t) = [f(\hat{k}) - \hat{k} \cdot f'(\hat{k})] \cdot e^{xt}$，则劳动要素的边际产出为：$\frac{\partial Y}{\partial L} = [f(\hat{k}) - \hat{k} \cdot f'(\hat{k})] \cdot e^{xt}$ (**)。根据生产函数 $F(\cdot)$ 满足各投入要素边际产出为正的性质，可以知道(**)式大于零，因此可以得出(16)式小于零的结论，从而证实收敛性存在。

（一）罗默对新古典增长理论收敛性的否定

新增长理论通过扩展资本的范围，定义了广义资本包括物质资本和人力资本。因为人力资本的引入，知识经验的积累效应和外溢效应，取消了资本边际报酬递减假设，新增长模型在缺乏外生技术进步的条件下经济系统也能实现内生长期增长。阿罗（Arrow，1962）"边干边学（Learing by Doing）"模型指出，经验知识的累积是资本投资的副产品，一方面企业增加物质资本的投入，人们在重复做同一件事情时，熟能生巧，会去研究改善生产方式的方法，从而提高企业生产效率；另一方面由于知识的外溢效应，获得知识和技术水平积累的企业会以正外部效应影响其他企业，这两方面的效应抵消了资本边际报酬递减，从而提高了整个经济系统的生产力，促使经济内生化长期增长。

罗默（1986）扩展了阿罗模型，推导出均衡状态的经济增长率与它的知识积累引起的技术进步密切相关，知识积累越高则经济增长越快，初始经济总量高的发达国家对应着更多的知识累积量，其经济增长速度高于发展中国家，从而在均衡状态下不可能实现经济增长的收敛性。

罗默（1990）R&D模型从垄断竞争角度认为，厂商会根据自身利益最大化的目的来进行有目的的研究开发活动（Researching and Development）。假设经济中将劳动、物质资本、竞争性人力资本、非竞争性技术（零成本的知识外溢）作为投入要素，经济中包括了最终产品部门、中间产品部门和研发部门，研发部门通过使用人力资本和现有的知识储量来研发新技术（设计新方案），中间产品部门利用新设计方案和物质资本进行中间产品的生产，最终产品部门使用劳动力、人力资本和中间产品生产最终产品，最终产品要么消费掉要么作为新的资本进行累积。模型最后推导出来的稳态增长率表明，知识正向的外溢效应使得经济规模递增，知识和人力资本的存量是决定经济长期增长的主要原因，发达国家有较高的人力资本投入就有较高的经济增长速率，从而否定了新古典增长理论对收敛性的考量。

（二）宇泽—卢卡斯（Uzawa – Lucas）模型对经济增长收敛的否定

1965年宇泽（Uzawa）在索洛—斯旺框架内提出最优技术进步模型。

模型假设存在生产部门和教育部门两部门，劳动力和资本作为生产要素，劳动力在生产与教育部门之间分配，年产出总量在消费和投资之间分配，资本累积率由年产出总量决定，与投资无关，教育部门只雇佣劳动力且产生技术进步，并扩散到生产部门中以提高整个经济的劳动生产率。之后卢卡斯将人力资本引入该模型中，假定模型中工人数量是劳动技能的函数且经济中劳动力数量固定，每个劳动力都将他一部分的工作时间用来生产当期产品，剩余工作时间用来进行人力资本的积累。这部分人力资本的积累带来两个效应：一是工人自身生产力的提高即人力资本的内部效应；二是由此带来的人力资本外部效应，引起整个经济的生产力提高。最后在模型稳态表达中可以看到，人均资本增长率等于人均消费增长率并且由人均人力资本增长率正向决定。卢卡斯指出，尽管初始条件贫穷的国家长期内和初始条件富裕的国家有相同的收入增长率，但是人均人力资本存量过低使得贫穷国家依然贫穷，从而否认了经济增长会收敛。

三、拉姆齐模型的经济增长收敛理论

拉姆齐（Ramsey）模型是在跨期预算约束下研究无限寿命的消费者最优化行为，不同于索洛—斯旺模型对家庭储蓄外生于经济体的假设，在拉姆齐模型中，消费和储蓄率是由在完全竞争市场中追求效用最大化的家庭和厂商共同决定的。这种内生化储蓄率的转变依然使得经济增长收敛性得到满足，从而丰富了经济增长收敛理论。

（一）拉姆齐模型的基本性质

拉姆齐模型假设：首先，家庭向劳动市场提供劳动力获得工资收入，同时向资本市场提供资产获得利息收入，并且家庭进行商品消费和资本储蓄。可以考虑一个无限延续的家庭模型，因而当代人口寿命无限，同时每个家庭中都包含至少一个以上的成年劳动力，在制定消费路径和储蓄水平时，当代人口将会考虑到其余下寿命（或者说后代人口）的福利和资源水平，家庭通过最大化其一生的效用函数选择最优的消费路径和储蓄水平。其次，厂商通过劳动市场雇佣劳动力并支付工资，同时通过资本市场借入资本并支付利息进行生产活动，根据市场决定的工资和利率，以最大化厂商的利润水平来选择劳动力的雇佣数量和资本的借款规模。最后，家庭和厂商所面临的产品市场和要素市场都是完全竞争的。

根据以上假设条件，建立以下家庭决策模型：

$$\max_{c(t)} U = \int_0^\infty u[c(t)] \cdot e^{nt} \cdot e^{-\rho t} dt$$

s.t. （Ⅰ）$\dot{a}(t) = r(t)a(t) + w(t) - c(t) - na(t)$ (17)

（Ⅱ）$\lim_{t \to \infty} \left\{ a(t) \cdot \exp\left[-\int_0^t [r(s) - n] ds \right] \right\} \geq 0$

（Ⅲ）$c(t) \geq 0$，给定 $a(0)$

1. 目标函数的含义

家庭人口增长率外生并且速率为 n，并将 0 时刻人口单位化为 1，那么 t 时刻家庭中劳动力数量为：$L(t) = L(0) \cdot e^{nt} = e^{nt}$。如果 $C(t)$ 是 t 时刻的总消费水平，则用 $c(t) = C(t)/L(t)$ 表示 t 时刻的人均消费水平。而 $e^{-\rho t}$ 表示贴现函数，$0 < \rho < 1$ 表示时间偏好率，说明未来 t 时刻的 1 单位效用等价于当前 $e^{-\rho t}$ 单位的效用水平。

函数 $u(\cdot)$ 表示个人瞬时效用函数，它是人均消费 $c(t)$ 的函数，满足边际效用为正且为凹函数的性质，即：

$$u(c(t)) > 0, \quad u'(c(t)) > 0, \quad u''(c(t)) < 0, \quad \forall c > 0 \quad (18)$$

并且满足稻田条件：

$$\lim_{c \to 0} u'(c) = +\infty, \quad \lim_{c \to +\infty} u'(c) = 0$$

因此，目标函数将家庭的效用函数表示为：

$$U = \int_0^\infty u[c(t)] \cdot e^{nt} \cdot e^{-\rho t} dt \quad (19)$$

这表明，家户在当前 0 时刻决策所考虑到的效用 $w(t) \cdot L(t)$ 水平是家庭所有（或所有家庭成员）未来效用的贴现水平的总和。

2. 约束条件

在约束方程中，用（Ⅰ）式表示人均水平预算约束形式。因为是在封闭经济体中，家庭的总收入来源于劳动收入和资产收入两部分，其中 $w(t)$ 表示每个劳动力的工资收入，在资产收入方面，假设家庭 $r(t) \cdot M(t)$ 之间存在相互借贷的行为，用 $r(t)$ 表示实际资本收益率，$M(t)$ 表示家庭持有的总资产。那么假设，家庭把消费剩余下来的收入部分作为储蓄积累，并形

成下期的新资产。家庭水平的预算约束为:

$$\dot{M}(t) = w(t) \cdot L(t) + r(t) \cdot M(t) - C(t) \tag{20}$$

类似用 $a(t) = \dfrac{M(t)}{L(t)}$ 表示人均资本水平,并且有:

$$\dot{a}(t) = \frac{1}{L} \cdot \frac{\partial M}{\partial t} - n \cdot a(t) \tag{21}$$

那么对 (20) 式两边同除 L,并代入 (21) 式,可以得到人均水平的预算约束,即:

$$\dot{a} = w + ra - c - na \tag{22}$$

在约束方程中,(Ⅱ) 式表示任何家庭无论在何时,对于资产的现值都应该大于等于 0,它表示资本市场对借款进行限制,以此避免旁氏骗局 (Ponzi Game) 的出现。

3. 动态最优化问题

最优化问题 (17) 的汉密尔顿函数如下:

$$H(t) = u[c(t)] \cdot e^{-(\rho-n)t} + v(t) \cdot \{w(t) + [r(t) - n] \cdot a(t) - c(t)\} \tag{23}$$

其中,$v(t)$ 表示人均资产 $a(t)$ 的影子价格的现值,它表示以 0 时刻效用为单位计量 t 时刻效用所得到的人均资产增加量价值。

那么,最优化问题的一阶条件为:

$$\frac{\partial H}{\partial c} = 0 \quad \Rightarrow \quad v(t) = u'(c) \cdot e^{-(\rho-n)t} \tag{24}$$

$$\frac{\partial H}{\partial a} = v(t) \cdot [r(t) - n] = -\dot{v}(t) \tag{25}$$

其横截条件 (Transverality Condition) 是:$\lim\limits_{t \to \infty} [v(t) \cdot a(t)] = 0$。对 (25) 式求时间定积分,可得 $v(t) = v(0) \cdot \exp\left\{-\int_0^t [r(s-n)] \mathrm{d}s\right\} = u'[c(0)] \cdot \exp\left\{-\int_0^t [r(s-n)] \mathrm{d}s\right\}$,由效用函数 $u(c)$ 的性质可知,$u'[c(0)]$ 为正。那么将 $v(t)$ 的表达式代入上面横截条件中,可以得到变化后的横截条件:

$$\lim_{t \to \infty} \left\{ a(t) \cdot \exp\left[-\int_0^t [r(s) - n] \mathrm{d}s \right] \right\} = 0 \tag{26}$$

它表明,随着时间趋向无穷大时,家庭人均资产的现值趋于零。意味着在家庭决策中,最优化路径要使得"最后一期"的人均资产价值等于0,或者说不再留下任何价值资产。

将(24)式对时间求导,再将(25)式代入后,可以得到动态消费路径的基本条件,过程如下:

$$\dot{v} = u''(c) \cdot \frac{\partial c}{\partial t} \cdot e^{-(\rho-n)t} + u'(c) \cdot e^{-(\rho-n)t} \cdot [-(\rho-n)] = -(r-n)v$$

简化得到:

$$r = \rho - \left[\frac{u''(c) \cdot c}{u'(c)}\right] \cdot \left(\frac{\dot{c}}{c}\right) \tag{27}$$

因此,(27)式表明,家庭选择的最优消费量,应当使得资产收益率等于时间偏好率与人均消费量变化后导致的消费边际效用 $u'(c)$ 之和。

现在考虑不变跨期替代弹性的效用函数,如:

$$u(c) = \frac{c^{1-\theta}-1}{1-\theta} \tag{28}$$

其中,$\theta > 0$ 为常数,可以证明此时效用函数具有一个常数替代弹性,即 $\sigma = 1/\theta$。

因为一般而言,时刻 t 与时刻 s 的消费跨期替代弹性指的是当 $c(t)/c(s)$ 变动 1 单位时,它所带来效用函数的无差异曲线上斜率变化量之比的倒数。表示为:

$$\sigma(c)_{ts} = -\frac{\dfrac{d[c(t)/c(s)]}{c(t)/c(s)}}{\dfrac{d[u'(c(t))/u'(c(s))]}{u'(c(t))/u'(c(s))}}$$

$$= -\left[\frac{c(t)/c(s)}{u'(c(t))/u'(c(s))} \cdot \frac{d[u'(c(t))/u'(c(s))]}{d[c(t)/c(s)]}\right]^{-1}$$

当取 s 趋近于 t 时,可以得到在 t 时刻顺势跨期的消费替代弹性:

$$\sigma[c(t)] = \lim_{s \to t}\sigma(c)_{ts} = \lim_{s \to t}\left\{-\frac{c(t)}{c(s)} \cdot \frac{u'[c(s)]}{u'[c(t)]} \cdot \frac{u''[c(t)] \cdot c'(t)}{u'[c(t)]} \cdot \frac{c(s)}{c'(t)}\right\}^{-1}$$

$$= -\frac{u'[c(t)]}{c(t) \cdot u''[c(t)]}$$

即:

$$\sigma[c(t)] == -\frac{u'[c(t)]}{c(t) \cdot u''[c(t)]} \tag{29}$$

因此,将(28)式的效用函数形式代入(29)式中,即可知此效用函数的替代弹性为 $\sigma = 1/\theta$。在此基础上,将该替代弹性表达式带入(27)

式中，得到最优消费路径的简化形式，即：

$$\frac{\dot{c}}{c} = \frac{r-\rho}{\theta} \tag{30}$$

该表达式说明，对于家庭决策最优消费路径的函数，取决于时间偏好 ρ，实际利率水平 r，以及效用函数的跨期替代弹性。

（二）拉姆齐模型中厂商行为与市场均衡

1. 厂商行为

在厂商行为的假设基础上，进一步对经济体中代表性厂商做如下假设：首先，生产厂商从拥有资本的家庭中，以 $R(t)$ 为租金租赁每单位资本，因而厂商面临的资本总成本为 $R(t) \cdot K(t)$。其次，生产厂商生产出来的 1 单位产品，要么用来满足家庭 1 单位的消费，要么用来满足家庭 1 单位的资本积累。最后，家庭每单位资本以 $0 \leq \delta \leq 1$ 的速率折旧，因而租赁给厂商的每单位资本的净收益就为 $R(t) - \delta$。同时由前面可知，家庭之间存在着相互放贷的行为，并且每单位资本以 $r(t)$ 的实际利率作为利息收入，在这里资本用来租赁和用来贷款是完全等价的，因而家庭放贷的利息收入等于资本租赁并折旧后的净收益额，即 $r = R - \delta$。

因此可以把代表性厂商的利润额表示为：

$$\pi = F(K, \hat{L}) - (r+\delta) \cdot K - w \cdot L \tag{31}$$

该式改写为有效人均形式为：

$$\pi = \hat{L} \cdot [f(\hat{k}) - (r+\delta) \cdot \hat{k} - w \cdot e^{-xt}] \tag{32}$$

对于处于完全竞争市场的厂商来说，其目标是实现利润最大化。在这里的跨期讨论中，动态厂商可以将其未来全部利润折现后来实现利润最大化值，如前所述 $\rho > 0$ 为常数，表示时间偏好率，即求 $\int_0^\infty \hat{L} \cdot [f(\hat{k}) - (r+\delta) \cdot \hat{k} - w \cdot e^{-xt}] \cdot e^{-\rho t} dt$ 的最大值。因此从离散观点来看，使得每个静态时点上都实现利润最大化，或者说确保各期利润最大化，就能满足动态厂商利润要求。因此，在完全竞争市场均衡时，资本的边际产品等于资本价格（租金），劳动力的边际产品等于劳动价格（工资），从而实现代表性厂商利润为零，即：

$$\frac{\partial Y}{\partial K} = f'(\hat{k}) = r + \delta$$

$$\frac{\partial Y}{\partial L} = [f(\hat{k}) - \hat{k} \cdot f'(\hat{k})] \cdot e^{xt} = w \quad (33)$$

2. 市场均衡

由于封闭经济体中不存在国外部门，所以家庭之间相互借贷的行为最终使得经济体的净贷款为零，经济体不存在债务问题。因此，当资本市场达到均衡时，家庭的人均资产 $a(t)$ 等于经济体的人均资本 $k(t)$，即 $a(t) = k(t)$。

从人均预算约束式（22）中，根据 $\hat{k} = k \cdot e^{-xt}$，以及（33）式中 r 与 w 的关系，推导出有效人均资本的动态方程：$\dot{\hat{k}} = \frac{\partial \hat{k}}{\partial t} = \dot{k} \cdot e^{-xt} - ke^{-xt} \cdot x = \dot{a} \cdot e^{-xt} - \hat{k} \cdot x$，将人均预算约束式代入：$\dot{a} = w + ra - c - na$，则有 $\dot{\hat{k}} = (w + ra - c - na) \cdot e^{-xt} - \hat{k}x$，再根据 r 与 w 的关系式，有 $\dot{\hat{k}} = \{[f(\hat{k}) - \hat{k} \cdot f'(\hat{k})] \cdot e^{xt} + (r - n)a - c\} \cdot e^{-xt} - \hat{k}x$，整理得到：

$$\dot{\hat{k}} = f(\hat{k}) - \hat{c} - (x + n + \delta) \cdot \hat{k} \quad (34)$$

该式代表有效人均资本的积累方程，意味着有效人均资本的变化量等于有效人均产出减去对应的消费水平和折旧情况。

同理，根据（30）式可知，人均消费的增长率为：$\frac{\dot{c}}{c} = \frac{r - \rho}{\theta}$，其中，实际利率水平可由（33）式得 $r = f'(\hat{k}) - \delta$，又知 $\hat{c} = c \cdot e^{-xt}$，那么，$\dot{\hat{c}} = \frac{\partial \hat{c}}{\partial t} = \dot{c} \cdot e^{-xt} - ce^{-xt} \cdot x = \frac{r - \rho}{\theta} c \cdot e^{-xt} - ce^{-xt} \cdot x = \frac{r - \rho}{\theta} \cdot \hat{c} - \hat{c} \cdot x$，整理得到：

$$\frac{\dot{\hat{c}}}{\hat{c}} = \frac{r - \rho}{\theta} - x = \frac{1}{\theta} \cdot [f'(\hat{k}) - \delta - \rho - \theta x] \quad (35)$$

该式代表有效人均消费的动态方程。方程（34）和方程（35）共同决定了这个经济体的 $\hat{c}$ 和 $\hat{k}$ 的动态行为，因而称它们为经济系统的动力方程组。

改写横截条件（26）式，根据人均资产等于人均资本，将 $\hat{k}$ 引入，可得：

$$\lim_{t\to\infty}\left\{a(t)\cdot\exp\left[-\int_0^t[r(s)-n]ds\right]\right\} \tag{36}$$

$$=\lim_{t\to\infty}\left\{\hat{k}(t)\cdot\exp\left[-\int_0^t[f'(\hat{k}(s))-\delta-x-n]ds\right]\right\}=0$$

至此,由(34)式、(35)式和(36)式就确定了整个经济体的动态行为。

(三) 拉姆齐模型的经济动态行为

在封闭经济情况下,当经济中有效人均消费水平 $\hat{c}(t)$ 的稳态增长率以及有效人均资本存量 $\hat{k}(t)$ 的稳态增长率为零时,这一状态便是整个经济的平衡增长路径。

令 $\varphi_{\hat{k}}$ 表示有效人均资本存量的 $\hat{k}(t)$ 的增长率,$\varphi_{\hat{c}}$ 表示有效人均消费水平 $\hat{c}(t)$ 的增长率。根据(34)式有:

$$\varphi_{\hat{k}}=\dot{\hat{k}}/\hat{k}=f(\hat{k})/\hat{k}-\hat{c}/\hat{k}-(x+n+\delta) \tag{37}$$

在稳态时,令 $\varphi_{\hat{k}}=0$,可以得到有效人均消费在稳态的水平,即:

$$\hat{c}^*=f(\hat{k}^*)-(x+n+\delta)\cdot\hat{k}^* \tag{38}$$

同理,根据(35)式有:

$$\varphi_{\hat{c}}=\dot{\hat{c}}/\hat{c}=\frac{1}{\theta}\cdot[f'(\hat{k})-\delta-\rho-\theta x] \tag{39}$$

在稳态时,令 $\varphi_{\hat{c}}=0$,可以得到有效人均资本量在稳态的函数关系式,即:

$$f'(\hat{k}^*)=\delta+\rho+\theta x \tag{40}$$

将(38)式代入横截条件(36)中,可以得到稳态的横截条件。

现在来考察在拉姆齐模型中,是否存在同索洛—斯旺模型类似的经济增长的收敛性。首先,对于有效人均消费水平的增长率,对(37)式两边求时间的导数,得:

$$\dot{\varphi}_{\hat{c}}=\frac{1}{\theta}\cdot f''(\hat{k})\cdot\dot{\hat{k}}<0 \tag{41}$$

该式说明当有效人均资本量越高时,经济体中有效人均消费水平的增长越快;当经济从有效人均资本低于稳态 $\hat{k}^*$ 出发时,有效人均消费水平的增长率 $\varphi_{\hat{c}}$ 是单调递减的,最后使得 $\dot{\varphi}_{\hat{c}}$ 为零,说明存在收敛的性质。

其次，有关有效人均资本量的增长率，由（39）式两边求时间的导数，得：

$$\dot{\varphi}_{\hat{k}} = \frac{f'(\hat{k}) \cdot \dot{\hat{k}} \cdot \hat{k} - f(\hat{k}) \cdot \dot{\hat{k}}}{\hat{k}^2} - \frac{\dot{\hat{c}} \cdot \hat{k} - \hat{c} \cdot \dot{\hat{k}}}{\hat{k}^2} = \left(\frac{\hat{c}}{\hat{k}} - \frac{\hat{\omega}}{\hat{k}}\right) \cdot \varphi_{\hat{k}} - \frac{\hat{c}}{\hat{k}} \cdot \varphi_{\hat{c}}$$

(42)

其中 $\hat{\omega} = f(\hat{k}) - \hat{k}f'(\hat{k})$，可以证明，如果经济体从有效人均资本量小于 $\hat{k}^*$ 时出发，那么有效人均资本量的增长率 $\varphi_{\hat{k}}$ 是单调递减的，也就是说 $\varphi_{\hat{k}}$ 也是收敛的。

最后，同理得出有关有效人均产出的增长率情况，由 $\hat{y} = A \cdot f(\hat{k})$，有：

$$\varphi_{\hat{y}} = \frac{\dot{\hat{y}}}{\hat{y}} = \frac{f'(\hat{k}) \cdot \dot{\hat{k}}}{f(\hat{k})} = \frac{\hat{k} \cdot f'(\hat{k})}{f(\hat{k})} \cdot \varphi_{\hat{k}}$$

(43)

其中，$\hat{k} \cdot f'(\hat{k})/f(\hat{k})$ 表示的是资本收入占总产出的比例，对于像柯布-道格拉斯这样的生产函数来说，这个值是一个固定常数。因此，由 $\varphi_{\hat{k}}$ 递减的性质可知，$\varphi_{\hat{y}}$ 也满足递减性质（$\dot{\varphi}_{\hat{y}} < 0$），所以有效人均产出的增长率也具有收敛性质。

综上所述，在拉姆齐模型中，当经济从 $\hat{k}(0) < \hat{k}^*$ 的状态出发时，在达到动态均衡的稳态过程中，有效人均产出的增长率（$\varphi_{\hat{y}}$）、有效人均资本存量的增长率（$\varphi_{\hat{k}}$）以及有效人均消费水平的增长率（$\varphi_{\hat{c}}$）均存在收敛性，同索洛模型具有相同的性质。

（四）拉姆齐模型的稳态收敛系数

从前面的分析可知，经济体在从偏离稳态的位置出发时，随着经济的发展最终都会收敛到动态均衡的稳态状态。现在通过在稳态附近 $(\hat{k}^*, \hat{c}^*)$ 进行分析，给出经济体的收敛速度。

首先写出拉姆齐模型的动态方程组：

$$\begin{cases} \dot{\hat{k}}/\hat{k} = f(\hat{k})/\hat{k} - \hat{c}/\hat{k} - (x + n + \delta) \\ \dot{\hat{c}}/\hat{c} = \frac{1}{\theta} \cdot [f'(\hat{k}) - \delta - \rho - \theta x] \end{cases}$$

(44)

第一章　经济增长收敛理论研究的新进展

并且假设此时生产函数满足柯布—道格拉斯形式,即:$f(\hat{k}) = A \cdot \hat{k}^{\alpha}$。将生产函数形式代入方程组中,并对数化方程中等式,整理后得:

$$\begin{cases} \dfrac{\partial[\ln(\hat{k})]}{\partial t} = \dfrac{\dot{\hat{k}}}{\hat{k}} = A \cdot e^{-(1-\alpha)\cdot(\ln\hat{k})} - e^{\ln(\hat{c}/\hat{k})} - (x+n+\delta) \\ \dfrac{\partial[\ln(\hat{c})]}{\partial t} = \dfrac{\dot{\hat{c}}}{\hat{c}} = \dfrac{1}{\theta} \cdot [\alpha A \hat{k}^{\alpha-1} - (\rho+\theta x+\delta)] \end{cases} \quad (45)$$

由于在稳态中,经济增长速率为零,因此令方程组(45)为零,得到经济体在稳态时 $\hat{k}^*$ 和 $\hat{c}^*$ 的关系表达式,整理得到:

$$\begin{cases} \hat{k}^* = \left(\dfrac{A\alpha}{\rho+\theta x+\delta}\right)^{\frac{1}{1-\alpha}} \\ \hat{c}^* = \left[\dfrac{\rho+\theta x+\delta}{\alpha} - (x+n+\delta)\right] \cdot \hat{k}^* \\ \phantom{\hat{c}^*} = \left[\dfrac{\rho+\theta x+\delta}{\alpha} - (x+n+\delta)\right] \cdot \left(\dfrac{A\alpha}{\rho+\theta x+\delta}\right)^{\frac{1}{1-\alpha}} \end{cases} \quad (46)$$

对方程(45)中的式子在稳态点($\ln\hat{k}^*$, $\ln\hat{c}^*$)进行一阶泰勒(Taylor)展开,过程如下:

首先:

$$\dfrac{\partial[\ln(\hat{k})]}{\partial t} = f(\ln\hat{k}, \ln\hat{c})$$

$$= f(\ln\hat{k}^*, \ln\hat{c}^*) + f_{\ln\hat{k}}(\cdot)|_{(\ln\hat{k}^*, \ln\hat{c}^*)} \cdot (\ln\hat{k} - \ln\hat{k}^*)$$

$$+ f_{\ln\hat{c}}(\cdot)|_{(\ln\hat{k}^*, \ln\hat{c}^*)} \cdot (\ln\hat{c} - \ln\hat{c}^*)$$

其中,$f(\ln\hat{k}^*, \ln\hat{c}^*) = \dot{\hat{k}}^*/\hat{k}^* = 0$

$$f_{\ln\hat{k}}(\cdot)|_{(\ln\hat{k}^*, \ln\hat{c}^*)} = A \cdot e^{-(1-\alpha)\cdot(\ln\hat{k}^*)} \cdot [-(1-\alpha)] + e^{\ln(\hat{c}^*/\hat{k}^*)}$$

$$= \rho - n - (1-\theta)x$$

$$f_{\ln\hat{c}}(\cdot)|_{(\ln\hat{k}^*, \ln\hat{c}^*)} = -\dfrac{\hat{c}^*}{\hat{k}^*} = (x+n+\delta) - \dfrac{\rho+\theta x+\delta}{\alpha}$$

因此,$\dfrac{\partial[\ln(\hat{k})]}{\partial t}$ 的一阶泰勒展开式为:

$$\frac{\partial[\ln(\hat{k})]}{\partial t} = [\rho - n - (1-\theta)x] \cdot \ln\frac{\hat{k}}{\hat{k}^*} + \left(x + n + \delta - \frac{\rho + \theta x + \delta}{\alpha}\right) \cdot \ln\frac{\hat{c}}{\hat{c}^*}$$

(47)

同理有:

$$\frac{\partial[\ln(\hat{c})]}{\partial t} = g(\ln\hat{k}, \ln\hat{c})$$

$$= g(\ln\hat{k}^*, \ln\hat{c}^*) + g_{\ln\hat{k}}(\cdot)|_{(\ln\hat{k}^*, \ln\hat{c}^*)} \cdot (\ln\hat{k} - \ln\hat{k}^*)$$

$$+ g_{\ln\hat{c}}(\cdot)|_{(\ln\hat{k}^*, \ln\hat{c}^*)} \cdot (\ln\hat{c} - \ln\hat{c}^*)$$

其中, $g(\ln\hat{k}^*, \ln\hat{c}^*) = \dot{\hat{c}}^*/\hat{c}^* = 0$

$$g_{\ln\hat{k}}(\cdot)|_{(\ln\hat{k}^*, \ln\hat{c}^*)} = \frac{1}{\theta} \cdot \{A e^{-(1-\alpha) \cdot (\ln\hat{k}^*)} \cdot [-(1-\alpha)]\}$$

$$= -(1-\alpha) \cdot \frac{\rho + \theta x + \delta}{\theta}$$

$$g_{\ln\hat{c}}(\cdot)|_{(\ln\hat{k}^*, \ln\hat{c}^*)} = 0$$

因此, $\dfrac{\partial[\ln(\hat{c})]}{\partial t}$ 的一阶泰勒展开式为:

$$\frac{\partial[\ln(\hat{c})]}{\partial t} = -(1-\alpha) \cdot \frac{\rho + \theta x + \delta}{\theta} \cdot \ln\frac{\hat{k}}{\hat{k}^*} \quad (48)$$

将 (47) 式和 (48) 式泰勒展开式写成矩阵表达式:

$$\begin{bmatrix} \dfrac{\partial[\ln(\hat{k})]}{\partial t} \\ \dfrac{\partial[\ln(\hat{c})]}{\partial t} \end{bmatrix} = \begin{bmatrix} \rho - n - (1-\theta)x & x + n + \delta - \dfrac{\rho + \theta x + \delta}{\alpha} \\ -(1-\alpha) \cdot \dfrac{\rho + \theta x + \delta}{\theta} & 0 \end{bmatrix} \cdot \begin{bmatrix} \ln\dfrac{\hat{k}}{\hat{k}^*} \\ \ln\dfrac{\hat{c}}{\hat{c}^*} \end{bmatrix}$$

(49)

记其中 $\xi = \rho - n - (1-\theta)x$, 那么矩阵方程 (49) 中的特征矩阵的行列式等于:

$$\begin{vmatrix} \xi & x + n + \delta - \dfrac{\rho + \theta x + \delta}{\alpha} \\ -(1-\alpha) \cdot \dfrac{\rho + \theta x + \delta}{\theta} & 0 \end{vmatrix} = -\left[\dfrac{\rho + \theta x + \delta}{\alpha} - (x + n + \delta)\right] \cdot \dfrac{(\rho + \theta x + \delta)(1-\alpha)}{\theta}$$

现在求解这个微分方程组, 设特征值为 λ, 令特征行列式为0, 则有:

$$\begin{vmatrix} \xi-\lambda & x+n+\delta-\dfrac{\rho+\theta x+\delta}{\alpha} \\ -(1-\alpha)\cdot\dfrac{\rho+\theta x+\delta}{\theta} & -\lambda \end{vmatrix}=0,$$

那么 $\lambda^2-\xi\lambda-\left[\dfrac{\rho+\theta x+\delta}{\alpha}-(x+n+\delta)\right](1-\alpha)\cdot\dfrac{\rho+\theta x+\delta}{\theta}=0$，求解这个一元二次方程，则得到解的表达式为：

$$2\lambda=\xi\pm\left\{\xi^2+4\left[\dfrac{\rho+\theta x+\delta}{\alpha}-(x+n+\delta)\right](1-\alpha)\cdot\dfrac{\rho+\theta x+\delta}{\theta}\right\}^{1/2}$$

根据（36）式的横截条件可知，$\dfrac{\rho+\theta x}{x+n}>1$ 且 $\alpha<1$，那么行列式为负，因而两个特征值异号。记正根为 λ_1，负根为 λ_2，而且这个 λ_2 相当于 $-\beta$，即收敛系数的负值。那么 $\ln(\hat{k})$ 的解为：

$$\ln[\hat{k}(t)]=\ln(\hat{k}^*)+\varphi_1\cdot e^{\lambda_1 t}+\varphi_2\cdot e^{\lambda_2 t} \tag{50}$$

因为 $\lambda_1>0$，当 $\ln[\hat{k}(t)]\to\ln\hat{k}^*$ 时，由 $t\to+\infty$，$e^{\lambda_2 t}\to 0$，得出 $\varphi_1=0$ 的结论。同时当 $t=0$ 时，有 $\ln[\hat{k}(0)]=\ln(\hat{k}^*)+\varphi_2$，则 $\varphi_2=\ln[\hat{k}(0)]-\ln(\hat{k}^*)$。将 φ_1 和 φ_2 的值，以及 $\lambda_2=-\beta$ 代入（50）式中，可以得到 $\ln[\hat{k}(t)]$ 的时间路径，即：

$$\begin{aligned}\ln[\hat{k}(t)]&=\ln(\hat{k}^*)+e^{-\beta t}\cdot\{\ln[\hat{k}(0)]-\ln(\hat{k}^*)\}\\&=(1-e^{-\beta t})\cdot\ln(\hat{k}^*)+e^{-\beta t}\cdot\ln[\hat{k}(0)]\end{aligned} \tag{51}$$

由于 $\hat{y}=A\cdot\hat{k}^\alpha$，取对数后为 $\ln[\hat{y}(t)]=\ln A+\alpha\cdot\ln[\hat{k}(t)]$，将（51）式代入并整理可以得到 $\ln[\hat{y}(t)]$ 的时间路径，即：

$$\ln[\hat{y}(t)]=(1-e^{-\beta t})\cdot\ln(\hat{y}^*)+e^{-\beta t}\cdot\ln[\hat{y}(0)] \tag{52}$$

该式说明，$\ln[\hat{y}(t)]$ 的时间路径是由稳态值 $\ln(\hat{y}^*)$ 与初始值 $\ln[\hat{y}(0)]$ 的加权平均值所得，权重根据收敛速度 β 的指数值选择。

四、巴罗等对经济增长收敛理论的扩展

（一）收敛假说的具体化

鲍莫尔（Baumol，1986）利用麦迪逊（Maddison，1982）提供的16

个工业化国家1870~1979年经济增长数据，通过对这时间段的平均经济增长率和1870年初始经济水平进行回归发现，两者之间有显著的负相关，1870年经济生产水平高的国家确实在随后的发展中经济增加速率低。对于方程，鲍莫尔认为，仅使用初始经济发展水平（1870年劳动平均GDP的对数）足以解释经济增长率，其他变量只有次要影响。对于两者负相关，鲍莫尔认为，一方面这个国家自然而然的政策制定和行为模式会影响经济增长；另一方面在工业国家存在着发达国家的技术和创新外溢的效应，因而一种提高生产率的方法便会具有公共产品的性质，创新的研发、技术的模仿或是替代品的使用，会使发展中国家慢慢实现生产率的提高。实证研究的结果支持了经济增长收敛假设的成立，这种收敛性不仅在发达国家可以证实，计划经济体制下的国家也存在，但在更加不发达的国家则不存在。

鲍莫尔的实证验证开启了学者们对经济增长收敛理论的验证之路。学者们运用截面数据回归方程（Baumol, 1986; Barro and Sala-i-Martin, 1991; Mankiw, Romer and Weil, 1992）、面板数据回归方程（Islam, 1995; Caselli, Esquivel and Lefort, 1996）、时间序列回归（Bernard and Durlauf, 1995; Durlauf et al., 2005; Evanns, Kairas, 1996）、空间计量回归（Rey and Montouri, 1999; Arbia and Basile, 2005）和收入分布动态方法（Quah, 1993, 1996）等不断发展的方法，实证检验经济增长条件收敛和俱乐部收敛的存在性。

在这些实证验证基础上，巴罗（Barro）认为，新古典理论的条件收敛性在许多实证研究中得到支持，因而在面对新增长理论时应根据经济增长收敛的具体情况，将收敛假说分为绝对收敛和条件收敛，并且利用大样本环境下跨国数据来加以证实（Barro, Sala-i-Martin, 1992; Mankiw, Romer, Weil, 1992）。

（二）条件收敛

当进一步考虑实际经济情况时，对各个国家或地区具有相同经济条件的假设是比较苛刻的，因此现在容许各个经济体之间存在各自不同的经济结构。一旦放弃经济状态和结构相同的假设条件，就意味着经济体之间存在不同的稳态水平或不同的均衡增长路径。在新古典增长模型框架下，各个经济体仍然收敛于各自的稳态水平，并且较低初始有效人均水平的经济体具有更快收敛到其稳态的增长率。因而，如果对所有经济体的异质性进行控制，就能保证稳态水平 $\hat{k}^*$ 都不变，此时经济增长率和初始有效人均水平量若仍有反向关系，这便称为条件收敛。

曼昆、罗默和威尔（Mankiw, Romer and Weil, 1992）讨论了条件收敛的机制，他们认为，在索洛模型中储蓄率和人口增长率决定了人均资本的稳态水平，而人力资本与储蓄、人口增长关系紧密，因而用劳动人口中有初中文化的比例作为人力资本的代理变量引入模型，得到扩展的索洛模型。利用萨默斯和赫斯顿（Summers and Heston, 1988）1960~1985 年的数据集，样本分为：标准增长模型不能统一解释的以石油产出为主导产业的 98 个国家；初始收入水平很低或是 1960 年人口少于一百万的 75 个国家（这些发展水平低的国家更容易受到异质性的影响）；以及人口远超一百万的 22 个 OECD 国家。研究结果显示，三个样本集均表现出强烈的条件收敛性，但不同于索洛模型提出的至少 17 年实现经济稳态的一半，扩展的索洛模型实现稳态一半的速率要低，至少需要 35 年。

根据曼昆等（1992）的模型，通过引入人力资本 H，将资本的范畴扩展为物质资本加上人力资本的广义资本，利用一个满足劳动增进型技术进步的柯布－道格拉斯生产函数对稳态的收敛速度做出说明。在 MRW 框架下，本章采用巴罗等（Barro, Mankiw and Sala-i-Martin, 1995）的生产函数，表示为：

$$Y(t) = AK(t)^\theta H(t)^\eta [T(t) \cdot L(t)]^{1-\theta-\eta} \tag{53}$$

其中，A 是一个固定常数，表示与技术水平有关的一个参数；$0 \leq \theta \leq 1$ 是常数，表示产品收入中资本 $K(t)$ 所占的份额；$0 \leq \eta \leq 1$ 是常数，表示产品收入中人力资本 $H(t)$ 所占的份额；$T(t)$ 代表技术进步水平，并是以 x 为增长率的外生变量。并且假设 $\theta + \eta < 1$，意味着对于所有资本来说它们的边际产品是递减的，而在这种情况下稳态才存在。方程（53）两边同时除以 $T(t) \cdot L$ 得到有效人均劳动产出：

$$\hat{y} = A\hat{k}^\theta \hat{h}^\eta \tag{54}$$

进一步可以计算出 $\hat{y}$ 的增长率（$\dot{\hat{y}}/\hat{y}$），对（54）式两边取对数后，
$\ln \hat{y} = \ln A + \theta \ln \hat{k} + \eta \ln \hat{h}$，
再对方程求时间导数：

$$\frac{\partial \ln \hat{y}}{\partial t} = \theta \cdot \frac{1}{\hat{k}} \cdot \frac{\partial \hat{k}}{\partial t} + \eta \cdot \frac{1}{\hat{h}} \cdot \frac{\partial \hat{h}}{\partial t}$$

整理可得：

$$\frac{\dot{\hat{y}}}{\hat{y}} = \theta \cdot \frac{\dot{\hat{k}}}{\hat{k}} + \eta \cdot \frac{\dot{\hat{h}}}{\hat{h}} \tag{55}$$

这说明，$\hat{y}$ 的增长率是物质资本和人力资本的加权平均值，权数分别为物质资本份额和人力资本份额。

下面分析物质资本和人力资本的动态变化过程。令 s_k 表示有效人均物质资本占总投资的比例，s_h 表示有效人均人力资本占总投资的比例，且均为外生变量。由此可得，有效人均物质资本净投资为：

$$\dot{\hat{k}} = s_k \cdot \hat{y} - (x + n + \delta) \cdot \hat{k} = s_k \cdot A\hat{k}^\theta \hat{h}^\eta - (x + n + \delta) \cdot \hat{k} \tag{56}$$

有效人均物质资本的增长率为：

$$\dot{\hat{k}}/\hat{k} = s_k \cdot A\hat{k}^{1-\theta}\hat{h}^\eta - (x + n + \delta) \tag{57}$$

有效人均人力资本的净投资为：

$$\dot{\hat{h}} = s_h \cdot \hat{y} - (x + n + \delta) \cdot \hat{h} = s_h \cdot A\hat{k}^\theta \hat{h}^\eta - (x + n + \delta) \cdot \hat{h} \tag{58}$$

有效人均人力资本的增长率为：

$$\dot{\hat{h}}/\hat{h} = s_h \cdot A\hat{k}^\theta \hat{h}^{1-\eta} - (x + n + \delta) \tag{59}$$

当经济收敛到稳态时，令（57）式和（59）式等于零，可以得到稳态时的物质资本和人力资本：

$$\hat{k}^* = \left(\frac{As_k^{1-\eta}s_h^\eta}{x+n+\delta}\right)^{\frac{1}{1-\theta-\eta}} \tag{60}$$

$$\hat{h}^* = \left(\frac{As_k^\theta s_h^{1-\theta}}{x+n+\delta}\right)^{\frac{1}{1-\theta-\eta}} \tag{61}$$

将（57）式、（59）式代入（55）式，得：

$$\begin{aligned}
f(\ln\hat{k}, \ln\hat{h}) &= \dot{\hat{y}}/\hat{y} = \theta \cdot (\dot{\hat{k}}/\hat{k}) + \eta \cdot (\dot{\hat{h}}/\hat{h}) \\
&= \theta \cdot [s_k \cdot A\hat{k}^{\theta-1}\hat{h}^\eta - (x+n+\delta)] \\
&\quad + \eta \cdot [s_h \cdot A\hat{k}^\theta \hat{h}^{\eta-1} - (x+n+\delta)] \\
&= \theta s_k \cdot Ae^{-(1-\theta)\ln\hat{k}} \cdot e^{\eta\ln\hat{h}} + \eta s_h \cdot Ae^{\theta\ln\hat{k}} \cdot \\
&\quad e^{-(1-\eta)\ln\hat{h}} - (\theta+\eta)(x+n+\delta)
\end{aligned} \tag{62}$$

对（62）式在稳态点（$\ln\hat{k}^*$，$\ln\hat{h}^*$）进行一阶泰勒展开，即：

$$f(\ln\hat{k}, \ln\hat{h}) = f(\ln\hat{k}^*, \ln\hat{h}^*) + f_{\ln\hat{k}}(\cdot)|_{(\ln\hat{k}^*, \ln\hat{h}^*)} \cdot (\ln\hat{k} - \ln\hat{k}^*)$$
$$+ f_{\ln\hat{h}}(\cdot)|_{(\ln\hat{k}^*, \ln\hat{h}^*)} \cdot (\ln\hat{h} - \ln\hat{h}^*)$$

其中：
$$f(\ln\hat{k}^*, \ln\hat{h}^*) = \theta s_k \cdot A(\hat{k}^*)^{\theta-1}(\hat{h}^*)^{\eta} + \eta s_h \cdot A(\hat{k}^*)^{\theta}(\hat{h}^*)^{\eta-1}$$
$$- (x+n+\delta)(\theta+\eta) = 0$$
$$f_{\ln\hat{k}}(\cdot)|_{(\ln\hat{k}^*, \ln\hat{h}^*)} = \theta s_k \cdot Ae^{-(1-\theta)\ln\hat{k}^*} \cdot [-(1-\theta)] \cdot e^{\eta\ln\hat{h}^*}$$
$$+ \eta s_h \cdot Ae^{\theta\ln\hat{k}^*} \cdot \theta \cdot e^{-(1-\eta)\ln\hat{h}^*}$$
$$f_{\ln\hat{h}}(\cdot)|_{(\ln\hat{k}^*, \ln\hat{h}^*)} = \theta s_k \cdot Ae^{-(1-\theta)\ln\hat{k}^*} \cdot e^{\eta\ln\hat{h}^*} \cdot \eta + \eta s_h \cdot$$
$$Ae^{\theta\ln\hat{k}^*} \cdot e^{-(1-\eta)\ln\hat{h}^*} \cdot [-(1-\eta)]$$

因而，$\hat{y}$的增长率可以写成下式：
$$\dot{\hat{y}}/\hat{y} = [-\theta(1-\theta)s_k \cdot A(\ln\hat{k}^*)^{\theta-1} \cdot (\ln\hat{h}^*)^{\eta} + \eta\theta s_h \cdot A(\ln\hat{k}^*)^{\theta}$$
$$\cdot (\ln\hat{h}^*)^{\eta-1}] \cdot (\ln\hat{k} - \ln\hat{k}^*) + [\theta\eta s_k \cdot A(\ln\hat{k}^*)^{\theta-1} \cdot (\ln\hat{h}^*)^{\eta}$$
$$- \eta(1-\eta)s_h \cdot A(\ln\hat{k}^*)^{\theta} \cdot (\ln\hat{h}^*)^{\eta-1}] \cdot (\ln\hat{h} - \ln\hat{h}^*) \quad (63)$$

将（60）式、（61）式的物质资本和人力资本的稳态状态代入（63）式中，得到：
$$\dot{\hat{y}}/\hat{y} = -(1-\theta-\eta) \cdot (x+n+\delta) \cdot [\theta \cdot (\ln\hat{k} - \ln\hat{k}^*) + \eta \cdot (\ln\hat{h} - \ln\hat{h}^*)]$$
$$= -\beta^* \cdot (\ln\hat{y} - \ln\hat{y}^*) \quad (64)$$

依据式（64）可以认为，$\beta = -\dfrac{\partial(\dot{\hat{y}}/\hat{y})}{\partial \ln\hat{y}}$表示了随着有效人均产出的增加，经济体增长率下降的程度，所以可以用β来测度经济增长的收敛速率。因而$\beta^* = (1-\theta-\eta) \cdot (x+n+\delta) > 0$是稳态（$\ln\hat{k}^*$，$\ln\hat{h}^*$）附近内的收敛系数，这也是考察绝对$\beta$收敛和条件$\beta$收敛的依据。

五、主要的收敛假说

（一）基本概念

学术界普遍将经济增长收敛性分为绝对收敛假说、条件收敛假说和俱乐部收敛假说，现在加以说明。

1. 绝对收敛假说

绝对收敛假说认为，在国家和地区间具有完全相同的初始经济特征，比如生产力水平、人口发展模式、储蓄消费投资结构、经济制度等等，那么长期看国家和地区之间具有相同的稳态水平，且初始人均产出水平与经济增长速度呈现负相关，意味着发展中国家经济增长速率高于发达国家。因此，最终发展中国家的经济发展趋同于发达国家，实现经济增长收敛。通常用 β - 绝对收敛和 σ - 绝对收敛进行检验。

2. 条件收敛假说

条件收敛假说放松了所有经济体具有完全相同特征的假设，认为由于不同经济体具有各自特有的异质性，它们的经济增长路径和经济稳态就会有所不同。因此，从长期来看，经济体只能趋同于各自的稳态水平。如果能检验经济体在控制了外生变量后，经济增长与初始人均产出呈负相关，也就是经济体越远离稳态增长越快，越靠近稳态增长越慢，就说明存在条件收敛。

3. 俱乐部收敛假说

俱乐部收敛假设是将绝对 β - 收敛区域化，认为在初始条件和经济结构特征相同的地区集群之间存在着经济增长的收敛性，每一集群的地区构成一个俱乐部，每个俱乐部中的各个区域具有相同的经济增长稳态并且收敛到稳态，而在各个俱乐部之间具有不同的经济稳态，最后形成不同俱乐部收敛到各自稳态的情形。

（二）绝对收敛、条件收敛和俱乐部收敛的检验方程

1. 绝对收敛的检验方程

由拉姆齐模型可以推导出检验绝对收敛常用的计量方程。由（52）式可得：

$$\ln\left[\frac{y(t)}{T(t)}\right] = (1 - e^{-\beta t}) \cdot \ln(\hat{y}^*) + e^{-\beta t} \cdot \ln[\hat{y}(0)]$$

且：
$$T(t) = T(0)e^{xt}$$

整理可得：
$$\frac{1}{t}\ln\left[\frac{y(t)}{y(0)}\right] = x + \frac{1-e^{-\beta t}}{t}\ln\left(\frac{\hat{y}^*}{\hat{y}(0)}\right) + \frac{1-e^{-\beta t}}{t}\ln T(0) \qquad (65)$$

该式描述了从初始时刻到 t 时刻的时段内，人均产出的平均增长率情况。

将（65）式改写，其中假设有 $t_2 > t_1 > 0$：
$$\frac{1}{t}\ln\frac{y_{it}}{y_{i0}} = x_i + \frac{1-e^{-\beta t}}{t}\ln\left(\frac{\hat{y}_i^*}{y_{i0}}\right) + \frac{1-e^{-\beta t}}{t}\ln T(0) \qquad (65a)$$

$$\frac{1}{t-T}\ln\frac{y_{i,t-T}}{y_{i0}} = x_i + \frac{1-e^{-\beta(t-T)}}{t-T}\ln\left(\frac{\hat{y}_i^*}{y_{i0}}\right) + \frac{1-e^{-\beta(t-T)}}{t-T}\ln T(0) \qquad (65b)$$

用（65a）式减去（65b）式，整理得：
$$\ln\frac{y_{it}}{y_{i,t-T}} = x_i \cdot T + e^{-\beta t_1} \cdot (e^{\beta T} - 1) \cdot \left[\ln\left(\frac{\hat{y}_i^*}{y_{i0}}\right) + \ln T(0)\right] \qquad (66)$$

并且由（65b）式得：
$$e^{-\beta t} = e^{-\beta T} \cdot \frac{\ln(\hat{y}_i^*/y_{it_1}) + x_i(t-T) + \ln T(0)}{\ln(\hat{y}_i^*/y_{i,0}) + \ln T(0)}$$

代入（66）式得：
$$\frac{1}{T}\ln\left(\frac{y_{it}}{y_{i,t-T}}\right) = a_{it} - \frac{1-e^{-\beta T}}{T}\ln y_{i,t-T}$$

其中，
$$a_{it} = x_i + \frac{1-e^{-\beta T}}{T} \cdot \left[\ln(\hat{y}_i^*) + x_i(t-T) + \ln T(0)\right]$$

对上式进行扩展，加入一个随机扰动项，便是检验绝对收敛的计量方程式：
$$\frac{1}{T}\ln\left(\frac{y_{it}}{y_{i,t-T}}\right) = a_{it} - \frac{1-e^{-\beta T}}{T}\ln y_{i,t-T} + u_{it} \qquad (67)$$

其中，i 表示地区；t 表示时间；T 表示分析时间区间年数；扰动项 u_{it} 满足球型扰动特征。由 a_{it} 的表达式，可知这个截距项反映了经济体的技术进步率 x_{it}、稳态水平 $\hat{y}^*$ 和初始技术水平 $A(0)$ 的情况，那么根据绝对收敛的假设，认为所研究的经济体之间不存在这些差异，那么说明 a_{it} 对于所有国家或地区都相同（$a_{it} = a$）。在这个假设条件下，如果有 $\beta > 0$

且显著,说明贫困地区的经济增长率快于富裕地区,那么绝对收敛存在。反之如果 $\beta>0$ 不显著,则绝对收敛不存在。

曼昆等(1992)将人力资本存量作为物质资本的延伸加入到该模型中。在利用扩展的 CD 生产函数(17)得到稳态水平 $\hat{y}^*$ 后,将其代入到(67)式的截距项 a_{it} 中,可以得到加入期初技术进步水平、物质资本储蓄率、人力资本储蓄率以及折旧率等的扩展后绝对收敛检验方程。过程如下:

$$\ln(\hat{y}^*) = \theta\ln(\hat{k}^*) + \eta\ln(\hat{h}^*)$$
$$= \frac{\theta}{1-\theta-\eta}\ln(s_k) + \frac{\eta}{1-\theta-\eta}\ln(s_h) - \frac{\theta+\eta}{1-\theta-\eta}\ln(x+n+\delta)$$

将上式代入(67)式中,整理可得:

$$\frac{1}{T}\ln\left(\frac{y_{it}}{y_{i,t-T}}\right) = \frac{t-e^{-\beta T}(t-T)}{T}x_i + \frac{1-e^{-\beta T}}{T}\cdot\ln T(0) + \frac{1-e^{-\beta T}}{T}\cdot\frac{\theta}{1-\theta-\eta}\ln(s_k)$$
$$+ \frac{1-e^{-\beta T}}{T}\cdot\frac{\eta}{1-\theta-\eta}\ln(s_h) - \frac{1-e^{-\beta T}}{T}\cdot\frac{\theta+\eta}{1-\theta-\eta}\ln(x+n+\delta)$$
$$-\frac{1-e^{-\beta T}}{T}\cdot\ln y_{i,t-T} + u_{it}$$

首先,根据 MRW 扩展模型的收敛系数为 $\beta=(1-\theta-\eta)\cdot(x+n+\delta)$。其次,同样根据绝对假设条件,认为所有国家或地区的初始技术水平和技术进步率一样,所以上式第一项和第二项在计量回归中可以看作是常数项。

2. 条件收敛的检验方程

在进一步的研究发展中,将绝对收敛假设放松至条件收敛假设,即认为经济体之间存在异质性,不能将初始人均产量、资本储蓄率、人力资本投资率、技术水平等经济体制和结构因素都看作完全一样。因而在绝对收敛检验方程中,将上述存在异质性的经济变量引入方程(67)中作为控制变量,便形成检验条件 β 收敛的计量方程:

$$\frac{1}{T}\ln\left(\frac{y_{it}}{y_{i,t-T}}\right) = a_{it} - \frac{1-e^{-\beta T}}{T}\ln y_{i,t-T} + \phi X_{it} + u_{it} \tag{68}$$

其中,X_{it} 表示影响经济体收敛到稳态的控制变量;u_{it} 表示满足球型扰动特征的扰动项。

3. 俱乐部收敛的检验方程

如果整体经济增长的发散是由于地区之间差异所引发的,也就是对各国家或地区按照相类似的初始增长条件和经济发展结构进行俱乐部划分，那么在这些俱乐部内部则存在着β绝对收敛，同时承认各个俱乐部之间的经济发展是存在差异的，这就是俱乐部收敛。那么在β绝对收敛检验的计量方程上，控制住俱乐部之间的地区差异，也就是加入地区虚拟变量，便形成检验俱乐部收敛的计量方程：

$$\frac{1}{T}\ln\left(\frac{y_{it}}{y_{i,t-T}}\right) = \alpha_0 + \alpha \cdot \sum_{s=1}^{N-1} D_s - \frac{1-e^{-\beta T}}{T}\ln y_{i,t-T} + u_{it} \quad (69)$$

其中，D_s 表示控制地区差异的俱乐部虚拟变量，共有 N 个俱乐部；u_{it} 表示满足球型扰动特征的扰动项。

参考文献

1. Alesina, A., Rodrik, D., 1994, Distributive Politics and Economic Growth, *Quarterly Journal of Economics*, Vol 109, Issue 2, pp. 465–490.

2. Alesina, A., Perotti, R., 1996, Income Distribution, Political Instability and Investment, *European Economic Review*, Vol. 40, Issue 6, pp. 1203–1228.

3. Arrow, K. J., 1962, The Economic Implications of Learning by Doing, *Review of Economic Studies*, Vol. 29, Issue 3, pp. 155–173.

4. Banerjee, A., Newman, A., 1993, Occupational Choice and The Process of Development, *Journal of Political Economy*, Vol. 101, Issue 2, pp. 274–298.

5. Barro, R., Sala-i-Martin, X., Blanchard, Olivier Jean, Hall, Robert E., 1991, Convergence Across States and Regions, *Brooking Papers on Economic Activity*, Vol. 1991, Issue 1, pp. 107–182.

6. Barro, R., Sala-i-Martin, X., 1992, Regional Growth and Migration: A Japanese US Comparison, *Journal of the Japanese and International Economy*, Vol 6, Issue 4, pp. 312–346.

7. Baumol, W., 1986, Productivity Growth, Convergence, and Welfare: What the Long-run Data Show, *American Economic Review*, Vol. 76, Issue 5, pp. 1072–1085.

8. Bernard, A., S., Durlauf, 1995, Convergence in International Output, *Journal of Applied Econometrics*, Vol. 10, Issue 2, pp. 97–108.

9. Bourguigono, F., 1981, Pareto Superiority of Unegalitarian Equalilbria in Stiglitz's Model of Wealth Distribution with Convex Saving Function, *Econometrica*, Vol. 49, Issue 6, pp. 1469–1475.

10. Caselli, F., G., Esquivel, F., Lefort, 1996, Reopening the Convergence Debate: A New Look at Cross-country Growth Empirics, *Journal of Economic Growth*, Vol. 1, Issue 3, pp. 363–389.

11. Durlauf, S., N., Johnson, J., Temple, 2005, Growth Econometrics, In: P. Aghion, S. Durlauf, *Handbook of Economic Growth*, Elsevier, pp. 555 – 677.

12. Evans, P., Karras, G., 1996, Do Economies Converge? Evidence from A Panel of U. S. States, *The Review of Economics and Statistics*, Vol. 78, Issue 3, pp. 384 – 388.

13. Galor, O., J., Zeira, 1993, Income Distribution and Macroeconomics, *Review of Economic Studies*, Vol. 60, Issue 1, pp. 35 – 52.

14. Islam, N., 1995, Growth Empirics: A Panel Data Approach, *Quarterly Journal of Economics*, Vol. 110, Issue 4, pp. 1127 – 1170.

15. Knack, S., P., Keefer, 1995, Institutions and Economic Performance: Cross Country Tests Using Alternative Institutional Measures, *Economics and Politics*, Vol. 7, Issue 3, pp. 207 – 227.

16. Lucas, R., 1988, On The Mechanics of Economic Development, *Journal of Monetary Economics*, Vol. 22, Issue 1, pp. 3 – 42.

17. Mankiw, G., N., Romer, D., Weil, D., N., 1992, A Contribution to The Empirics of Economic Growth, *Quarterly Journal of Economics*, Vol. 107, Issue 2, pp. 407 – 437.

18. Persson, T., G., Tabellini, 1994, Is Inequality Harmful for Growth? *American Economic Review*, Vol. 84,, Issue 3, pp. 600 – 621.

19. Romer, P., 1986, Increasing Returns and Long-run Growth, *Journal of Political Economy*, Vol. 94, Issue 5, pp. 1002 – 1037.

20. Romer, P., 1990, Endogenous Technological Change, *Journal of Political Economy*, Vol. 98, Issue 5, pp. 71 – 102.

第二章 绿色增长理论研究的新进展

传统的新古典经济增长理论对经济增长的解释变量主要为资本、劳动力（包括人力资本）、技术、制度等要素，衡量经济增长的标准则为 GDP 和人均收入水平。然而，在当前社会发展中，GDP 和人均收入水平并非体现社会进步的唯一尺度，生态环境的好坏也直接影响着人们的生活水平。因此，为了体现社会可持续发展的目标，打破原有的"GDP 主导经济增长论"，将资源利用和环境影响纳入主流经济增长理论，构建"绿色经济增长理论"，成为当前主流经济学研究的新视角。[①] 近年来，国外学者们围绕绿色增长的理论分析框架构建、不可再生资源利用、可再生资源使用、环境政策、绿色技术创新、资源诅咒等问题对绿色增长理论进行了研究。

一、绿色增长的理论分析框架

目前，主流的绿色增长研究均基于拉姆齐模型（Ramsey，1928），并在其框架上进行扩展。对于资本积累，学者们除了保留拉姆齐模型中的物质资本，通常还加入自然资源资本（Natural Capital）、人力资本和社会资本（Social Capital）（Quaas and Smulders，2012）。作为一种资本积累的形式，自然资源可以给消费者效用带来很多直接影响。如高质量的绿化森林可以净化空气，让居民心情愉悦；而二氧化硫、废水等污染的积累则可能对居民健康带来危害。因此，在分析经济增长问题时，将自然资源纳入效

[①] 对于"绿色增长"（Green Growth）的定义，不同学者有着不同的阐述。本章参考奎阿斯和史莫德斯（Quaas and Smulders，2012）从长期和短期两方面定义"绿色增长"：在长期中，国民收入和产出增长速度不能对环境造成不可持续的损害；在短期中，国民收入和产出在实现增长目标的同时，可以"适度"地对环境带来些负面影响。

用函数中是合理的。对于生产函数，同样需要考虑自然资源。如洁净的水资源将有利于生产过程的顺利开展，而铅、汞等污染物则可能对劳动者的生产效率带来损害。同时，自然资源还可以为生产提供原材料。如石油等能源是工业生产的必需品，而木材则可以成为家居生产的原材料。

可见，在绿色增长的理论分析框架中，生产函数可以改写成：$Y = F(K, L, N, R)$，其中 N 为投入的资源，R 为自然资源的开采率。现有自然资源开采的越多，可留给今后用的就越少，开采的难度也会加大，这将直接影响资源的开采成本。而效用函数则可改写成：$U(C, L, N)$，其中消费中也包括对一些自然资源的消费，如鱼、植物等。

二、不可再生资源利用下的经济增长

20 世纪 70 年代爆发的第一次石油危机导致西方国家的经济陷入"滞涨"，如何在利用不可再生资源的情况下实现经济可持续增长，以及如何摆脱经济系统对不可再生资源的依赖，逐步成为学界和政界关注的焦点。

该类研究通常是在拉姆齐模型的基础上加入不可再生资源，假定世界在生产过程中需要开采不可再生资源作为生产要素投入（如石油、煤炭等），且不存在可再生能源作为替代产品（Dasgupta and Heal, 1974; Solow, 1974; Stiglitz, 1974）。学者们的研究主要从两个角度展开：

（一）社会福利最大化

达斯古普塔—希尔—索洛—斯蒂格利茨（Dasgupta - Heal - Solow - Stiglitz）模型重点分析两个问题：一是经济在消耗不可再生资源下能否实现稳定的消费和福利水平？二是经济在消耗不可再生资源下能否实现社会福利最大化？对于前者，达斯古普塔—希尔—索洛—斯蒂格利茨模型认为，维持稳定消费和福利水平的充分必要条件是物质资本的生产弹性系数要大于不可再生资源，且物质资本不存在折旧。而对于后者，达斯古普塔—希尔—索洛—斯蒂格利茨模型认为，当不存在外部性时，市场经济会实现最优，而在更现实的环境中，不可再生资源的垄断性供应和不完善的上游产业链将会带来严重的市场失灵现象，这将迫使社会福利最大化难以实现。

（二）石化能源消费结构

1. 石化能源消费的代际结构

克鲁克拉默（Krautkraemer，1985）对达斯古普塔—希尔—索洛—斯蒂格利茨模型进行了扩展，考虑了不可再生资源的污染问题。他们假定开采石油等不可再生资源不需要成本，但石油的开采过程会破坏环境，这被视为就近污染。同时，石油储量的减少表明大量石油被开采利用，大量二氧化碳等温室气体产生和积累，对环境带来负面影响。在这种情况下，消耗完不可再生资源是否是最优选择？克鲁克拉默认为，尽管存在污染，最优状态下的经济系统还是趋向于保存一部分的石油储量，因为下一代居民将会从资源开发中受益。

2. 石化能源消费的气候和产出权衡

不可再生的化石类能源作为要素投入用于生产时会排放出大量的二氧化碳等温室气体，这是导致全球气候变暖的潜在因素，由此衍生出对气候变化造成的负外部性是否会影响化石能源的最优使用问题。对此，格罗索夫等（Golosov et al.，2010）肯定了该观点。他们认为，存在负外部性时石油等化石能源的消费曲线相比不存在时更加平坦。对于开采和生产过程中产生的温室气体排放，政府的最优选择是延缓资源开采，并接受低一些的经济增长速度。因为相比气候变化带来的破坏，产出下降的损失还是微不足道的。

三、可再生资源使用及对经济增长的影响

（一）可再生能源使用条件和选择

相比煤炭、石油等化石能源，风电、太阳能等可再生能源几乎不产生碳排放，但其生产成本相比化石能源较高。针对如何在不同能源之间进行平衡和构建最优能源消费结构问题，范德普洛格和魏斯根（Van der Ploeg and Withagen, 2011) 将不可再生能源、可再生能源和气候变化同时纳入拉姆齐分析框架进行了分析。与克鲁克拉默 (1985) 不同，范德普洛格等 (2011) 引入了"后备技术"（Backstop Technology）概念。他们假定当石油等化石能源的生产成本高到一定水平时，就会出现使用其他资源和技术将比使用石油更为合算的情景（如可再生能源），这种可以取代石油的技术即所谓的"后备技术"。使用"后备技术"意味着化石能源的生产成本已达上限，该上限可视为"后备价格"（Backstop Price），此时生产和使用化石能源将不再合算。各国的环境政策、化石能源相比资本的稀缺性程度决定了各自的后备价格。环境政策越严，资本化石资源相对越稀缺，该国将会更多地使用可再生能源。

苏和泽梅尔（Tsur and Zemel, 2011）研究了发展中国家由化石能源消费向可再生能源消费的转型问题。他们假定传统的化石能源开采不需要太多前期投入，后期运营成本长期维持在一稳定水平，而开发可再生能源需要较高的前期设备投资（如光伏面板），后期的运营成本则较低。在此情况下，政府该如何做出投资决策？苏等认为，发展中国家由于资本积累较少，社会中的边际资本产值普遍较高，巨大的机会成本将阻碍政府和私人投资于光伏等回报较慢的可再生能源，从而延缓发展中国家向绿色经济转型速度。

（二）可再生能源对经济增长的影响

当国民经济主要依赖于可再生资源时，由于可再生资源（如光伏太阳能、水资源等）可以定期再生新资源，长期中类似不可再生资源对经济增长的拖累现象将不复存在。如果科学控制开采，加强环境保护，减轻可再生资源的供应压力，还可增强生态系统服务，提高生态系统的生产效率，从而带动整个国民经济生产效率的提高。这种效率的提高可以充分弥补资源开发减少的损失，并进一步刺激投资，推动经济增长。

诺德豪斯（Nordhaus, 1994, 2008）肯定了利用可再生能源对经济增长的推动作用。他指出，减少化石能源开采，加大环境保护，科学开发可再生能源不仅可以带来健康效应（即身体健康的劳动者工作效率更高）和更好的生态系统服务（如更鲜美的鱼肉，更低成本的水资源处理），还可带来旅游收入。而且借助 DICE 模型模拟分析发现，依托开发可再生能源避免气候变化，可以提高劳动生产率，维持经济的长期增长。

四、环境政策的影响

(一) 对经济增长的影响

关于环境政策对经济增长的影响,学者们之间存在不同观点,主要有:

1. 环境政策不利于经济增长

斯马尔德斯(Smulders, 2000)指出,环境政策的实施会降低物质资本的边际产出,从而直接影响投资增加,给经济增长带来负面影响。米歇尔和罗蒂隆(Michel and Rotillon, 1995)也指出,如果对于居民而言消费和愉悦的心情存在互补关系,更加清洁的环境会促使家庭储蓄更多,从而将当前的消费推至未来,这将会抑制短期经济增长。

2. 环境政策将会促进经济增长

斯马尔德斯和迪马利亚(Smulders and Di Maria, 2012)指出,假定一国政府宣布将在未来某一时间点全面实施碳税,居民将会形成未来政策实施时消费需求下降的预期。为了抵消这种政策负面冲击的作用,政府必须开始增加储蓄,加快基础设施项目投资。因此,环境政策的宣布实施将有利于短期经济增长和长期的消费水平,但短期消费需求将会得到抑制。

高斯和休乌(Groth and Schou, 2002)在达斯古普塔—希尔—索洛—斯蒂格利茨模型基础上考察了不同环境政策的影响,他们发现,影响资源使用的环境政策(如碳税)对长期经济增长的作用比刺激资本积累政策更为有效,因为后者只能在短期内缓解资本回报的下降。

3. 环境政策是否能够促进经济增长不确定

部分学者认为,环境政策是否促进经济增长与政策的科学性及其对边际资本产出的影响有关。比如,里奇(Ricci, 2007)指出,若政府制定出更为科学有效的环境政策,可以通过替代机制,抵消其负面影响,从而促进经济增长。史莫德斯(2000)也指出,环境政策对国民经济增长的影响取决于物质资本投入相对于资源投入的重要性,以及边际资本产出的下降程度。

(二) 对环境的影响

环境政策本旨在减少污染,改善环境,但是针对环境政策是否改善了环境,相当一部分学者的研究得出了否定的结论。比如,斯马尔德斯和迪马利亚(2012)指出,在碳税实施有利于短期经济增长的同时,短期内碳排放量也将快速增加,由此带来了经济增长和碳排放"双高"的局面。辛恩(Sinn,2008a)也指出,为了减少化石能源带来的负外部性,政府通过使用碳税等工具,提高化石能源的使用成本,是一种可行的办法。然而,若政府出于某种政治目的,不能制定出合理的碳税,而是借助于补贴后备技术,这种次优的环境政策,可能会带来一些负面影响,即出现所谓的"绿色悖论"(Green Paradox)现象。他还指出,补贴后备技术是出现绿色悖论的典型案例。从长期看,在补贴的支持下,后备技术使用成本将降低,意识到这点的石油供应商可以在短期内尽可能地多开采石油,以求在未来通过控制供给卖出高价。因此,这直接导致了短期内环境问题反而更加严重。发展中国家由于"底子薄、基础差",环境政策制定也较为随意,尤其需要警惕"绿色悖论"的出现(Sinn,2008b)。

(三) 对技术创新的影响

环境政策对技术创新的影响并非是线性的,而与一国经济发展的内生特点有关。范德沃夫(Van der Werf,2008)指出,当经济系统更为内生化地进行技术创新时,其技术创新的水平和方向受环境政策冲击的程度将越大。若一国的经济增长主要依赖于进口技术和国外企业技术外溢时,其受环境政策的负面影响将较小,而此时实施"绿色增长战略"(Green Growth Strategy)(即改善环境的同时不影响经济增长)将变得较为可行。总结来看,学界关于环境政策对技术创新影响的观点主要有:

1. 环境政策有利于技术创新

哈特(Hart,2004)认为,若下一代产品较上一代产品更为清洁,污染税的推出可以降低老产品存货的比例,从而加速老产能淘汰,并刺激新技术的研发。鲍温伯格和斯马尔德斯（Bovenberg and Smulders, 1996）认为，当我们看待技术创新活动不仅局限于企业内部，如果更加清洁的环境能够提高全社会生产率，或改善生态系统服务时，环境政策可以提高总体技术水平。

2. 环境政策不利于技术创新

还有一些专家认为，一些环境政策的实施可能给创新活动的成本和收益带来影响，并改变技术创新的方向。斯托凯（Stokey, 1998）认为，由于技术知识可以在创新活动中不断积累，从某种意义上看，这也是一种特殊的"人造资本"。因此，当环境政策要求减少对某些化石能源的开采时，这不仅会降低资本的边际产出，也会使得该领域创新活动减少，"干中学"受到抑制，"知识资本"积累下降，而资本回报的减少又会进一步降低企业的技术投入力度。

阿洪和豪伊特（Aghion and Howitt, 1998）将这种环境政策给技术创新带来的负面影响称为"技术挤出效应"。但是，斯马尔德斯等（Smulders et al., 2012）指出，环境政策带来的"技术挤出效应"，仅存在于某些特定的创新活动中。这些活动主要集中在与化石能源投入、污染产生紧密联系的技术创新领域，此类技术被称为污染密集型技术，即"棕色技术"（Brown Technology）。与绿色技术试图减少污染物和资源消耗不同，棕色技术创新主要依赖于污染投入。污染下降将降低物质资本的投资收益，并阻碍提高该生产过程生产率的技术知识积累。

五、绿色技术创新

（一）定向技术创新

目前，一些学者试图同时将绿色和棕色技术创新纳入分析框架，由此引出了所谓的"定向技术创新"（Directed Technical Change）问题（Hart, 2008；Gerlagh, 2011；Gans, 2011）。"定向技术创新"问题侧重关注影响创新者选择进行绿色还是棕色技术创新的主导因素。这些因素主要有：

1. 资源要素投入

斯马尔德斯和德诺伊（Smulders and De Nooij, 2003）发现，由于资源要素投入与人造资本投入互补，当资源投入下降时，人造资本收益及棕色技术创新收益也会下降，这些都会促使经济增长停滞。然而，在此情况下，绿色技术的投资收益则会得到提高，这将刺激绿色技术投资，并带动总体生产率和经济增长水平。只要绿色技术创新水平快于棕色技术，资源使用下降的负面影响将会有效地被绿色技术创新所抵消。

2. 补贴力度差异

纽厄尔等（Newell et al., 2005）指出，由于技术和创新市场的不完善，在现有知识上的创新很容易外溢给其他厂商，若其他厂商对先前技术加以改进，生产出的新产品即可将旧产品挤出市场。这意味着先前的创新者不能得到技术外溢的补偿，且会遭受技术剽窃的损失，并不能获取其应有的创新回报。对于知识外溢的外部性问题，政府只能通过研发补贴来给予弥补，且不论棕色和绿色技术都应补贴。

但是，在这种情况下，对棕色技术补贴则可能给环境带来负面影响。针对该问题，哈特（2008）认为，给予绿色技术比棕色技术更高的补贴力度即可解决。这是因为，当环境政策推出时，厂商将被迫转向绿色生产，相比棕色技术研发活动，绿色技术将使更多厂商受益，带来更大的社会价值，理应享有更高的补贴力度。对绿色技术补贴的加大，又会进一步刺激厂商对该类技术的研发力度，减少棕色技术投入，对环境的负面影响也会得到缓解。

3. 环境政策引导

葛德纳（Goulder, 2004）利用局部均衡模型验证发现，与仅存在棕色技术相比较，绿色和棕色技术的同时存在，环境政策的实施成本将会更少，因为环境政策可以将创新引向绿色技术领域。因此，环境政策制定者应该驾驭住创新动力，这样会让环境政策实施起来更为顺利。

然而，当存在市场失灵时，则不能保证技术创新会受环境政策引到其设想的路线上。迪马利亚和范德沃夫（Di Maria and Van der Werf, 2008）指出，当知识产权不能较好地界定和保护时，新技术创新者将会面临模仿抄袭的威胁，从而不能得到其应有的市场价值。此时，绿色技术研发动力将会下降,从而有可能使技术创新转向棕色技术领域。

4. 环境政策实施效果

阿西莫格鲁等(Acemoglu et al.,2009)验证了当环境政策没有实施或实施不力时,一国经济有锁定在污染密集型生产模式的威胁这一假说。他们假定,使用绿色技术的厂商与使用棕色技术的厂商生产相似产品,区别仅在于前者生产时没有污染。两种类型的厂商均可以通过技术创新提高生产率。棕色技术厂商的创新会增加污染,从而对环境有害,而绿色技术厂商的创新则可降低其相对于棕色技术产品的价格,且借助于消费者用绿色技术产品替代棕色技术产品减少环境污染。然而,当不存在环境税时,相比绿色技术,棕色技术由于使用时间更长,其研发和创新成本更低,从而生产出的产品价格更低。因此,当环境政策没有实施或实施不力时,棕色技术产品将会有更大的市场空间和利润,从而逐步驱使今后只有棕色技术厂商开展研发活动。在这种恶性循环下,棕色技术产品生产率和绿色技术产品生产率之间的差距会越来越大,国民经济将被锁定在污染密集型产业结构中。

(二) 绿色通用技术

布雷斯纳汉和特腾博格(Bresnahan and Trajtenberg,1995)首先提出了通用技术概念,认为通用技术是指拥有广泛的应用潜力和能够显著提升边际产出的技术,如芯片、发电机、蒸汽机、晶体管等。同样,要实现绿色增长,通用技术也必不可少。高效电力存储技术、风电转化效率提升技术、更廉价的碳捕捉技术等均可能成为下一代的通用技术,这些均可使无碳生产的实现更有可行性,且提高利润率。为此,学者们对绿色通用技术(General Purpose Technologies)的影响,以及政府如何鼓励绿色通用技术进行了研究。

1. 绿色通用技术的经济影响

在实证研究中,学者们通常将通用技术发明看成随机事件(Helpman and Trajtenberg,1998)。根据此思路,史莫德斯等(Smulders et al.,2010)利用环境库兹涅茨曲线研究得出,在绿色通用技术出现前,政府只有通过强制实施环境政策才能减少污染,但这会影响潜在产出和经济增长。而当绿色通用技术出现后，环境政策约束会刺激市场中的不同部门采用绿色通用技术。尽管在初期需要大量的设备投资，但当各个生产部门均适应绿色通用技术生产后，投资会降至之前的水平，国民经济实现更为绿色的增长。

2. 鼓励绿色通用技术的政策手段

第一，技术补贴。海格达（Heggedal，2008）指出，通用技术会带来边际收益递减，因为当通用技术的出现开辟了一个新领域时，后续的技术改进过程将会相对容易，而这很容易通过技术外溢效应被其他厂商所吸收，从而促使该技术的边际收益下降。在绿色通用技术领域，该现象同样存在。波普（Popp，2002）认为，在绿色通用技术发明初期，技术外溢效应最为明显，此时应给予较高的技术补贴，而随着中后期技术外溢效应的逐步削弱，技术补贴的力度便可逐步下降。在海格达（2008）的设定中，通用技术的出现属于一种不可预测的外部技术冲击。当新通用技术是绿色时，该技术值得给予高额补贴；而当新通用技术是棕色时，尽管会对生产率带来提升，但也会造成巨大的环境损害，此时补贴应当慎重。

第二，污染税。斯马尔德斯等（2012）认为，高污染税的推出可以将许多棕色通用技术的突破"扼杀在摇篮中"。当一国实施有效的污染税政策时，其厂商将有更大的动力购买绿色通用技术，而棕色通用技术的研发行为则会遭到阻碍。

六、主要结论及下一步研究方向

（一）主要结论

（1）纵观当前的绿色增长研究，绿色技术创新被普遍认可为实现长期绿色增长目标的最根本动力。

（2）由于市场失灵的存在，政府必须利用产业政策（如技术补贴）和环境政策（如高污染税）来推进绿色技术创新活动的开展。

（3）目前，关于产业政策和环境政策对绿色增长的推动效果，学界看法不一。不恰当的技术补贴可能会导致"绿色悖论"的出现，而一些环境政策也会对经济增长带来负面影响，并给技术创新产生挤出效应。但可以肯定的是，只要针对具体情况把握目标实施得当，长期中政府政策并不会阻碍绿色增长。从长期来看，污染的减少和生态系统服务的增强可以提高全社会劳动生产率，并刺激经济增长。同时，这些政策可以引领技术创新的方向，推动绿色技术创新，减少棕色技术研发活动，从而促使国民经济向低污染低耗能增长模式迈进。尽管在短期内，对加强环境监控带来的资源投入减少和生产方式转变，会拉低短期的经济增长速度，但这种损失从总量上看较小。除了一些资源依赖型的发展中国家，当前资源投入在全球 GDP 中的贡献率还是非常低的，而资本的贡献率则大得多，这意味着适当减少资源投入并不会给国民经济增长带来剧烈影响。

（二）下一步研究的方向

生态系统不仅能为生产过程和居民消费提供耕地、森林、鱼和水资源等原料和产品，也是这些原料和产品可再生的关键。因此，无论对经济增长还是居民福利，良好的生态系统服务都至为重要。但是，生态系统服务问题并未成为环境经济学的研究热点（Dasgupta，2010），仅有少量的文献讨论了可持续增长与生态系统之间的关系。由于生态系统服务对全球经济有着明显的正外部性，其将直接影响居民福利和经济增长目标实现，可预见未来将会逐步得到学界重视，现阶段较少研究的状况并不能掩盖该问题的重要性（Fisher et al.，2011）。另外，在今后本领域的研究中，如何降低环境政策对中期经济增长的影响？环境政策是否会与货币政策、财政政策存在相互抑制作用？面临经济发展压力的发展中国家应在何时选择绿色增长模式？这些问题都将是下一步的研究方向。

参考文献

1. Acemoglu, D., P. Aghion, L. Bursztyn, D. Hemous, 2009, The Environment and Directed Technical Change, *NBER Working Paper*, No. 15451.

2. Aghion, P., P. Howitt, 1998, Market Structure and The Growth Process, *Review of Economic Dynamics*, Vol. 1, Issue 1, pp. 276–305.

3. Andersen, J., J. S. Aslaksen, 2008, Constitutions and The Resource Curse, *Journal of Development Economics*, Vol. 87, Issue 2, pp. 227–246.

4. Bovenberg, A. L., J. A. Smulders, 1996, Transitional Impacts of Environmental Policy in An Endogeneous Growth Model, *International Economic Review*, Vol. 37, Issue 4,

pp. 861 – 893.

5. Bresnahan, T. , M. Trajtenberg, 1995, General Purpose Technologies'Engines of Growth'? *Journal of Econometrics*, Vol. 65, Issue 1, pp. 83 – 108.

6. Caselli, F. , 2005, Accounting for Cross – Country Income Differences, In: P. Aghion, S. Durlauf, *Handbook of Economic Growth*, Elsevier, Amsterdam, pp. 679 – 741.

7. Cass, D. , 1965, Optimum Growth in An Aggregative Model of Capital Accumulation, *Review of Economic Studies*, Vol. 32, Issue 3, pp. 233 – 240.

8. Dasgupta, P. , G. Heal, 1974, The Optimal Depletion of Exhaustible Resources, *Review of Economic Studies*, Symposium on the Economics of Exhaustible Resources, Vol. 41, Issue 5, pp. 3 – 28.

9. Dasgupta, P. , 2010, 20th Anniversary of EAERE: The European Association of Environmental and Resource Economists, *Environmental and Resource Economics*, Vol. 46, Issue 2, pp. 135 – 137.

10. Di Maria, C. , E. van der Werf, 2008, Carbon Leakage Revisited: Unilateral Climate Policy with Directed Technical Change, *Environmental and Resource Economics*, Vol. 39, Issue 2, pp. 55 – 74.

11. Fisher, B. , S. Polasky, T. Sterner, 2011, Conservation and Human Welfare: Economic Analysis of Ecosystem Services, *Environmental and Resource Economics*, Vol. 48, Issue 2, pp. 151 – 159.

12. Gans, J. , 2011, Innovation and Climate Change Policy, *American Economic Journal: Economic Policy*, Vol. 4, Issue 4, pp. 125 – 145.

13. Gerlagh, R. , 2011, Too Much Oil, *CESifo Economic Studies*, Vol. 57, Issue 1, pp. 79 – 102.

14. Golosov, M. , J. Hassler, P. Krusell, A. Tsyvinski, 2014, Optimal Taxes on Fossil Fuel in General Equilibrium, *Econometrica*, Vol. 82, Issue 1, pp. 41 – 48.

15. Goulder, L. , 2004, *Induced Technological Change and Climate Policy*, Technical Report, Pew Center on Global Climate Change.

16. Grossman, G. , E. Helpman, 1991, *Innovation and Growth in The Global Economy*, MIT Press, Cambridge, MA.

17. Groth, C. , P. Schou, 2002, Can Non – Renewable Resources Alleviate the Knife – Edge Character of Endogenous Growth? *Oxford Economic Papers*, Vol. 54, Issue 3, pp. 386 – 411.

18. Hart, R. , 2004, Growth, Environment and Innovation—A Model with Production Vintages and Environmentally Oriented Research, *Journal of Environmental Economics and Management*, Vol. 48, Issue 3, pp. 1078 – 1098.

19. Hart, R. , 2008, The Timing of Taxes on CO_2 Emissions When Technological

Change Is Endogenous, *Journal of Environmental Economics and Management*, Vol. 55, Issue 2, pp. 194 – 212.

20. Heggedal, T., 2008, On R&D and The Undersupply of Emerging Versus Mature Technologies, *Discussion Paper*, Statistics Norway, No. 571.

21. Helpman, E., M. Trajtenberg, 1998, A Time to Sow and A Time to Reap: Growth Based on General Purpose Technologies, In: E., Helpman, *General Purpose Technologies and Economic Growth*, MIT press, Cambridge, Mass, pp. 55 – 84.

22. Hettich, F., 1998, Growth Effects of a Revenue-neutral Environmental Tax Reform, *Journal of Economics*, Vol. 67, Issue 3, pp. 287 – 316.

23. Jaffe, A. B., Newell, R. G., Stavins, R. N., 2005, A Tale of Two Market Failures: Technology and Environmental Policy, *Ecological Economics*, Vol. 54, Issue 2 – 3, pp. 164 – 174.

24. Jones, C., 2002, Sources of U. S. Economic Growth in a World of Ideas, *American Economic Review*, Vol. 92, Issue 1, pp. 220 – 239.

25. Koopmans, T., 1963, On the Concept of Optimal Economic Growth, *COWLES Foundation Discussion Paper*, No. 163.

26. Krautkraemer, J., 1985, Optimal Growth, Resource Amenities and the Preservation of Natural Environments, *Review of Economic Studies*, Vol. 52, Issue 1, pp. 153 – 169.

27. Lopez, R., 2010, Sustainable Economic Development: On the Co-existence of Resource-dependent and Resource-impacting Industries, *Environment and Development Economics*, Vol. 15, Issue 6, pp. 687 – 705.

28. Michel, P., G. Rotillon, 1995, Disutility of Pollution and Endogenous Growth, *Environmental and Resource Economics*, Vol. 6, Issue 3, pp. 279 – 300.

29. Neary, J. P., D. D. Purvis, 1982, Sectoral Shocks in a Dependent Economy: Long-run Adjustment and Short-run Accommodation, *Scandinavian Journal of Economics*, Vol. 84, Issue 2, pp. 229 – 253.

30. Nordhaus, W. D., 1994, *Managing the Global Commons: The Economics of Climate Change*, Cambridge MA: MIT Press.

31. Nordhaus, W. D., 2008, *A Question of Balance: Weighing the Options on Global Warming Policies*, New Haven & London: Yale University Press.

32. Popp, D., 2002, Induced Innovation and Energy Prices, *The American Economic Review*, Vol. 92, Issue 1, pp. 160 – 180.

33. Ploeg, F. van der, C. Withagen, 2011, Growth, Renewable and the Optimal Carbon Tax, *OxCarre Research Paper*, University of Oxford, No. 55.

34. Quaas, M., S. Smulders, 2012, Brown Growth, Green Growth, and the Efficiency of Urbanization, *CESifo Working Paper Series*, No. 4044.

35. Ramsey, F. , 1928, A Mathematical Theory of Saving, *Economic Journal*, Vol. 38, Issue 152, pp. 543 – 559.

36. Ricci, F. , 2007, Channels of Transmission of Environmental Policy to Economic Growth: A Survey of the Theory, *Ecological Economics*, Vol. 60, Issue 4, pp. 688 – 699.

37. Romer, P. , 1986, Increasing Returns and Long-run Growth, *Journal of Political Economy*, 94, Issue 5, pp. 1002 – 1037.

38. Romer, P. , 1990, Endogenous Technological Change, *Journal of Political Economy*, Vol. 98, Issue 5, pp. 71 – 102.

39. Sinn, H. W. , 2008, Public Policies Against Global Warming: A Supply Side Approach, *International Tax and Public Finance*, Vol. 15, Issue 4, pp. 360 – 394.

40. Smulders, S. , M. de Nooij, 2003, The Impact of Energy Conservation on Technology and Economic Growth, *Resource and Energy Economics*, Vol. 25, Issue 2, pp. 59 – 79.

41. Smulders, S. , C. Di Maria, 2012, The Cost of Environmental Policy Under Induced Technical Change, *CentER discussion paper*, No. 3886.

42. Smulders, S. , Y. Tsur, A. Zemel, 2010, Announcing Climate Policy: Can a Green Paradox Arise without Scarcity? *CESIfo discussion paper*, No. 3307.

43. Smulders, S. , E. van der Werf, 2008, Climate Policy and the Optimal Extraction of High-and Low-carbon Fossil Fuels, *Canadian Journal of Economics*, Vol. 41, Issue 4, pp. 1421 – 1444.

44. Solow, R. , 1956, A Contribution to the Theory of Economic Growth, *Quarterly Journal of Economics*, Vol. 70, Issue 1, pp. 65 – 94.

45. Solow, R. , 1974, Intergenerational Equity and Exhaustible Resources, *Review of Economic Studies*, Vol. 41, Issue 5, pp. 29 – 46.

46. Stiglitz, J. , 1974, Growth with Exhaustible Natural Resources: Efficient and Optimal Growth Paths, *Review of Economic Studies*, Symposium on the Economics of Exhaustible Resources, Vol. 41, Issue 2, pp. 123 – 137.

47. Stokey, N. , 1998, Are There Limits to Growth? *International Economic Review*, Vol. 39, Issue 1, pp. 1 – 31.

48. Tornell, A. , P. R. Lane, 1999, The Voracity Effect, *The American Economic Review*, Vol. 89, Issue 1, pp. 22 – 46.

49. Tsur, Y. , A. Zemel, 2011, On the Dynamics of Competing Energy Sources, *Automatica*, Vol. 47, Issue 7, pp. 1357 – 1365.

第三章 "中等收入陷阱"理论研究的新进展

"中等收入陷阱"一词来源于2006年世界银行出版的《东亚经济报告》，主要是指一国人均收入达到中等收入国家后，由于没能很好地进行经济转型，导致经济无法继续增长甚至长期停滞的状态。这个概念被广为熟知和接受，随后很多学者对"中等收入陷阱"的概念进行了具体化研究，如伊藤（2013）则将"中等收入陷阱"具体界定为主要以廉价劳动力为优势进行出口导向发展的中等收入亚洲各国在进入高收入国家前的经济发展停滞。目前学者们对"中等收入陷阱"问题的研究，主要集中在如何跨越"中等收入陷阱"，这对我国跨越"中等收入陷阱"具有重要的参考价值。

一、陷入"中等收入陷阱"的主要原因

跨越"中等收入陷阱"是所有发展中国家面临的一个世界性课题，对于哪类国家容易陷入"中等收入陷阱"，费利佩（Felipe，2012）做出了很好的研究，他运用1950~2010年数据，把世界上124个国家分成4类，即人均GDP2 000美元以下的为低收入国家，2 000~7 250美元的为低中等收入国家，7 250~11 750美元的为高中等收入国家，11 750美元以上的为高收入国家。2010年，124个国家中有40个低收入国家，52个中等收入国家，32个高收入国家。他认为，一个国家一旦处于低中等收入国家超过28年，处于高中等收入国家超过14年就很容易陷入"中等收入陷阱"。按此标准，目前124个国家中，有35个国家陷入了"中等收入陷阱"。其中，13个分布在拉美地区，11个分布在中东和北非，6个位于撒哈拉以南非洲，3个在亚洲，2个在欧洲。相比而言，处于低中等收

入的国家更容易陷入中等收入陷阱，这种现象在拉美、中东、北非地区的国家中表现尤其明显。

从陷入"中等收入陷阱"国家的基本特征可以看出，他们陷入"中等收入陷阱"的原因主要有：

（一）经济发展战略出现失误

费利佩（Felipe, 2012）认为，发展战略和体制的长期僵硬化导致适应能力低下是陷入"中等收入陷阱"国家存在的共同问题之一。乌扬维科（Vujović, 2013）则将陷入"中等收入陷阱"的根本原因归结为，这些国家在从低中等收入国家向高中等收入国家过渡时的战略及其实施出现问题。江川（2013）也指出，一旦国家陷入"中等收入陷阱"就容易产生经济结构转换和经济基础设施建设迟缓的风险。

（二）收入分配不公现象普遍存在

科利（Kohli, 2011）指出，亚洲一些国家和地区陷入"中等收入陷阱"的主要原因在于：亚洲地区面临收入和其他不公平现象、有限的资源会导致竞争进一步加剧、部分地区的脱离和独立运动将导致经济社会的不稳定，以及气候变化将给农业、农村人口及沿海城市带来重大影响。格力马达（Grimalda, 2012）也指出，经济周期和经济结构的转变过程在短期内会造成巨大程度的收入分配不均，导致一些国家陷入"中等收入陷阱"。江川（2013）指出，收入差距过大是一些国家陷入"中等收入陷阱"的巨大诱因。费利佩（2012）也指出，缺乏对收入分配不公进行有效调整的机制，以及社会阶层的固化都可能导致陷入"中等收入陷阱"。

（三）创新驱动转型升级受阻

苅达（2011）指出，在经济发展初期阶段，依靠人力和资本积累投入，而不是依靠技术的发展模式在经济发展水平提高到一定程度后就不可持续。不是伴随生产率提高的经济增长模式，经济的发展早晚会停滞。泰国的服装产业在20世纪80年代对泰国的出口拉动发挥了积极作用，但进入90年代，伴随着工资上升和劳动力短缺，服装行业逐渐丧失了比较优势，很多厂商被迫采取生存战略迁址到农村，增加了对迁居劳工的依赖性，这种模式在很多国家都是中等收入陷阱的雏形（Goto，2014）。格力马达（Grimalda，2012）只有当中等收入国家具备良好的科技吸收能力、熟练的劳工及低成本的资源跨部门转移条件时才可以成功跨越到高收入国家之列。哈拉斯（Kharas，2011）指出，很多国家不能顺利跨越中等收入陷阱的重要原因就在于，没有能从低劳动力、低成本的资源导向型经济向生产率导向型经济转型。费利佩（2012）指出，陷入中等收入陷阱国家很重要的一个原因就是现代产业发展不足。乌扬维科（2013）也指出，国家一旦陷入中等收入陷阱就不可能与低收入、低工资的制造业出口产品相竞争，也不可能与发达经济体的高技术创新产品相竞争。智利政府近年来通过采用纵向产业政策来促进创新，但由于科研经费较低、私人部门没有创新文化、社会整体能力低下等原因效果较差（Caldentey，2012），从而影响了智利顺利跨越中等收入陷阱。芮志（Rigg，2014）通过对泰国三个村子的调查也发现，脱离中等收入陷阱是非常棘手的任务，它不仅包含企业需要吸收新科技，政府需要投资培训和教育，还包括个人需要花费时间进行人力资本的积累，并有信心离开自己的村庄生活。

（四）政府管理体制不适应经济转型

希尔（Hill，2012）指出，马来西亚在20世纪70年代通过控制宏观经济稳定、政策的可信性，以及开放先进的基础设施取得了经济上的成功。但近年来，从马来西亚的经济表现来看似乎是陷入了"中等收入陷阱"，其主要问题发生在傲慢、自满和腐败的政府身上，使得国家政体无法适应为了经济转型所进行的制度设计和政策改革的需求。但他也指出，这是马来西亚本国特有的原因，不具备普遍性。西滨（西滨，2013）也指出，马来西亚独裁的经济开发政策及对本民族的优惠政策成为了社会问题的温床，极有可能导致陷入"中等收入陷阱"。

（五）人口众多

吉本（2013）指出，金砖国家（BRICs）和已经顺利跨越"中等收入陷阱"的国家相比，因其人口众多，为了进一步提高人均GNI就必须构筑良好的经济系统，使经济资源能够有效配置在生产率高的部门，人口越多，跨越中等收入陷阱就越困难。

（六）不能简单借鉴日本的经验

江川（2013）指出，由于国际竞争环境的差异及中等收入国家同时面临诸多问题，优先解决顺序也无法依民意而定，加之国家财政收入不足，这些都使得中等收入国家不能完全借鉴日本跨越中等收入陷阱的经验和做法。

二、跨越"中等收入陷阱"的对策

根据世界银行等机构的统计，截至目前，世界上只有日本、韩国等13个经济体顺利跨越了"中等收入陷阱"。可见，跨越"中等收入陷阱"并非易事，为此学者们从多个角度给出对策建议。

（一）针对各国面临的突出问题制定相应的发展战略

艾雅尔（Aiyar，2013）采用PROBIT回归方法，从制度、人口、基础设施、宏观经济环境、产出结构及出口结构等方面考察了亚洲国家（地区）跨越"中等收入陷阱"面临的问题。他认为，就亚洲国家（地区）与拉美、中东、北非地区相比，亚洲国家（地区）将面临很高风险的经济倒退；就亚洲内部各个经济体之间相比较而言，马来西亚、菲律宾和中国可能面临根源于制度的经济倒退，而越南、印度和印度尼西亚可能遭受由于缺少运输和通讯基础设施而导致的经济衰退。苅达（2012）指出，亚洲中等收入国家（地区）就整体而言，在教育、创新体系、信息设施和经济制度等方面与其他地区中等收入国家相比可以说达到了较高的水平，就这点而言，亚洲各中等收入国家（地区）具备今后经济发展，从而跨越"中等收入陷阱"的基础和条件。但是，也要看到，亚洲中等收入国家（地区）发展条件参差不齐、有强有弱，各自面临不同的问题和风险，各国（地区）必须对此进行关注和解决，以防止其阻碍经济发展，陷入"中等收入陷阱"。大野（2012）也指出，规避"中等收入陷阱",必须解决高速经济增长过程中带来的诸多问题。

(二) 加快经济转型升级

哈拉斯（Kharas，2011）界定了跨越"中等收入陷阱"所需要的经济转型的内涵。他认为，从发展的多元化向专业化转变、从物质资本积累型增长向生产率导向型经济增长转变、从集中管理向分权管理的转变，是跨越"中等收入陷阱"需要完成的三个关键转型。鲍尔斯（Paus，2012）指出，跨越"中等收入陷阱"的捷径是要实现两个转变：从关注经济增长向关注能力积累（Capability Accumulation）转变；从相信市场引导产业升级向相信市场与具有前瞻性社会能力（Advance Social Capabilities）相结合引导产业升级转变。

汤元（汤元，2013）通过总结分析日本等经济体跨越"中等收入陷阱"的经验得出，要跨越"中等收入陷阱"，必须要做到：一是向创新主导型经济增长方式转变，实现创新驱动经济增长；二是优化民间企业竞争环境，发挥市场机制在资源配置中的决定性作用；三是促进产业结构的高度化和高附加值化；四是保持宏观经济、金融、社会的稳定；五是构筑发达的可持续的财政及社会保障体系；六是实行汇兑、投资、资本交易、金融的自由化；七是积极参加自由贸易体制如开放本国市场、缓和规制等。其中，转变经济发展方式最为关键。

河合（2012）突出强调了向创新驱动经济发展模式转变对跨越"中等收入陷阱"的作用。他认为，亚洲各经济体要跨越"中等收入陷阱"，经济发展方式上就要从资源投入型向以知识、技术为基础的经济发展模式转变，日本、韩国、中国台湾等经济体之所以成为高收入经济体，最关键的就是他们都实现了这一转变。

转型升级是为了实现更高效率、更好效益的增长。因此，索（Tho，2013）以越南为例指出，应通过改革提高资本、土地和其他资源的生产性效率，防止掉入"中等收入陷阱"。

（三）更好发挥政府的作用

汤元（2013）指出，政府在跨越中等收入陷阱过程中作用巨大，应着眼于长期，构筑经济和社会和谐发展的目标，推进各种制度改革。

阿格诺尔（Agénor，2012）通过对一些亚洲国家（地区）从中等收入经济体顺利进入高收入经济体的经验分析得出：只有更好地发挥政府的作用，及时实施以提升先进基础设施为目标的公共政策、加强知识产权保护、改革劳动力市场等政策措施，才可以避免陷入"中等收入陷阱"。沃诺（Ohno，2009）也指出，要保证顺利跨越中等收入陷阱，创造提升内部价值、适度的政府干预而不是自由放任、引导激发私人部门的活力、改善政策制定流程极为重要。

高阪（2012）强调产业政策的作用。他认为，要跨越"中等收入陷阱"，政府必须实施积极的产业政策。这就要求对特定产业和特定领域实施积极的选择性产业政策。虽然国际上对产业政策持批判态度，但要注意一点的是，由于发展中国家（地区）市场化不完全且容易被政治化，这就需要实施积极的产业政策，才有可能开辟本国（地区）经济的发展道路。

达斯（Das，2009）强调金融的重要性。他认为，要鼓励商业银行增加对中小企业的贷款。中川（2012）以马来西亚为例指出，强化资本市场在经济增长中的作用，对跨越"中等收入陷阱"至关重要。

达斯（2009）还强调民众信心的重要作用。他以越南为例指出，政府应该在民众中建立起对经济平稳运行的信心，防止美元化。

为了更好地发挥政府的作用，就需要推进政府体制改革，提高政府效率。达斯（2009）指出，应加强对公共投资的监管，增强其开放性和透明性；刺激政策要有计划性和有效性，实施定向调控。西滨（西濱，2013）以马来西亚为例指出，要跨越"中等收入陷阱"，急需要改革政府机构过于庞大、低效率及财政构造的脆弱性。

（四）提高人力资本和研发水平

许多学者通过考察日本跨越"中等收入陷阱"的经验指出，加强人力资本投资，提升自主技术创新水平是日本顺利跨越中等收入陷阱的重要经验（张，2013；江川，2013；陈，2012）。索（Tho，2013）通过对亚洲印度尼西亚、马来西亚、菲律宾、泰国等的经验分析也得出，能否跨越"中等收入陷阱"主要取决于研发效果和高质量的人力资本、比较优势的动态转移和高质量的制度。艾肯格林（Eichengreen，2013）也指出，受教育程度对经济减速的影响要远远大于政体变革、金融不稳定等因素带来的影响，因而高水平的初高等教育、高质量的人力资本、高比率的高科技出口将有助于防止经济减缓。高通（Goto，2014）认为，为了跨越"中等收入陷阱"，就必须要提升劳动者的技能和发挥知识的作用。大野（2012）也指出，规避陷入"中等收入陷阱"不能依靠资源、外资、援助等，而必须实施能够产生经济价值的活动，也就是要培养具备技能、技术、知识的人才。

有学者认为，一国要避免陷入"中等收入陷阱"，就要依靠强有力的研发和创新体系。具体包括：科研合作、海外参与及基于资助激励体系的卓越研究、现代研究设施及创新投入、研究机构和企业的近距离合作、很好的科技转移办公室及对商标与产权等的保护、在创新各个环节良好的经费资助、良好的创新研究管理等（Vujović，2013）。伊藤（2013）也指出，为顺利跨越"中等收入陷阱"，自主创新是必不可少的，应该把其在贸易中获得的利益用于推进国内的创新。苅込（2012）同样指出，亚洲各国（地区）为了规避陷入"中等收入陷阱"，必须加快技术进步。卡顿蒂（Caldentey，2012）通过对智利的研究指出，智利要顺利跨越"中等收入陷阱"，收入收敛与能力收敛必须同步，在企业层面要有足够的科研基金，良性的混合刺激，以及基础和应用研究的最佳平衡。

提高人力资本和研发水平的目的，就是推进产业升级，提升产业的竞争力。石毛（2011）以泰国为例指出，要跨越"中等收入陷阱"，泰国需要通过培养高附加值人才维持泰国的汽车制造业优势，开拓具有世界竞争性的产业和品牌。

（五）缩小收入不平等

陈（2012）和张（2013）都指出，切实维护社会公平和完善的收入保障体系是日本顺利迈过"中等收入陷阱"的主要经验之一。河合（2012）指出，规避陷入"中等收入陷阱"，要实现社会的包容性经济增长，经济增长的益处一定要扩展到最底层民众。哈拉斯（Kharas，2011）也指出，跨越"中等收入陷阱"，必须更加注重扩大国内需求，这就需要调整收入分配，扩大中等收入阶层。

（六）增强风险或危机管理能力

大野（2012）指出，规避陷入"中等收入陷阱"，必须增强对新的国际宏观风险的管理能力。河合（2012）也指出，亚洲国家（地区）要摆脱"中等收入陷阱"，需要很好地解决社会危机、政治危机和经济金融危机。

三、中国跨越"中等收入陷阱"的问题与对策

当前，作为最大的发展中国家，中国正处于中等收入阶段，因此，相当一部分学者对中国跨越"中等收入陷阱"问题给予了特别关注。

（一）中国陷入"中等收入陷阱"的可能性

1. 面临陷入"中等收入陷阱"的风险

相当一部分学者指出，中国面临很多可能导致陷入"中等收入陷阱"的风险，主要表现在：

（1）尚未形成现代产业优势。马（Ma，2012）指出，中国面临着重构经济和调整需求结构的压力，农业现代化效果滞后，制造业规模庞大而实力弱小，服务业弱且不平衡。蔡（Cai，2012）也指出，中国的社会发展、经济增长非常成功，但"富裕"之前更有可能面临的是"老龄化"问题，中国正在丧失劳动密集型产业中的比较优势，还没有取得资本、技术密集型产业的比较优势。

（2）人力资本水平低。张（Zhang，2013）指出，中国从中等收入国家迈向高收入国家的最关键制约在于低水平的人力资本。而且，在中国收入已经严重不均的情况下，人力资本发展不平衡必将进一步加剧未来的收入不均。另外，在偏僻的农村地区还存在营养和健康等问题，严重影响人力资本的培养和教育效果。

（3）历史制度原因。许（許，2013）指出，导致中国经济相对落后的历史制度原因有：人口众多、自古以来的重农思想、地区发展不平衡，以及规模和效率、整体和局部、制度和活力间的不协调，这些都影响了中国的经济发展。

（4）收入差距大。濑口（瀬口，2013）指出，中国如果不能很好地实施缩小收入差距、强化产业竞争力、打击腐败等措施，将很容易陷入

"中等收入陷阱"。

（5）多因素共同作用。艾肯格林（2011）指出，较高的老龄人口比率、消费占GDP的较低份额、低估的真实汇率价格都将导致中国经济减速。吴（Woo，2012）通过使用赶超指数指出，中国在2007~2008年进入中等收入国家。中国易陷入"中等收入陷阱"的原因主要有：一是国有银行贷款给国有企业使其过度投资和挪用而带来的不良贷款导致财政压力；二是频繁使用宏观经济稳定工具但其会损害长期的生产性增长；三是社会政策治理的缺陷会加剧社会紧张；四是无效率的环境管理会阻碍可持续发展；五是无法处理好国际经济的紧张局势以致带来贸易冲突。

2. 中国陷入中等收入陷阱可能性小

还有一种观点认为，虽然中国面临一些问题和风险，但是陷入"中等收入陷阱"的可能性很小。陈（陳，2013）指出，中国虽然面临着一些问题，特别是大量农村人口流入城市而不被接受导致城市阶层二元化，但中国的人均GDP已大幅超过容易陷入"中等收入陷阱"的水平（4 000~6 500美金），更重要的是，中国的国家发展战略从总体而言仍然保持着弹性，具备根据情况而采取调整措施的能力。因此，中国从总体而言陷入"中等收入陷阱"的可能性较小，至少具备了可以突破现有水平的基础条件。

（二）中国跨越中等收入陷阱的对策建议

1. 推进经济转型

蔡（Cai，2012）指出，中国跨越"中等收入陷阱"的关键在于经济转型。中国必须从生产要素从农业部门向非农业部门转移，以及资源重组型发展模式向提升全要素生产率和劳动效率的发展模式转变，转型成为以消费为主要驱动的经济增长模式，把劳动密集型产业转移到中部和西部地区，加快科技的赶超。其中，要保持全要素生产率的持续增加，就需要通过教育培训提升人力资本、进一步深化改革、转变政府职能。庄（Zhuang，2012）指出，中国应该进一步推进创新和产业升级、深化结构改革、扩大服务部门、促进城市化、推进绿色增长以节约资源保护环境、保持宏观经济和金融稳定，以及加强国际和地区经济合作才可以很好地跨越"中等收入陷阱"。

2. 推进产业结构升级

野田（2011）指出，中国以前依靠进口核心零部件提升总产品的附加值来加强竞争力的做法很难持续，要想顺利跨越"中等收入陷阱"，必须推进产业结构升级，培育担当此任务的中坚力量—中小企业。马（Ma，2012）也指出，中国顺利跨越"中等收入陷阱"的主要策略是构建橄榄型社会和实现产业结构升级。

3. 缩小收入差距

许（許，2013）指出，中国要顺利跨越"中等收入陷阱"，就要调整市场发展与社会公正之间的平衡。濑口（瀬口，2013）也指出，中国是否能够跨越"中等收入陷阱"的关键在于缩小收入差距和推进国有企业民营化这两大任务，同时要推进反腐败。

4. 进行民主法治改革

关（関，2014）指出，从中长期来看，中国面临着中等收入和体制转换两个陷阱，其共同的特征有收入差距的扩大、环境恶化、官员腐败，同时还存在被称为刘易斯拐点的劳动力不足等问题，为了跨越这些障碍，必须打破原有利益集团的既得利益，进行民主法治的政治改革。

参考文献

1. 陳昌盛，2013，成長の重要な転換点を迎えた中国経済，*Chinese Capital Markets Research*，Vol. 7，Issue 3，pp. 12–18.

2. 大野泉，大野健，2012，日本発『アジア的』国際協力のすすめ，『外交』、Vol. 12 pp. 122–127.

3. 高阪 章，2012，開発戦略の見直しを迫る「サプライチェーン」，関西学院大学国際学研究第1号，Vol. 1, pp. 39–49.

4. 関志雄，2014，中国経済の現状と課題－チャイナリスクは克服できるか－，日本記者クラブ研究会「2014年経済見通し」②，http：//www.jnpc.or.jp/files/2014/01/c806b31fbd8c88919248a7d72f5174d1.pdf.

5. 河合正弘，2012，「アジアの世紀」か「中所得国の罠」か，静中静高同窓会報第148号（2）.

6. 江川暁夫，2013，アジアにおける日本の「新たな立ち位置」を整理する，

NIRAモノグラフシリーズ，No. 37.

7. 瀬口清之，2013，従来型の投資主導型・景気拡大が続く中所得国の罠の回避が新政権の課題，ダイヤモンドオンライン，http：//diamond.jp/articles/ - /30630.

8. 苅込俊二，2011，「中所得の罠」に関する論点整理，早稲田大学大学院社会科学研究科社学研論集，Vol. 17，pp. 264 - 271.

9. 苅込俊二，2012，ASEAN中所得国における持続的成長の諸基盤・条件に関する一考察，早稲田大学大学院社会科学研究科社学研論集，Vol. 20，pp. 78 - 93.

10. 吉田澄司，2013，数字を追う~1人当たり GDP・GNI の実態と人口から見える，成長課題日本総研，No. 2013 - 2020.

11. 石毛 寛人，2011，タイ労働賃金の上昇と「中所得国の罠」，テピアの視点，8月号 NO. 56.

12. 湯元健治，2013，中国は中所得国の罠を回避できるか，日本総研経済政策レポート湯元健治の視点，http：//www.jri.co.jp/page.jsp? id = 23207.

13. 西濱徹，2013，選挙戦に突入、マレーシアは「中所得国の罠」を突き破れるか，第一生命経済研究所経済調査部マクロ経済分析レポート．

14. 熊谷 尚夫，1977，転換期の日本経済，生命保険文化研究所所報，Vol. 41，pp. 151 - 161.

15. 許衛東，2013，経済大国」化する中国のインパクトと新たな成長へのジレンマ，現代中国に関する13の問い―中国地域研究講義―，pp. 219 - 250.

16. 伊藤 恵子，2013，ASEANにおけるグローバル化とイノベーション：ミクロデータ分析からの示唆，日本貿易会月報，11月号 No. 719.

17. 野田 麻里子，2011，「中進国の罠」か「後発先進国の悩み」か~貿易構造からの検証~，三菱UFJリサーチ&コンサルティング中国経済レポート，No. 34.

18. 中川 利香，2012，マレーシア債券市場の改革と成果，アジア経済研究所《「アジア域内金融協力」再考：進展と課題》調査研究報告書．

19. Barry Eichengreen, Donghyun Park, Kwanho Shin, 2011, When Fast Growing Economies Slow Down：International Evidence and Implications for China, *Nber Working Paper*, No. 16919.

20. Barry Eichengreen, Donghyun Park, Kwanho Shin, 2013, Growth Slowdowns Redux：New Evidence on the Middle - Income Trap, *Nber Working Paper*, No. 18673.

21. Esteban Pérez Caldentey, 2012, Income Convergence, Capability Divergence, and the Middle Income Trap：An Analysis of the Case of Chile, *Studies in Comparative International Development* (SCID), Vol. 47, Issue 2, pp. 185 - 207.

22. Eva Paus, 2012, Confronting the Middle Income Trap：Insights from Small Latecomers, *Studies in Comparative International Development* (SCID), Vol. 47, Issue 2, pp. 115 - 138.

23. Dušan Vujović, 2013, Avoiding Middle Income Growth Trap Through Innovation, *Original Scientific Paper*, Vol. 61, Issue 1 – 2, pp. 83 – 96.

24. Fang Cai, 2012, Is There a "Middle-income Trap"? Theories, Experiences and Relevance to China, *China & World Economy*, Vol. 20, Issue 1, pp. 49 – 61.

25. Fang Cai, 2012, The Coming Demographic Impact on China's Growth: The Age Factor in the Middle-Income Trap, *Asian Economic Papers Winter/Spring*, Vol. 11, Issue 1, pp. 95 – 111.

26. Gianluca Grimalda, Marco Vivarelli, 2012, Is Inequality the Price to Pay for Higher Growth in Middle-income Countries? Revisiting the Kuznets Hypothesis in the Event of Skill – Biased Technological Change, *Journal of Evolutionary Economics*, Vol. 20, Issue 2, pp. 265 – 306.

27. Hal Hill, Tham, S., Yean, Ragayah, H., M., Zin, 2012, Malaysia: A Success Story Stuck in the Middle? *The World Economy*, Vol. 35, Issue. 12, pp. 1687 – 1711.

28. Harpaul Alberto Kohli, Natasha Mukherjee, 2011, Potential Costs to Asia of the Middle Income Trap, *Global Journal of Emerging Market Economies*, Vol. 3, Issue 3, pp. 291 – 311.

29. Homi Kharas, Harinder Kohli, 2011, What is the Middle Income Trap, Why Do Countries Fall into It, and How Can It Be Avoided? *Global Journal of Emerging Market Economies*, Vol. 3, Issue 3, pp. 281 – 289.

30. Indermit Gill, Homi Kharas, 2009, Gravity and Friction in Growing East Asia, *Oxford Review of Economic Policy*, Vol. 25, Issue 2, pp. 190 – 204.

31. Jesus Felipe, Arnelyn Abdon, Utsav Kumar, 2012, Tracking the Middle-income Trap: What Is It, Who Is in It, and Why? *Levy Economics Institute of Bard College Working Paper*, No. 715.

32. Jesus Felipe, 2012, Tracking the Middle – Income Trap: What is It, Who is in It, and Why? Part 1, *ADB Economics Working Paper Series*, No. 306.

33. Jonathan Rigg, Buapun Promphaking, Ann Le Mare, 2014, Personalizing the Middle – Income Trap: An Inter – Generational Migrant View from Rural Thailand, *World Development*, Vol. 59, Issue 1, pp. 184 – 198.

34. Juzhong Zhuang, Paul Vandenberg, Yiping Huang, 2012, *Growing Beyond the Low – Cost Advantage How the People's Republic of China can Avoid the Middle – Income Trap*, Asian Development Bank.

35. Kenichi Ohno, 2009, Avoiding the Middle – Income Trap Renovating Industrial Policy Formulation in Vietnam, *ASEAN Economic Bulletin*, Vol. 26, Issue 1, pp. 25 – 43.

36. Kenta Gotoa, Tamaki Endo, 2014, Labor-intensive Industries in Middle-income Countries: Traps, Challenges, and the Local Garment Market in Thailand, *Journal of the

Asia Pacific Economy, Vol. 19, No. 2, pp. 369 – 386.

37. Linxiu Zhang, Hongmei Yi, RenfuLuo, Changfang Liu, Scott Rozelle, 2013, The Human Capital Roots of the Middle Income Trap: The Case of China, *Agricultural Economics*, Vol. 44, Issue 1, pp. 151 – 162.

38. Ma Xiaohe, 2012, How China Can Avoid the 'Middle – Income Trap', *China Economist*, Vol. 7, No. 1, pp. 98 – 105.

39. Pierre – Richard Agénor, Otaviano Canuto, 2012, Middle – Income Growth Traps, *The World Bank Policy Research Working Paper*, No. 6210.

40. Pierre – Richard Agénor, Otaviano Canuto, Michael Jelenic, 2012, Avoiding Middle – Income Growth Traps, *The World Bank Economic Premise*, Vol. 98, pp. 1 – 7.

41. Sanchita Basu Das, Omkar Lal Shrestha, 2009, Vietnam: Further Challenges in 2009, *ASEAN Economic Bulletin*, Vol. 26, No. 1, pp. 1 – 10.

42. Shekhar Aiyar, Romain Duval, Damien Puy, Yiqun Wu, Longmei Zhang, 2013, Growth Slowdowns and the Middle – Income Trap, *IMF Working Paper*, No. 17.

43. Tran Van Tho, 2013, The Middle – Income Trap: Issues for Members of the Association of Southeast Asian Nations, *ADBI Working Paper Series*, No. 421.

44. Wing Thye Woo, 2012, China Meets the Middle-income Trap: The Large Potholes in the Road to Catching – up, *Journal of Chinese Economic and Business Studies*, Vol. 10, No. 4, pp. 313 – 336.

第四章 政府债务对经济增长影响研究的新进展

政府债务问题一直是学术界关注的焦点问题。20世纪80年代拉美国家的债务危机，以及近年来的欧洲主权债务危机都导致经济形势急剧恶化，延缓了经济复苏进程。学者们围绕政府债务的经济增长效应、影响机制，以及政府债务管理进行了深入研究。

一、政府债务膨胀的原因

近年来，很多国家，尤其是欧洲和拉美部分国家政府债务出现大规模增长。这些国家政府债务之所以出现膨胀，存在多方面的原因。主要有：

（一）财政分权

在其他条件不变的情况下，财政分权与地方政府借款上涨高度相关。通过权力下放，中央政府减少对地方政府支出的控制，降低了地方政府制定审慎财政政策、支出管理和预算执行的激励（Poterba，1996；Bayoumi，Goldstein，and Woglom，1995；Poterba and Rueben，1997）。德·梅洛（de Mello，1999）认为，地方政府往往无法调动资源，为数量不断增加的支出提供资金。中央政府权力下放会增加财政压力，导致地方政府更大的赤字和不断增长的债务。诺顿和乔纳森（Rodden and Jonathan，2001）也指出，地方政府借款决策很大程度上受中央政府行为的影响，分权进程助推了地方政府的债务积累。

（二）预算软约束

钱颖一和巴里·温加斯特（Qian Yingyi and Barry Weingast，1997）认为，由于地方政府不能直接从中央银行得到帮助，因而地方政府的预算约束要比中央政府更为严厉。然而，中央政府的补贴却为地方政府提供了一个间接从中央银行得到帮助的渠道，这样，地方政府预算约束弱化，导致地方政府债务不断膨胀。

（三）政府规模扩大

坦齐和舒克内希特（Tanzi and Schuknecht，1997）指出，20世纪许多工业化国家政府开支都十分巨大，13个工业国（澳大利亚、奥地利、加拿大、法国、德国、爱尔兰、日本、新西兰、挪威、瑞典、瑞士、英国、美国）政府平均支出规模从1913年占GDP的12%上升到1990年的43%。对大型政府来说，公共债务占GDP的比例平均水平为79%，中等规模政府公共债务占GDP的比例为60%，小型政府公共债务占GDP比例达到53%。政府债务上升与政府规模的扩大关系巨大。

（四）借款方式多元化

地方政府绕过其所受借款限制，通过预算外方式进行融资在发达国家和发展中国家都不少见（Farber，2002），这些借款方式的多元化也加剧了政府债务膨胀。阿曼德等（Ahmad et al.，2006）分析发现，地方政府可以借助地方国有企业来融资。从1977年到1983年，澳大利亚地方国有企业负债上升三倍。售后回租也是地方政府规避借款限制的常用方式。丹麦地方政府曾经将学校、办公大楼等作为售后回租的标的物。针对地方政府的这种行为，丹麦中央政府规定地方政府必须将出售固定资产的资金存入银行10年以上。但是中央政府的这种规定没有起到作用，地方政府将资金投向长期债券，以期获得投资收益来支持地方政府的财政扩张。最终中央政府不得不对政府借款重新定义，将售后回租的融资方式纳入政府预算管理（Jorgen and Pedersen，2002）。

二、政府债务的经济增长效应

(一) 政府债务对经济增长的影响

关于政府债务对经济增长的影响,学者们进行了大量争论,主要观点有:

1. 负效应

部分学者的理论和实证研究表明,政府债务无论是内债还是外债都对经济增长具有负效应。比如,罗伯特·巴罗(Robert Barro,1979)在债务的可持续性通过筹集税收来实现的假设基础上指出,这种做法会降低潜在产出。谢卡拉克(Schclarek,2004)利用59个发展中国家1970~2002年的数据分析发现,外债对人均GDP增长具有线性负效应。

2. 适度债务规模对经济增长具有正效应

绝大部分学者都认为,适度规模的政府债务对经济增长具有正效应,一旦超过一定阈值则对经济增长不利。比如,阿巴斯和克里斯坦森(Abbas and Christensen,2007)通过建立一个跨越1975~2004年度的数据库,分析93个低收入国家内债对经济增长的影响发现,适度的内债水平对经济增长具有积极作用,并通过改进货币政策、完善体制,提高私人储蓄,以及金融中介等途径发挥作用。阿绍尔(Aschauer,2000)利用增长模型分析公共债务的影响也得出,在阈值范围内,债务增加具有积极的影响,超过一定阈值则有负效应。

关于债务水平的阈值,学者们也进行了大量研究,并得出了具有较大差异的不同结论。主要观点有:

(1) 债务总水平占GDP比重超过35%~40%。派蒂罗等(Pattillo et al.,2002)使用了93个国家1969~1998年的面板数据分析发现,债务水平净现值占GDP的比重超过35%~40%,政府债务对人均GDP的影响就是负的。

(2) 外债占GDP比重超过20%~25%。克莱门斯等(Clements et

al.，2003）利用 55 个低收入国家 1970～1999 年的面板数据发现，外债对经济增长影响的转折点在外债净现值占 GDP 比例为 20%～25%。

（3）债务总水平占 GDP 比重为 90%～100%。克里斯蒂娜和菲利普（Cristina and Philipp，2010）通过对欧元区 12 个国家的数据分析发现，自 1970 年以来的 40 年间，政府债务占 GDP 比例达到 90%～100% 时，是一个转折点，一旦超过这一转折点，政府债务对长期经济增长具有不利影响。卡门·莱因哈特和肯尼斯·罗格夫（Carmen M. Reinhart and Kenneth S. Rogoff，2010）通过观察不同国家长时期的债务情况发现，债务水平较高的国家通常表现为同时期经济的低增长。外债水平超过 60%，经济增长明显恶化；当债务水平高于 90% 债务阈值，经济增长将进一步恶化。通过进一步观测新兴市场国家外债水平的变化发现，外债水平高于 90% 的国家，经济增长率降低，通货膨胀明显变得更高。然而，约翰·艾恩斯和乔什·贝文斯（John Irons and Josh Bivens，2010）运用美国数据分析并没有发现高债务水平导致经济低增长的明显趋势，进而认为卡门·莱因哈特和肯尼斯·罗格夫关于债务占 GDP 的 90% 这一阈值的结论在方法上和经验验证上存在不足，其理论和数据基础不稳固。因此，不能将这一阈值作为美国财政政策的指导。

3. 无关联影响

谢卡拉克（Schclarek，2004）通过对 24 个工业国 1970～2002 年的数据进行分析发现，政府债务与 GDP 之间并不存在统计学意义上的强有力关系。

（二）政府债务对消费的影响

关于政府债务对消费的影响，学者们之间也存在不同意见，主要有：

1. 政府债务对居民消费影响有限

大卫·李嘉图指出，在封闭经济中，政府债务不能直接影响私人部门财富，因为政府债券同时代表了债券持有人的资产和纳税人的负债。这意味着作为私人消费的决定因素之一，政府债务将不会对消费产生影响。然而，李嘉图等价要求的假设条件过于苛刻，在现实中不可能实现。因此，林内曼和沙巴波特（Linnemann and Schabert，2004）提出了一个粘性价格模型，在这个模型中将政府支出和私人消费纳入到了代理人效用函数中。在这个效用函数中，政府支出冲击仅在某些情况下能够"挤入"私人消费。所以，在利用政府债务解释私人消费方面，政府债务的作用是有限的。

2. 政府债务对消费具有挤出作用

皮尔斯曼和鲍茨（Peersman and Pozzi，2004）分析发现，不断增加的政府债务意味着家庭未来较高的税收负担，由于家庭违约风险加大，银行可能会降低对家庭的信贷。因此，家庭将无法平稳消费。波茨、海伦和多斯科（Pozzi，Heylen and Dossche，2004）利用 OECD 国家的面板数据进行分析也得出了同样的结论。罗伯特-保罗·波本和特尼斯·布罗森斯（Robert – Paul Berben and Teunis Brosens，2004）利用 1983～2003 年 17 个 OECD 国家的面板数据分析后也发现，高负债国家会出现挤出效应，扩张性财政政策的效果会通过私人消费的下降而挤出一部分；在低负债国家，私人消费对政府债务的变化不敏感。

三、政府债务影响经济增长的内在机制

（一）高昂的债务成本

负债累累的政府通常面临着更高的借贷成本，从而影响经济增长。而政府行政机关和立法机关由不同的政党或联盟掌控，往往会造成赤字加大和融资成本高昂（Bohn and Inman，1996；Lowry and Alt，1997）。但巴罗和罗伯特（Barro and Robert，1979）认为，未预期的高通货膨胀率可以减少政府债务的实际成本。大卫·E. 勒博（David E Lebow，2004）对日本政府债务的研究也发现，日本政府债务很高，尤其考虑到人口老龄化和金融体系的负债情况，这一债务水平会更高。但是扩张性货币政策增加了日本央行的资产达 GDP 的 17%，直接降低了政府和央行的债务。如果扩张性货币政策能够导致临时性物价上涨的话，综合债务率还会进一步下降。

（二）政府债务引起的高利率

长期利率是政府债务影响经济增长的一个重要渠道。预算赤字引起的政府债务融资会导致利率上升，挤出私人投资，损害潜在的经济增长。如果较高的公共融资需求推高主权债务收益率，这会导致资金由私人部门流向公共部门，私人部门的利率上升，私人支出减少（Elmendorf and Mankiw，1999）。

埃里克·M·恩根和 R. 格伦·哈伯德（Eric M. Engen and R. Glenn Hubbard，2005）研究发现，扩张政府债务引起的高利率会减少投资、抑制对利率敏感的耐用消费品支出、减少家庭持有的财产价值，通过财富效应间接损害了消费支出。而这些潜在的不利后果的程度取决于联邦政府债务在何种程度上提高利率。他们通过对联邦政府的债务和利息率进行实证分析得出，假定其他条件都不变，政府债务占国内生产总值比例增加1%，很可能会导致长期实际利率增加约 3 个基点。

与以上观点不同，一些学者的研究发现，政府债务与利率没有相关性，从而对经济影响不明显。比如，格尔、威廉和皮特（Gale，William and Peter，2004）研究认为，利率和赤字之间存在联系，而利率和政府债务之间并不存在相关关系。加里·汉森和塞拉赫丁（Gary and Selahattin，2011）通过对日本政府债务问题的分析也发现，日本政府债务占 GDP 的比重上升速度很快，1990 年时政府债务占 GDP 的比重大约为 15%，2010 年则达到 110%，债务率较高，但是政府债券的利率却很低。这主要是因为，日本全部政府债务的 95% 由国内持有，政府债券持有人预期未来政府有足够的税收收入，可以将债务率降低至一个比较"合理"的水平。因此，在日本，高债务并没有引起高利率，对消费和投资的影响并不是十分明显。这是日本政府债务的特殊性所决定的。

（三）评级机构降低主权信用评级

信用评级机构在欧洲主权债务危机上起到了推波助澜的作用。国家信用评级可以分解为系统因素和随机因素两部分，资本市场风险溢价（即政府债务的信用利差）不仅会受到信用评级系统因素的影响，同时也会受到随机因素的影响。评级机构"武断"地降低了主权国家的信用评级，导致主权国家抵御债务危机的能力下降,甚至出现债务危机。2009~2010年间,欧盟成员国相继出现债务危机就是一个很好的证明(Manfred Gärtner, Björn Griesbach and Florian Jung, 2011)。

四、预防政府债务危机的对策建议

(一) 控制政府债务结构

政府债务结构对金融危机发生的概率和严重程度具有重要意义。国际债务结构在很大程度上是由国际金融市场决定的,而国内债务结构则在政府的控制之下。阿纳斯塔西亚·古西那(Anastasia Guscina, 2008)通过对新兴市场国家政府债务结构的分析发现,不稳定的宏观经济环境,较差的制度特征,以及政治上的不确定性,阻碍了国内债务市场发展和资产证券化。政府可以奉行稳健的宏观经济政策和建立运作良好的机构,在投资者中建立良好的信誉,投资者将会愿意长期持有政府债券,政府债务危机就不太可能发生。

(二) 调节国债市场利率

美国国债市场是最具流动性的、透明的市场,国债市场上的利率是投资者预期美国政府是否能够偿还债务的晴雨表。国债市场的利率越低,反映全球投资者想要持有美国国债的需求就越大,债务危机发生的可能性就越小(Bivens, 2010; Irons, 2010)。中国的实践也验证了这一点。中国通过控制利率、定向信贷和持续的、正的通货膨胀率有效降低了国内债务(Aizenman Oshua and Nancy Marion, 2010)。

(三) 制定规则约束

中央政府通过法律法规对地方政府债务操作进行管理,管理的指标包括地方政府赤字上限、地方政府偿债能力指数、地方债务累积上限和地方公共支出水平(Singh and Plekhanov, 2005)。波特博和希克(Poterba,

1997; Schick, 2000) 研究发现, 在美国, 地方政府的支出上限管理对降低地方政府开支起到了显著的作用。

(四) 进行市场约束

莱恩 (Lane, 1993) 指出, 市场约束会对政府的借债行为形成约束, 但是, 这需要一些相应的制度基础。首先, 国内的金融市场必须是自由的、开放的和完善的, 政府无法通过对金融中介的管制或干预把自己置于借款人的优先地位。其次, 政府的未偿付贷款和偿款能力等信息必须及时对投资者公开。再次, 中央政府以可信的方式表明其不会在地方政府濒临破产时进行援助的立场。最后, 政府要有专门部门负责市场信息到借款政策的传导。

(五) 降低借贷成本

最小化政府的借贷成本也是避免政府债务危机的重要手段。利用资本市场的管理规则和国家税收政策可以鼓励对地方政府债券的投资, 地方政府债券发行量增加会降低交易成本和信息成本, 大量的融资工具会降低地方政府借款的成本 (Luiz R. De Mello, Jr, 2001)。

(六) 实行独立货币政策

政府债务总量反映的是资本市场所吸收的公共债务规模, 但却不能反映政府的偿债能力和政府预算的可持续性 (Doi, 2006)。吉野·直行和尤韦·沃尔默 (Naoyuki Yoshino, Uwe Vollmer, 2014) 通过对比希腊和日本后发现, 希腊的政府债务在 GDP 中的比重低于日本, 希腊却爆发了债务危机, 并且迅速在欧盟内部蔓延, 引发欧债危机。然而日本却没有出现债务危机。究其原因, 希腊的政府债务主要掌握在非国内居民手中, 投机者具有很多的投资选择, 利率水平较高, 作为宏观调节的货币政策缺少独立性, 极容易出现债务危机。而日本的政府债务大部分集中在国内居民手中, 国内居民的投资选择比较少, 日本银行持有大量国债, 利率在一个较低水平上波动, 而且日本能够实行独立的货币政策, 日本央行可以自行决定购买政府债务。所以, 即便日本政府债务率高于希腊, 日本也没有出现债务危机。

（七）调整财政规则

2008年世界金融危机引起公共债务迅速积累，最终导致欧洲主权债务危机。有学者在利用OLG模型检验德国、美国、英国、日本四国政府债务和资本形成的关系后，得出了主权债务上限。2011年这四个发达经济体接近或超过了这一债务上限，需要重新调整长期的财政规则，包括马斯特里赫特条约，使其能够维持足够的资本密集度，经济增长能够保持在高收入水平上（N. Bilkic，B. Carreras Painter，T. Gries，2013）。

参考文献

1. Abbas, S. M. Ali, Jakob Christensen, 2007, The Role of Domestic Debt Markets in Economic Growth: An Empirical Investigation for Low – Income Countries and Emerging Markets, *IMF Working Paper*, No. 07/127.

2. Adam, C. S., D. L. Bevan, 2005, Fiscal Deficits and Growth in Developing Countries, *Journal of Public Economics*, Vol. 89, Issue 4, pp. 571 – 597.

3. Ahmad E., M. Albino – War and R. J. Singh, 2005, Subnational Public Financial Management: Institutions and Macroeconomic Considerations, *IMF Working Paper*, wp/051/08.

4. Aizenman, Joshua and Nancy Marion, 2010, Using Inflation to Erode the U. S. Public Debt, *Journal of Macroeconomics*, Vol. 33, Issue 4, pp. 524 – 541.

5. Anastasia Guscina, 2008, Impact of Macroeconomic, Political, and Institutional Factors the Structure of Government Debt in Emerging Market Countries, *IMF Working Paper*, wp/08/205.

6. Aschauer, D. A., 2000, Do States Optimize? Public Capital and Economic Growth, *The Annals of Regional Science*, Vol. 34, Issue 3, pp. 343 – 363.

7. Robert J. Barro, 1979, On the Determination of the Public Debt, *The Journal of Political Economy*, Vol. 85, No. 5, pp. 940 – 971.

8. Bayoumi T., M. Goldstein, and G. Woglom, 1995, Do Credit Markets Discipline Sovereign Borrowers? Evidence from U. S. States, *Journal of Money, Credit & Banking*, Vol. 27, Issue 4, pp. 1046 – 1059.

9. Bivens Josh, 2010, Budget Deficits and Interest Rates, *Briefing Paper*, No. 262.

10. Bohn H., R. P. Inman, 1996, Balanced Budget Rules and Public Deficits: Evidence from the U. S. States, *NBER Working Paper*, No. 5533.

11. Carmen M. Reinhart, Kenneth S. Rogoff, 2010, Growth in a Time of Debt, *NBER*

第四章 政府债务对经济增长影响研究的新进展

Working Paper, No. 15639.

12. Carmen M. Reinhart and M. Belen Sbrancia, 2011, The Liquidation of Government Debt, *National Bureau of Economic Research*, No. w16893.

13. Clements, B., R. Bhattacharya and T. Q. Nguyen, 2003, External Debt, Public Investment, and Growth in Low-income Countries, *IMF Working paper*, No. 03/249.

14. Cohen, D., 1993, Low Investment and Large LDC Debt in the 1980s, *American Economic Review*, Vol. 83, Issue 3, pp. 437–449.

15. Cristina Checherita and Philipp Rother, 2010, Government Debt on Economic Growth: An Empirical Investigation for the Euro Area, *European Central Bank Working Paper*, No. 1237.

16. David E. Lebow, 2004, The Monetisation of Japan's Government Debt, *BIS Working Papers*, No. 161.

17. Doi T, 2006, Simulation Analysis on Fiscal Policies Supporting Government Debt Sustainability: Reexamination of Broda and Weinstein's Paper, *RIETI Discussion Paper Series*, No. 06–J–032.

18. Elmendorf, D., N. Mankiw, 1999, Government Debt, In: Taylor, J., Woodford, M., *Handbook of Macroeconomics*, Vol. 1C, pp. 1615–1669.

19. Eric M. Engen and R. Glenn Hubbard, 2005, Federal Government Debt and Interest Rates, *NBER Macroeconomics Annual* 2004, Vol. 19, pp. 83–160.

20. Farber, G., 2002, Local Government Borrowing in Germany, In: B. Dafflon, *Local Public Finance in Europe: Balancing the Budget and Controlling Debt*, pp. 135.

21. Gale William and Peter Orsag, 2004, Budget Deficits, National Savings, and Interest Rates, *Brookings Papers on Economic Activity*, Vol. 2004, Issue 2, pp. 101–210.

22. Gary D. Hansen and Selahattin Imrohoroglu, 2011, Fiscal Reform and Government Debt in Japan: A Neoclassical perspective, *NBER Working Paper*, No. 19431.

23. John Irons, 2010, No Crisis in Confidence—Evidence Shows U. S. Creditors Still Think U. S. Debt Remains Safest in World, Washington, D. C. Economic Policy Institute, *Issue Brief*, No. 276.

24. John Irons and Josh Bivens, 2010, Government Debt and Economic Growth, *Economic Policy Institute Briefing Paper*, No. 271, pp. 1–9.

25. Jorgen N. and M. Pedersen, 2002, Local Government and Debt Financing in Denmark, In: B. Dafflon, *Local Public Finance in Europe: Balancing the Budget and Controlling Debt*, pp. 93–114.

26. Kumar M. and J. Woo, 2010, Public Debt and Growth, *IMF Working Paper*, No. 10/174.

27. Lane T. D., 1993, Market Discipline, *International Monetary Fund Staff Papers*,

Vol. 40, No. 1, pp. 53 – 88.

28. Lettau M. and S. C. Ludvigson, 2001, Consumption, Aggregate Wealth, and Expected Stock Returns, *Journal of Finance*, Vol. 56, Issue 3, pp. 815 – 849.

29. Linnemann L. and A. Schabert, 2004, Can Fiscal Spending Stimulate Private Consumption?, *Economics Letters*, Vol. 82, Issue 2, pp. 173 – 179.

30. Lowry R. C. and J. E. Alt, 2001, A Visible Hand? Bond Markets, Political Parties, Balanced Budget Laws, and State Government Debt, *Economics and Politics*, Vol. 13, Issue 1, pp. 49 – 72.

31. Luiz R. de Mello Jr. , 1999, Intergovernmental Fiscal Relations: Coordination Failures and Fiscal Outcomes, *Public Budgeting and Finance*, Vol. 19, Issue 1, pp. 3 – 25.

32. Luiz R. de Mello Jr. , 2000, Fiscal Decentralization and Intergovernmental Fiscal Relations: A Cross-country Analysis, *World Development*, Vol. 28, Issue 2, pp. 365 – 380.

33. Luiz R. De Mello, Jr, 2001, Fiscal Decentralization and Borrowing Costs: The Case of Local Governments, *Public Finance Review*, Vol. 29, Issue 2, pp. 108 – 138.

34. Manfred Gärtner, Björn Griesbach and Florian Jung, 2011, PIGS or Lambs? The European Sovereign Debt Crisis and the Role of Rating Agencies, *International Advances in Economic Research*, Vol. 17, Issue 3, pp. 288 – 299.

35. Naoyuki Yoshino and Uwe Vollmer, 2014, The Sovereign Debt Crisis: Why Greece, but not Japan? *Asia Europe Journal*, Vol. 12, Issue 3, pp. 325 – 344.

36. N. Bilkic, B. Carreras Painter, T. Gries, 2013, Unsustainable Sovereign Debt—Is the Euro Crisis Only the Tip of the Iceberg? *International Economics and Economic Policy*, Vol. 10, Issue 1, pp. 1 – 45.

37. Pattillo C. , H. Poirson and L. Ricci, 2002, External Debt and Growth, *IMF Working Paper*, No. 02/69.

38. Peersman G. and L. Pozzi, 2004, Determinants of Consumption Smoothing, *University of Ghent Working Paper*, No. 04/231.

39. Poterba J. M. , 1994, State Responses to Fiscal Crises: The Effects of Budgetary Institutions and Politics, *Journal of Political Economy*, Vol. 102, Issue 2, pp. 799 – 821.

40. Poterba, J. M. , 1996, Budget Institutions and Fiscal Policy in the U. S. States, *American Economic Review*, Vol. 86, Issue 2, pp. 395 – 400.

41. Poterba, J. M. , 1997, Do Budget Rules Work, *National Bureau of Economic Research*, No. w5550.

42. Poterba, J. M. , and K. S. Rueben, 1997, State Fiscal Institutions and the U. S. Municipal Bond Market, *NBER Working Paper*, No. 6237.

43. Pozzi, L. , Heylen, F. and M. Dossche, 2004, Government Debt and Excess Sensitivity of Private Consumption: Estimates from OECD Countries, *Economic Inquiry*,

Vol. 42, Issue 4, pp. 618 – 633.

44. Qian, Yingyi and Barry Weingast, 1997, Federalism as Commitment to Preserving Market Incentives, *Journal of Economic Perspectives*, Vol. 11, Issue 4, pp. 83 – 92.

45. Robert – Paul Berben and Teunis Brosens, 2004, The Impact of Government Debt on Private Consumption in OECD Countries, *NNB Working Paper*, No. 45.

46. Rodden and Jonathan, 2002, The Dilemma of Fiscal Federalism: Grants and Fiscal Performance around the World, *American Journal of Political Science*, Vol. 46, Issue 3, pp. 670 – 687.

47. Schclarek A., 2004, Debt and Economic Growth in Developing Industrial Countries, *Department of Economics Working Papers*, Lund University, No. 2005: P. 34.

48. Schick A., 2000, A Surplus, If We can Keep It, *The Brookings Review*, Vol. 18, Issue 1, pp. 36 – 39.

49. Tanzi V. and L. Schuknecht, 1997, Reconsidering the Fiscal Role of Government: The International Perspective, *The American Economic Review*, Vol. 87, Issue 2, pp. 164 – 168.

第五章 资源错配理论研究的新进展

自卢卡斯提出"资本为什么不从富国流向穷国"命题以来，全要素生产率（TFP）和经济增长的关系得到广泛研究。与以往仅从技术进步视角关注一国经济增长和跨国收入差距的研究不同（Acemoglu and Zilibotti, 1999; Benhabib and Perla et al., 2014），近年来资源错配日益成为新的研究视角（Caselli, 2005; Jones, 2011），为何资源错配会在近些年引起学界和政策制定者的重视呢？显然，这与理论指导和现实发展的悖论有关。传统经济增长理论下，市场有效和资本收益递减规律决定了跨国人均收入的差距只能由国别间的 TFP 差距所致，且技术差距是导致 TFP 国别差距的唯一因素（Solow, 1956）。但伴随 20 世纪信息通信技术（ICT）的蓬勃发展和世界经济一体化程度的不断深入，国别间的技术差距在不断缩小（Comin and Hobijn, 2010），如果是技术差距导致跨国间的人均收入差距，那么为何差距没有缩小反而加大呢？基于此，学者们开始把目光转移到资源配置效率层面，关注和研究资源错配的本质是什么？资源错配究竟该如何定义？现实中存在资源错配吗？资源错配的程度该如何度量？为什么会出现资源错配？资源错配对于国别间如此大的人均收入差距能否给予合理解释？等等。本章对近 10 年来有关资源错配的最新研究进行梳理和述评。

一、资源错配的本质和内涵

经济学原理告诉我们，完全竞争的市场结构是帕累托最优的，在市场"看不见的手"的指引下，要素会从投资回报率低的部门流向投资回报率高的部门，直到各部门边际产品价值趋同。经济学家们基于这一微观基础得到资源有效配置的判断标准：当狭义口径行业内的所有企业的边际收益产品相等意味着该行业实现了资源的有效配置,当行业内不同企业的要素边际收益产品呈现出横截面差异意味着该行业存在资源错配。但问题在于,现实中我们很难直接观测到企业的边际收益产品,那么当企业间的边际收益产品不相等时,经济体会呈现出什么特征呢?对此,经济学文献主要从宏观层面的生产率剩余(Macro Productivity Residual)和微观层面的生产率差距(Micro Productivity Gap)为现实中资源错配的存在提供证据。

从宏观层面看,如果增长核算的结果表明,一些国家的全要素生产率增长率为零甚至为负,考虑到现实中不大可能发生负向的技术冲击,很容易推测这些国家存在资源错配。例如,伊斯特利等(Easterly and Fischer, 1994)对苏联1928~1987年经济增长率进行核算发现,苏联的人均产出增长率为2.9%,要素投入增长率为3.3%,但平均生产率增长率为-0.4%,考虑到该时期斯大林采取的重工业化和农业集体化的制度安排,认为是资源错配导致平均生产率负增长的结论令人信服。此外,如果国别间的全要素生产率差距呈现不断拉大趋势也可推测存在资源错配。例如,卡塞利(Caselli, 2005)对20世纪末期跨国人均收入进行测算的结果表明,世界上最高富裕国家(美国)的人均收入比最贫穷国家(埃塞俄比亚)的人均收入高出50多倍,位于第90分位国家的人均收入是位于第10分位国家的24倍,第90分位国家的全要素生产率是第10分位国家的3~6倍,之所以"二战"以后世界人均收入水平差距和全要素生产率差距不断拉大是由于贫穷国家的资源错配所致。

从微观层面看,如果狭义口径行业内的企业生产率分布呈现非退化特征,可以判断存在资源错配。现实中企业生产率的离散特征是普遍存在的,且发达国家的离散程度普遍要小于发展中国家。例如,根据谢和柯烈诺(Hsieh and Klenow, 2009)的核算,20世纪90年代美国处于第90分位上制造业企业的生产率水平是位于第10分位企业生产率水平的3.3倍,而这一比例在中国是4.9,在印度是5.0。关于资源错配为什么会发生,原因不一而足,但最新文献更倾向于认为资源错配并非是单一因素作用下的结果,更多的是政治过程、制度安排、技术进步和资源配置(包括物质资本、人力资本、技术创新、自然资源)相互作用的均衡结果(Acemoglu and Johnson et al., 2002)。

二、资源错配的成因

有关资源错配成因的研究大体集中在真实层面、制度层面以及二者交织三个方面。

(一) 真实层面的成因

真实层面的成因和经济学假定中带来帕累托最优的资源配置结构的强假设有关。经济学理论认为,只有在完全竞争市场结构下才能实现所有企业的边际收益产品相等带来资源的有效配置,但有关完全竞争市场结构的几点假设在现实中却又是很难成立,我们把这种由经济运行过程中不可避免的现实因素导致的错配称为真实因素导致的错配。相关研究揭示了如下几种情况:

(1) 当发生外部冲击需要企业调整劳动力数量时,受制于工会力量裁员往往变得不那么容易,即使可以对内部人员进行调整,行政人员、技能工人相对于低技能工人也更不容易成为被调整对象,这种劳动力调整过程中存在的调整成本就会导致不同企业面临的边际收益产品不相等(Eric Bartelsman, 2008)。

(2) 由于信息不对称,潜在的异质性企业在进入行业前往往需要事先支付一笔信息收集成本才能了解自身生产率分布、企业进入后也经常需要支付一定的运营成本后才能进入生产阶段,一旦企业决策失误或者市场环境变化使得企业需要调整经营战略时,这些沉没成本就会影响企业后期的进入和退出决策,进而影响资源在整个行业的有效配置。如果企业进入成本的不同是由政策扭曲而非生产效率所致,那么沉没成本带来的扭曲效应会更大(Restuccia, 2008)。

(3) 不完全竞争市场结构下不同行业或企业垄断势力的不同导致的成本加成定价的差异也会导致不同行业或企业边际收益产品对要素价格的偏离,尤其是当行业中进行策略性定价的有限微观主体处于不断串谋和背离的动态博弈过程时,这种扭曲效应会更大(Opp and Parlour et al., 2014)。

(4) 由于劳动力市场中雇主和雇员关于求职者能力存在信息不对称,

使得雇主只能通过信号机制对求职者技能高低进行判定，这种状况下信号质量将直接影响人才的配置效率和实际产出水平（Jovanovic，2014）。

可以看出，这些错配和一国经济发展阶段关联性不大，且无论是发展中国家或是发达国家都或多或少存在，甚至有些时候发达国家表现的更严重。

（二）制度层面的成因

制度层面的成因是指由政府的制度安排、政策安排等导致的资源错配。尤其是相对于市场化程度高度发达的西方国家，处于转型阶段的发展中国家面临市场主体弱小、市场规则不统一、法律法规不健全等约束，地方政府往往以"市场缔造者"角色参与经济运行并期望通过一些特殊的制度安排实现就业的增加和经济的增长，但这种试图运用政府力量改变市场结果的做法不可避免地会带来道德风险、效率损失和资源配置扭曲等问题。最典型的制度安排如发展中国家普遍存在的针对特定市场（对产业关联性大的行业的政策偏向）和特定主体（对国有企业和正规部门的政策偏向）实施的有选择性的资金信贷配给政策（Erosa，2001；Midrigan and Xu，2010；Udry，2012），以及为保证信贷政策有效实施而配套出台的限制企业自由进入的产业政策、经济政策等，这种内涵了政府政治偏向的制度安排往往会导致一部分高效率的非国有企业要么得不到足够的资金安排，要么被人为地排斥在一些存在高额垄断利润的行业之外。很多研究已经表明，企业的自由进入和退出引起的资源在新进入企业和原有企业间的重新配置效应、原有企业内部的资源再配置效应对整个行业生产率的提高至关重要。根据福斯特等（Foster and Haltiwanger et al.，2001）测算，新企业进入对1977~1987年美国制造业总TFP提高的贡献率为26%，因新企业进入后的竞争效应所引致的老企业生产率提高对制造业总TFP的贡献率为48%，新老企业间的资源再配置贡献率为26%。新企业进入对1987~1997年美国零售业生产率提高的贡献率为98%。可见，发展中国家普遍存在的进入门槛（如中国的国企垄断、印度的许可证制度等）将是导致资源错配的重要诱因之一。

如果发展中国家消除这些扭曲的制度安排，会带来多大的程度的增长效应呢？对此，谢和柯烈诺（2009）进行了研究，他们根据中国、印度和美国的经济普查数据对三国资源错配程度进行测算，结果表明，如果中国消除国企垄断制度、印度取消许可证制度并按照和美国相同的边际收益产品来分配资本和劳动力要素投入，可使中国制造业 TFP 提高 40%，印度制造业提高 50%。勃兰特等（Brandt et al.，2013）的研究进一步支持了以上结论。他们对 1985~2007 中国非农业部门劳动力和资本的跨省错配及跨部门错配导致的 TFP 损失进行测度，也得出了中国的资源错配很大程度上归因于要素（尤其是资本）在国有部门和非国有部门间的错配的结论。

但齐巴思（Ziebarth，2013）给出了不同看法。他指出，如果中国和美国制造业生产率差距是由于制度落后导致，那就意味着如果中国制度安排不调整就无法实现生产率的提高和产出的增加，但这和现实发展是不相符的。据统计，美国制造业生产率水平从 19 世纪末期到 20 世纪初期增长了 4%~7%，且 19 世纪末期美国的经济发展阶段和 20 世纪中后期中国发展阶段相似。如果谢和柯烈诺的结论成立，如何解释美国并未有经历国企制度变革而实现生产率的提升呢？可见，行业生产率的提高可能是市场经济体制走向高级化和成熟化后的副产品。因为 19 世纪末期美国的市场化进程因为两个典型事件取得了突飞猛进的发展：一是美国交通运输网络的大发展使得国内市场一体化得以实现；二是反垄断法的出台。因此，可能并非是制度落后导致中美制造业生产率的差距而是两国经济发展水平差距的缘故。

（三）真实层面和制度层面交织的成因

事实上，在现实经济运行过程中，造成资源错配的真实层面的成因和制度层面的成因并不总是独立的发挥作用，更多的是相互交织在一起共同对资源配置效率产生影响。最为典型的如金融摩擦、国际贸易和基础设施状况等。

1. 金融摩擦原因

大家普遍认为，发展中国家存在严重的金融摩擦，但造成金融摩擦的原因却是多样的。一方面，信息不对称下金融机构出于成本收益比较导致的中小企业融资难是世界性难题，小企业贷款前期评估风险大，贷后管理成本高的特征使其往往不易得到银行机构尤其是大银行的资金支持；但另一方面这种融资难和融资贵的问题却因发展中国家的金融安排变得更为严重。在国有企业的制度安排下,银行基于国企预算软约束特征,倾向于不加甄别地把资金贷给国有部门,而一些生产效率较高、发展前景较好的中小型非国有企业却因为无法得到足够的资金支持而失去对设备升级换代或采用新技术的机会。这种因金融摩擦造成的 TFP 损失引起了经济学家们的关注,据测算,若哥伦比亚的金融水平和韩国趋同,可使 TFP 提高 40%(Midrigan and Xu,2014)。

2. 国际贸易原因

国际贸易造成的资源错配既包含了"冰山"贸易成本在内的真实因素,也包含了关税等贸易壁垒在内的制度因素。当国内的同质性企业出口到不同的国际市场时,交通运输成本和交易成本的差异就会反映到企业的产品成本中,造成企业成本加成的差异和资源配置的低效率。关税等贸易壁垒也会造成资源错配,因为当不同行业面临异质性的贸易壁垒时,原有市场竞争格局就会因此而发生改变。贸易壁垒低的行业比贸易壁垒高的行业更易被卷入到激烈的国际竞争中,在这个过程中,低效率企业会被挤出市场而潜在的高效率企业也会随之进入该市场,行业内的企业数量就会因为贸易壁垒的异质性而处于不断的动态变化中(Melitz,2008),由此导致的不同行业成本加成的差异也会造成资源配置的低效率(Waugh,2010;Epifani and Gancia,2011;Tombe,2012)。

3. 基础设施状况原因

相对于国际贸易格局下的资源错配的研究,部分学者把视角转到了国内贸易,证明了国内地区间基础设施状况的不同也会对资源配置效率产生影响。尽管我们很难区分一个地区基础设施的落后究竟是由执政者的政策偏向决定,还是和历史条件下的路径依赖有关,或是自身不利的区位条件所致,但基础设施的存在却会导致生产同质性产品的本地企业和外地企业成本加成的离散。这是因为基础设施状况会直接决定企业运输成本的高低,当一个地区的基础设施非常落后时,就会导致进入该地区的外地企业的产品成本比本地企业高,意味着外地企业只有具备更高的生产效率才能进入该地区,因此落后的基础设施实际上就为本地企业提供了一种保护,既限制了进入该地区的潜在竞争对手的数量,也导致了本地企业和成功进入的外地企业的产品成本的差距,进而带来资源配置的低效率和全要素生产率的损失(Asturias and García - Santana et al.,2014)。

三、资源错配程度核算

在新古典主义的理论框架下，全要素生产率的增长率常被视为科技进步的指标，因为在他们的分析框架下资源总能实现有效配置。但实际中资源错配现象是普遍存在的，基于资源错配的现实存在和微观表现，目前主要通过两类方法对资源错配进行测度。

（一）参数法

参数法是目前学界采用的主流方法，即通过实际 TFP 和有效 TFP 差距或者实际产出和有效产出差距来测度资源错配程度。这种方法要求事先对生产函数形式给予假定，再以发达国家数据作为基准对生产函数中涉及的参数进行校准，最后通过部分均衡结果并结合发展中国家的实际产出水平、要素投入数量计算出资源扭曲系数（常以经济楔子或税率形式切入到企业最优化决策的一阶条件 MRP = MFC 中）和实际 TFP 水平以及消除资源扭曲系数后（即考虑经济楔子等于 1 的情形）的有效 TFP 水平。以谢和柯烈诺 (2009) 的开创性研究为例，在他们的模型里，当生产函数形式被设定为：

$$Y = \prod_{s=1}^{S} Y_s^{\theta_s}, \quad \sum_{\theta=1}^{s} \theta_s = 1$$

$$Y_s = \left(\sum_{i=1}^{M_s} Y_{s,i}^{\frac{\sigma-1}{\sigma}} \right)^{\frac{\sigma}{\sigma-1}}$$

$$Y_{s,i} = A_{s,i} K_{s,i}^{\alpha_s} L_{s,i}^{1-\alpha_s}$$

可以得到反映资源错配程度的计算公式：

$$\frac{Y}{Y_{efficient}} = \prod_{s=1}^{S} \left[\sum_{i=1}^{M_s} \left(\frac{A_{s,i}}{\overline{A_s}} \frac{\overline{TFPR_s}}{TFPR_{si}} \right)^{\sigma-1} \right]^{\frac{\theta_s}{\sigma-1}}$$

其中，$\overline{TFPR_s} = \left[\frac{R}{\alpha_s} \sum_{i=1}^{M_s} \left(\frac{1+\tau_{k,s,i}}{1-\tau_{Y,s,i}} \right) \left(\frac{P_{s,i} Y_{s,i}}{P_s Y_s} \right) \right]^{\alpha_s} \left[\frac{1}{1-\alpha_s} \sum_{i=1}^{M_s} \left(\frac{1}{1-\tau_{Y,s,i}} \right) \left(\frac{P_{s,i} Y_{s,i}}{P_s Y_s} \right) \right]^{1-\alpha_s}$。$\tau_{k,s,i}$ 表示导致资本市场扭曲的价格楔子；$\tau_{Y,s,i}$ 表示导致产品市场扭曲的价格楔子。

在这种结构环境下，人们自然会思考以下问题：既然全要素生产率由资源配置效率和技术水平共同决定，那么如何知道跨国 TFP 差距到底是由技术差距所致还是资源错配导致呢？如果测算结果表明一国 TFP 水平呈现上升趋势，究竟是技术进步所致还是资源配置效率提高的缘故呢？如果不同国家间存在资源配置效率差异，究竟是由哪个部门或哪几个部门的资源错配所致呢？如果某个部门存在资源错配，是资本错配还是劳动力错配所致或是二者兼有呢？这就要求我们提供可以对以上问题进行分解的统一核算框架。此外，正如前文分析指出，受限于特定发展阶段和发展目标，发展中国家不可避免地总会存在一些扭曲政策，那么我们不禁会思考对于特定的扭曲政策如何使该政策对产出的影响最小化呢？对前一个关于核算的问题有突出贡献的是青木（Aoki, 2012）和波拉德和柯烈诺（Bollard and Klenow, 2013）。青木（2012）的创新之处在于放松了参数法中需要对生产函数进行特定形式假定的条件，基于存在特定部门扭曲的多部门均衡模型对造成跨国 TFP 差距的原因进行分解，区分跨国 TFP 差距究竟是由国别间的各部门的技术水平差距所致，或是国别间的部门份额和部门内要素份额差异所致（宏观层面表现为产业结构差异），还是总体资源配置效率差异所致。用公式表示为：

$$\ln \frac{TFP_S}{TFP_T} = \ln \frac{Y_S}{Y_T} - \bar{\alpha} \ln \frac{K_S}{K_T} - (1-\bar{\alpha}) \ln \frac{L_S}{L_T}$$

$$= \underbrace{\sum_i \left[\bar{\sigma}_i \ln \frac{A_{i,S}}{A_{i,T}} \right]}_{\text{技术差异}} + \underbrace{\sum_i \left[\bar{\sigma}_i \left(\ln \frac{\sigma_{i,S}}{\sigma_{i,T}} \right) \left(\frac{\bar{\alpha}_T}{\bar{\alpha}_S} \right)^{\alpha_i} \left(\frac{1-\bar{\alpha}_T}{1-\bar{\alpha}_S} \right)^{1-\alpha_i} \right]}_{\text{部门份额差异}}$$

$$+ \underbrace{\sum_i \bar{\sigma}_i \left[\alpha_i \left(\ln \frac{\tilde{\lambda}_{i,k,S}}{\tilde{\lambda}_{i,k,T}} \right) + (1-\alpha_i) \ln \frac{\tilde{\lambda}_{i,l,S}}{\tilde{\lambda}_{i,l,T}} \right]}_{\text{部门内要素配置效率差异}}$$

其中，S 和 T 表示两个国家；σ_i 表示第 i 部门的产出弹性；α_i 表示第 i 部门的资本产出弹性，$\tilde{\lambda}_{i,k} = \frac{\lambda_{i,k}}{\bar{\lambda}_{i,k}} = \dfrac{\dfrac{1}{1+\tau_{i,k}}}{\sum_i \dfrac{\alpha_i \sigma_i}{\bar{\alpha}} \cdot \dfrac{1}{1+\tau_{i,k}}}$，$\tilde{\lambda}_{i,l} = \frac{\lambda_{i,l}}{\bar{\lambda}_{i,l}} = \dfrac{\dfrac{1}{1+\tau_{i,l}}}{\sum_i \dfrac{\alpha_i \sigma_i}{\bar{\alpha}} \cdot \dfrac{1}{1+\tau_{i,l}}}$，$\bar{\alpha} = \sum_i \alpha_i \sigma_i$。

值得注意的是，尽管该方法不要求对生产函数形式进行具体假定，但仍要求根据实际运行数据对相关参数（如资本产出弹性 α_i，部门产出弹性 σ_i）进行估计，因此仍属于参数法的范畴。把他的模型框架应用到国际比较发现，日本和美国部门因资源错配导致两国 TFP 相差 9 个百分点，其中，运输和金融部门是存在资本错配的主要场所，农业和金融部门是存在劳动力错配的主要场所。此外，核算结果还表明，因结构转型导致的不同国家间的部门份额差异的扩大进一步放大了部门间资源错配对 TFP 的影响。如果说青木（2012）提出核算框架初衷是进行 TFP 的国际比较，那么波拉德等（Bollard and Klenow, 2013）提出核算框架的初衷是用于一国 TFP 的历史比较。为了对印度 1980~2007 年制造业 TFP 快速增加的原因进行解析，波拉德等提出了不同于 Aoki 的核算框架，把一国 TFP 的增长率分解为用部门附加值加权的 TFP 增长率、因要素投入带来的利润增长率、部门间再配置效应和部门内企业间再配置效应四个部分，用公式表示为：

$$\frac{dTFP}{TFP} = \underbrace{\left[\sum_{i=1}^{n}\frac{P_Y Y_i}{P_Y Y}\left(\frac{dY_i}{Y_i}-\frac{dX_i}{X_i}\right)\right]}_{\text{用部门附加值加权的}TFP\text{增长率}} + \underbrace{\left[\frac{P_Y Y - P_X X}{P_Y Y}\cdot\frac{dX}{X}\right]}_{\text{要素投入带来的利润增长率}}$$

$$+ \underbrace{\left[\frac{\sum_{j=1}^{n}(VAP_j - VAP)\Delta X_j}{P_Y Y}\right]}_{\text{部门间再配置效应}} + \underbrace{\left[\frac{\sum_{j=1}^{n}\sum_{i\in j}(VAP_i - VAP_j)\Delta X_i}{P_Y Y}\right]}_{\text{部门内企业间再配置效应}}$$

其中，Y_i 表示经济体中的第 i 部门的产出；X_i 表示生产 Y_i 所需的要素投入；$VAP_j = \frac{P_Y Y_j}{X_j}$ 表示第 j 部门要素投入带来的平均产品价值；$VAP = \frac{P_Y Y}{X}$ 表示所有要素投入带来的平均产品价值。根据印度制造业微观企业数据的测算结果，印度制造业生产率的增加得力于技术进步而非改革引致的资源再配置效应，至少该文测度的结果显示，印度改革对制造业生产率快速增长的贡献不到 30%，颠覆了过去很多经济学家把印度制造业奇迹和 20 世纪末期印度实施的一系列改革（如去除行业许可证、减免关税、FDI 自由化）自然联系起来的看法。莱斯图西亚（Restuccia, 2008）对如何使特定政策的扭曲效应最小化的问题进行了研究。在按照一定的税率先对部分企业征税再按一定的补贴比例将税收返还给部分企业以使总资本存量保持不变的制度安排下，当企业是否被征税与企业生产率分布不相关时，即对行业内的异质性企业进行随机性征税时，税率越高对产出的扭曲效应越大,被征税企业占比越高对产出的扭曲效应越大;当企业是否被征税和企业生产率分布相关时,税率越高对产出的扭曲效应越大、被征税企业占比越高对产出扭曲效应越大,且正相关(对高效率企业征税)时的扭曲效应大于负相关(对低效率企业征税)时的扭曲效应。

值得注意的是,以上结论是基于企业生产率外生给定情形下的研究,如果内生化异质性企业的生产率水平,结论还会不会成立呢? 贝洛等(Bello and Blyde, 2011)对此进行了研究,结果表明,生产率内生化后的扭曲效应比外生化的扭曲效应更大,尤其是当被征税企业的税率和企业生产率水平负相关时。因为当行业内企业的生产率水平取决于每个企业为提高生产率而投入的努力时,一旦生产率高的企业面临更高的税率就会诱导高生产率企业在初始阶段减少努力投入导致整个行业生产率的整体分布下降进一步放大整个行业的资源错配程度。

(二) 半参数法

半参数法主要是通过竞争环境下伴随要素自由流动呈现出的企业规模和生产率水平正相关的表征,运用 OP 方法(Olley, 1996)对全要素生产率进行分解得到反映资源错配程度的 OP 协方差,分解公式为:

$$prod_t = \sum_{i=1}^{n} w_{i,t} prod_{i,t} = \overline{prod}_t + \sum_{i=1}^{n}(w_{i,t} - \bar{w}_t)(prod_{i,t} - \overline{prod}_t),$$

其中,$prod_t$ 为某个行业的整体生产率水平;$w_{i,t}$ 为狭义口径行业下的企业 i 的市场规模;$prod_{i,t}$ 为狭义口径行业下的企业 i 的生产率水平。资源错配程度就通过分解公式里的第二项 $\sum_{i=1}^{n}(w_{i,t} - \bar{w}_t)(prod_{i,t} - \overline{prod}_t)$ 来测度,一般把它称为 OP 协方差。协方差越小意味着市场扭曲越大,协方差越大意味着市场扭曲越小。之所以可以用 OP 协方差来测度资源错配,是因为越来越多经验证据表明,即使是狭义口径行业内的企业生产率分布和规模分布也存在非退化特征且不同国家的企业规模和生产率关系不同。西沃森(Syverson, 2004)根据微观数据对美国制造业企业生产率进行核算的结果表明,处于第 90 分位的企业的全要素生产率比处于第 10 分位的企业高 99 个对数点,处于第 90 分位的企业的劳动生产率比处于第 10 分位企业高 140 个对数点。一个可行的解释是,这种行业内企业生产率和规模关系的变化反映了资源配置效率的差异。对此,贝塔斯曼等(Bartelsman and Haltiwanger et al., 2013) 利用美国、欧洲等 OECD 国家制造业微观企业数据进行了验证, 结果显示, 美国制造业的 OP 协方差为 0.5, 西欧为 0.2~0.3, 中欧和东欧接近 0 甚至负数, 测算结果符合经济学文献的已有研究。

作为一种统计上的经验测度方法, 为了检验它在资源错配程度方面的有效性, 贝塔斯曼等构建了能够反映 OP 协方差性质的理论模型, 数值分析的结果表明, 一定程度下 OP 方法能够很好地测度资源错配程度, 但是当市场中存在进入成本和自由的进入退出机制时, OP 协方差不能很好地反映市场扭曲的资源错配效应, 因为当存在进入成本和进退出机制时会导致行业平均生产率 $prod_t$ 随之发生变化进而影响测度结果的准确性。该结论为后续研究中关于资源错配程度测算方法的选择提供了借鉴和参考标准。

四、资源错配与经济增长

当我们把资源配置效率纳入索洛 (Solow, 1956) 的增长核算框架, 可以发现, 产出水平除了受要素投入数量和技术状况的影响外, 还受到资源配置效率的影响。给定一个经济体的物质资本存量、劳动力、人力资本、知识, 这些要素总量被分配到不同企业和行业的方式将直接决定一个经济体的总产出水平。过去十年, 经济增长文献的最重要发展之一就是强调资源错配在导致跨国人均收入差异方面的作用 (Prescott et al., 1999; Hsieh and Klenow, 2007; Jovanovic, 2014)。有关资源错配和经济增长关系的经济学文献主要沿着扩展边际 (Extensive Margin) 和集约边际 (Intensive Margin) 对行业生产率水平进行了国际比较和历史比较。

(一) 国际比较视角

在过去 10 年里, 转型经济体的资源配置效率引起了国外学者的极大关注, 这既和发展中国家在从计划经济向市场经济过渡过程中存在的很多扭曲的体制机制有关, 也和近 30 多年来新兴经济体的高速发展密不可分。学者们普遍认为, 发达国家的资源配置效率比发展中国家高是导致跨国人均收入差距的主要原因。根据谢和柯烈诺 (2009) 的测算, 若中国制造业资源配置效率达到和美国一样的水平，可以使制造业 TFP 和总产出水平提高 40%，若印度制造业资源配置效率达到和美国一样的水平，可以使制造业 TFP 和总产出水平提高 50%。莱斯图西亚等（Restuccia et al.，2008）的研究也支持了这样的结论，他们放弃了过去研究中关于生产函数规模报酬不变假定，采用了更加符合现实的生产函数规模报酬递减特征，一般均衡结果表明，对异质性企业实施异质性的扭曲政策时会导致总 TFP 损失和总产出损失，用美国数据对模型结论中的相关参数校准并进行后续计算发现，因政策扭曲导致发展中国家的 TFP 损失和产出损失高达 30%~50%，且这种政策扭曲效应并不依赖于总资本积累或者一般价格水平差异。

从资源错配对国别间的人均收入水平差距的解释程度出发，经济学家们关注微观的资源错配通过哪些路径和传导机制会造成如此大的跨国间的贫富差距。尽管资源错配会导致跨国人均收入差距已是不争的事实，但是能否很好地解释跨国人均收入 50 多倍的差距呢？对此，经济学家们主要基于产业经济学的部门关联视角和宏观经济学的技术冲击与资源配置效率交互影响视角给予了合理解释。自里昂惕夫（Leontief，1936）提出投入产出分析方法以来，中间投入品开始在经济学研究中占据重要位置，这些既以最终品形式满足居民消费同时又以投入品形式被用来生产其他产品的中间品，如电力、金融、交通运输、信息技术等，在生产过程中实际发挥着资本投入①的功能。据统计，发达国家的最终品有一半同时以中间品形式存在。标准的宏观经济模型由于忽略了中间品角色，导致 TFP 对人均收入影响的乘数效应很小，所以国别间的人均收入也会以很快的速度收敛到稳定状况。但当把中间投入品以资本形式纳入标准模型后，实际资本份额的扩大意味着 TFP 对人均收入影响的乘数变大，资源错配对 TFP 和产出水平的影响也会随之放大，因此正是这种部门间的投入产出关系放大了资源错配对跨国间人均收入的影响，导致了不同国家间如此大的人均收入差距（Jones，2011）。

此外，考虑到过去的研究基本是把技术冲击对产出的影响和资源错配对产出的影响独立开来，但现实世界中二者是否存在交互影响呢，如果存在这种交互性是否会进一步放大或缩小各自对产出水平的影响呢？奥普等

---

① 如果非要对二者加以区分的话，表现为短期内中间品安装快速且生产过程中完全折旧，资本安装需要较长时间且生产过程中部分折旧，但从长期看二者并无本质区别。

(Opp et al., 2014) 基于动态视角对该问题进行了研究发现，寡头竞争市场格局下有限数目企业的策略性定价行为会内生地导致资源错配的动态变化，产生资源错配效应并放大技术冲击对生产率和产出水平造成的扭曲效应，两种扭曲效应的相互叠加及加强机制为跨国间如此大的贫富差距提供了另一种解释的可能性。

（二）历史比较视角

勃兰特和通尔（Brandt and Tombe, 2013）对 1985~2007 年中国制造业和服务业部门的生产率进行研究发现，中国劳动力和资本在省际间的错配及省内的部门间错配导致总 TFP 损失 20%。从资源错配程度的时间序列看，资源错配程度呈现先上升后下降的态势且拐点大致出现在 1997 年，考虑到 20 世纪末中国政府采取的一系列改革（如国企改革、放开户籍制度等）以及 21 世纪初期引起热议的"国进民退"现象，结合 2000 年以来中国 GDP 表现出的两位数增长率的骄人成绩，该结论的现实意义值得我们深思。

五、简要评述

综上所述，近年来关于资源错配的研究视角无论是广度还是深度上都进行了新的拓展，关于资源错配的原因、资源错配程度的测度以及资源错配和经济增长关系的研究一直是人们研究的重点。近 10 年来，经济学家们开始不断放松原有的苛刻的完全竞争市场结构和生产函数规模报酬不变等假设条件，使之不断贴近经济现实，并借助现代经济方法，如动态最优化方法、计算机仿真技术和现代计量方法，从理论和实证对这些问题加以研究，试图给出更好的解释。对于发展中国家而言，如何实现可持续增长，在未来很长一段时间内都将是面临的首要挑战，因此，无论是技术进步还是资源配置效率的改善都将至关重要。考虑在经济全球化背景下，资源错配将如何反作用于一国的技术创新和结构调整等都将是未来的研究方向之一。

参考文献

1. Acemoglu, D., F. Zilibotti, 1999, Productivity Differences, *NBER working papers*, No. 6879.

2. Acemoglu, D., S. Johnson, J. A. Robinson, 2002, Reversal of Fortune: Geography and Institutions in the Making of the Modern World Income Distribution, *Quarterly Journal of Economics*, Vol. 4, Issue 117, pp. 1231 – 1294.

3. Aoki, S., 2012, A Simple Accounting Framework for the Effect of Resource Misallocation on Aggregate Productivity, *Journal of the Japanese and International Economies*, Vol. 26, Issue 4, pp. 473 – 494.

4. Asturias, J., M. García – Santana, R. Ramos, 2014, Misallocation, Internal Trade, and the Role of Transportation Infrastructure, PEDL Research.

5. Bartelsman, E., J. Haltiwanger, S. Scarpetta, 2013, Cross – Country Differences in Productivity: The Role of Allocation and Selection, *The American Economic Review*, Vol. 103, Issue 1, pp. 305 – 334.

6. Benhabib, J., J. Perla, T. Christopher, 2014, Catch-up and Fall-back Through Innovation and Imitation, *Journal of Economic Growth*, Vol. 19, Issue 1, pp. 1 – 35.

7. Bollard, A., P., J. Klenow, S. Gunjan, 2013, India's Mysterious Manufacturing Miracle, *Review of Economic Dynamics*, Vol. 16, Issue 1, pp. 59 – 85.

8. Brandt, L., T. Tombe, X. Zhu, 2013, Factor Market Distortions Across Time, Space and Sectors in China, *Review of Economic Dynamics*, Vol. 16, Issue 1, pp. 39 – 58.

9. Caselli, F., 2005, Accounting for Cross – Country Income Differences, In: Philippe Aghion and Steven Durlauf, *Handbook of Economic Growth*, pp. 679 – 741.

10. Comin, D., B. Hobijn, 2010, An Exploration of Technology Diffusion, *American Economic Review*, Vol. 100, Issue 5, pp. 2031 – 2059.

11. Easterly, W., S. Fischer, 1994, The Soviet Economic Decline: Historical and Republican Data, *NBER Working Paper*, No. 4735.

12. Epifani, P., G. Gancia, 2011, Trade, Markup Heterogeneity and Misallocations, *Journal of International Economics*, Vol. 1, Issue 83, pp. 1 – 13.

13. Bartelsman, E. J. Haltiwanger, S. Scarpetta, 2008, Cross Country Differences in Productivity: The Role of Allocative Efficiency, *NBER Working Paper*, No. 15490.

14. Erosa, A., 2001, Financial Intermediation and Occupational Choice in Development, *Review of Economic Dynamics*, Vol. 2, Issue 4, pp. 303 – 334.

15. Foster, L., J. Haltiwanger, C. J. Krizan, 2001, Aggregate Productivity Growth. Lessons from Microeconomic Evidence, In: Charles R. Hulten, Edwin R. Dean and Michael J. Harper, *New Developments in Productivity Analysis*, pp. 303 – 372.

16. Hsieh, C., P. J. Klenow, 2007, Misallocation and Manufacturing TFP in China and India, *NBER Working Paper*, No. 13290.

17. Jones, C. I., 2011, Misallocation, Economic Growth, and Input – Output Economics, *NBER Working Paper*, No. 16742.

18. Jovanovic, B., 2014, Misallocation and Growth, *The American Economic Review*, Vol. 104, Issue 4, pp. 1149 – 1171.

19. Leontief, W., 1936, Quantitative Input and Output Relations in the Economic System of the United States, *Review of Economics and Statistics*, Vol. 3, Issue 18, pp. 105 – 125.

20. Melitz, M. J., 2008, Market Size, Trade, and Productivity, *Review of Economic Studies*, Vol. 75, Issue 1, pp. 295 – 316.

21. Midrigan, V., D. Y. Xu, 2014, Finance and Misallocation: Evidence from Plant – Level Data, *The American Economic Review*, Vol. 104, Issue 2, pp. 422 – 458.

22. Olley, G. S., A. Pakes, 1996, The Dynamics of Productivity in the Telecommunications Equipment Industry, *Econometrica*, Vol. 6, Issue 64, pp. 1263 – 1297.

23. Opp, M. M., C. A. Parlour, J. Walden, 2014, Markup Cycles, Dynamic Misallocation, and Amplification, *Journal of Economic Theory*, Vol. 154, Issue 1, pp. 126 – 161.

24. Parente, S. L., E. C. Prescott, 1999, Monopoly Rights: A Barrier to Riches, *The American Economic Review*, Vol. 89, Issue 5, pp. 1216 – 1233.

25. Restuccia, D., R. Rogerson, 2008, Policy Distortions and Aggregate Productivity with Heterogeneous Plants, *Review of Economic Dynamics*, Vol. 11, Issue 4, pp. 707 – 720.

26. Solow, R., 1956, A Contribution to the Theory of Economic Growth, *Quarterly Journal of Economics*, Vol. 70, Issue 1, pp. 65 – 94.

27. Syverson, C., 2004, Market Structure and Productivity: A Concrete Example, *Journal of Political Economy*, Vol. 6, Issue 112, pp. 1181 – 1222.

28. Tombe, T., 2012, *The Missing Food Problem: How Low Agricultural Imports Contribute to International Income and Productivity Differences*, Manuscript, University of Calgary.

29. Udry, C., 2012, *Misallocation, growth and financial market imperfections*, Manuscript, Yale University.

30. Waugh, M., 2010, International Trade and Income Differences, *The American Economic Review*, Vol. 5, Issue 100, pp. 2093 – 2124.

31. Ziebarth, N. L., 2013, Are China and India backward? Evidence from the 19th century U. S. Census of Manufactures, *Review of Economic Dynamics*, Vol. 16, Issue 1, pp. 86 – 99.

第六章 影子银行风险与监管研究的新进展

伴随着全球经济自由化以及金融创新的不断发展，影子银行体系日益成为金融市场上炙手可热的话题。自21世纪初期影子银行概念被提出以来，影子银行为金融市场带来了短暂的繁荣，但是全球影子银行规模的持续扩张也使影子银行成为了金融市场体系下的不稳定因素，尤其推动了2008年以来的全球性金融危机的爆发及规模性传导。经济危机前全球影子银行规模已快速扩张到60万亿美元，危机后规模逐渐缩减到50万亿美元左右，但伴随全球性宽松的货币政策，2012年年初影子银行规模再度扩张到67万亿美元，明显高于危机前的规模。由此可以看出，影子银行体系的金融脆弱性和传染性仍旧给全球经济带来了巨大的风险，对于影子银行体系的国际性监管也亟待整顿。学者们从影子银行的定义和组织形式、影子银行体系的风险放大机制、与金融危机的关系，以及影子银行体系监管等问题进行了深入研究。

一、影子银行的定义和组织形式

（一）影子银行的定义

影子银行的产生由来已久，然而目前对于这一概念并没有明确、一致的定义。国外较早提出影子银行体系（Shadow Banking System）术语的是剑桥大学教授杰弗里·英格姆（Geoffrey Ingham, 2002）。他在OECD出版的《货币的未来》一书中提出了影子银行体系一词，不过它的内涵与当前的概念有一定差异，他所指的影子银行体系是从事地下外汇交易的机构。

当前意义的"影子银行"概念最早是由美国太平洋投资管理公司执行董事保罗·麦考利（Paul Mc – Culley，2007）在2007年的美联储年度会议上正式提出并使用的，保罗·麦考利将"影子银行体系"（Shadow Banking System）定义为"游离于监管体系之外的，与传统、正规、接受中央银行监管的商业银行系统相对应的金融机构，主要指投资银行、对冲基金、货币市场基金、债券保险公司、结构性投资工具等不受监管的非银行金融机构"，并认为影子银行体系等同于现代金融体系，特指杠杆率较高、透明度较低的结构化融资市场，其囊括了"二战"后商业银行体系以外的所有金融创新。之后，大家从不同角度对影子银行体系进行了界定。

2008年金融危机爆发后，时任美国联邦储备银行行长的盖特纳（Tim Geithner，2008）将那些通过非商业银行的融资安排，利用短期市场融资购买大量高风险、低流动性的长期资产的机构称为"平行银行系统"（Parallel Banking System）。国际货币基金组织（IMF，2008）在全球金融稳定报告中指出，影子银行具备准银行的特点，虽不受央行监管，却能执行商业银行的职能。美联储主席伯南克（Ben Bernanke，2010）从职能上将影子银行定义为，除接受监管的传统意义的存款机构以外，充当储蓄转投资中介的各类金融机构。英格兰银行副总裁保罗·塔克（Paul Tucker，2010）指出，影子银行指的是向企业、居民和其他金融机构提供流动性、期限配合和提高杠杆率等服务，从而在不同程度上代替商业银行核心功能的工具、结构、企业或者市场。纽约联邦储备银行的高级研究员佐尔坦·鲍兹、托拜厄斯·阿德里安、亚当·艾什克拉夫特和博伊斯基（Zoltan Pozsar、Tobias Adrian、Adam Ashcraft and Hayley Boesky，2010），在专题研究报告《影子银行（Shadow Banking）》中将影子银行定义为，无须从中央银行或者公共部门获取流动性的金融中介，并将关注重点放在影子银行在整个金融体系中的功能上。从影子银行的职能角度指出，凡是能够提供信用中介、信用创造及信用担保，吸收存款的各类非银行金融机构、企业及其开展的一些业务都可以属于影子银行，尤其强调房利美、房地美及联邦存款保险公司等政府机构发挥的作用。金融稳定理事会（FSB，2011）综合多方因素研究指出，广义的影子银行指的是游离于传统商业银行体系以外的信用中介实体及其创造信用中介的活动，即非正式银行系统实体和活动的信贷中介；狭义的影子银行指的是具有系统性风险及监管风险的非商业银行的经济实体及其活动。斯汀克拉森和利夫·莱特诺维斯基（StijnClaessens and Lev Ratnovski，2014）认为，影子银行是除了传统银行以外，所有需要私人或公众保障的金融行为。这类保障可以来自于银行经营价值，或者保险公司，也可以来自于政府的担保。

（二）影子银行的组织形式

金融稳定理事会（FSB，2011）基于广义的研究指出，影子银行不仅包括具有系统性风险及监管风险的非银行类经济实体及其开展的业务活动，还包括前者在信用创造中的参与机构，即包括投资银行、对冲基金、私募股权基金、资产管理公司、债券保险公司、有特殊目的的机构（SPV）、结构化投资载体（SIVs）、货币市场基金、评级机构等非银行金融机构，其通过各种金融工具和衍生品技术来完成货币市场上资金供给者与资金需求者、投机者之间的资金调剂，执行商业银行的信用中介、信用创造职能。

佐尔坦·鲍兹等（Zoltan Pozsar et al.，2010）认为，影子银行系统的机构主体为各种市场型信用机构，并按照官方信用提升的层次将美国的影子银行系统分为三个部分：政府发起的影子银行子系统、内部影子银行子系统以及外部影子银行子系统。其中，政府发起的影子银行子系统主要以联邦住宅贷款银行（FHLB）、政府资助企业（GSE）为代表，多数为美联储商业银行派生出来的各类银行控股的金融公司；内部影子银行系统以美国银行的非银行子公司为主要代表；外部影子银行子系统由独立的、非银行的金融机构组成，其组成部分包含独立信贷中介以及离岸金融中心等机构。除此之外，专属金融公司、有限目的金融公司、结构投资实体、信用对冲基金、抵押贷款担保公司、单险种保险公司等金融机构都是外部影子银行子系统的组成部分。

二、影子银行风险放大机制

影子银行体系具有明显的风险放大机制，具体的作用机制有：

(一) 期限转换

保罗·图克 (Paul Tuker, 2010) 通过分析影子银行体系中的各交易主体指出，每种金融工具及金融市场都会将长期的、缺乏流动性的资产转化为短期的、流动性强的负债。影子银行从商业银行获得抵押贷款后，再以此笔贷款的本金与利息为抵押发行资产支持债券（ABS），认购此债券的机构再以这些资产为基础发行抵押债券（CDO），CDO 的发行主要依靠信用评级支持。此过程实现了两次期限、流动性与资产转换，巧妙地隐藏了信用风险。由于影子银行较高的杠杆运作、期限错配等，其固有的特定风险也在运行过程中被放大。佐尔坦·鲍兹等（Zoltan Pozsar et. al., 2012）也指出，影子银行系统将风险较大的长期资产转化成为看似无风险的短期负债，其中，信用和期限转换是导致房地产市场泡沫的重要原因，也是引发金融危机的导火索。

(二) 杠杆化

贝尔和凯勒（Bell and Keller, 2009）从保险业的角度研究指出，由于传统保险业务不涉及抵押债券业务，因此不会产生系统性风险，而当其涉及信用衍生工具产品等非传统业务时，也就是影子银行业务，则必然会存在系统性风险。哈灵顿（Harrington, 2009）也认为，杠杆率较低的产品如财产灾害保险业务相对于银行业务具有较低的系统性风险，而杠杆率较高的产品如生命保险业务，其对资产价格下跌和金融危机时持有者的减持非常敏感，则系统性风险相对较高。例如，在金融危机中，国际著名保险公司美国国际集团（AIG）的倒闭的原因就在于其对 CDS 业务的过于倚重。

托比亚斯·阿德里安和申铉松（Tobias Adrian and Hyun Song Shin, 2009）也指出，影子银行高杠杆化和期限错配加剧了金融体系的脆弱性。肯克和迪布格鲁（Kenc and Dibooglu, 2008）也指出，在影子银行的作用下，对复杂的不透明的金融工具的依赖导致了杠杆率的上升以及金融风险的积聚。曼莫汉·辛格等（Manmohan Singh et al., 2010）也指出，作为杠杆化的重要工具，再抵押权在影子银行体系中发挥了重要作用，当规模较大的银行出现抵押品减少时，将会严重影响全球流动性。

(三) 资产证券化

美国金融危机调查委员会（FCIC，2011）在研究报告中也将影子银行的活动归结为传统商业银行体系之外的类银行机构及其开展的金融活动，即从储蓄人或者投资人手中获取资金，经过一系列的资产证券化过程并最终完成借款方融资的过程。吉耐尔利等（Gennaioli et al.，2011）认为，本次金融危机爆发的关键在于对于尾部风险的忽视，因此不安全的金融创新产品错误地替代了原本真正安全的证券。同时，资产证券化使得银行对风险进行分散，改变了银行资产负债表的组成。于是市场将已经认定风险水平的衍生品分散至金融中介手里，并进一步影响了保险公司等其他机构的风险水平。由于风险总量的集聚以及对尾部风险的忽视，影子银行系统逐渐变得十分脆弱。

三、影子银行与金融危机的关系

2007年美国爆发的次贷危机，通过影子银行系统进行传导，迅速扩散到以欧洲、日本为代表的发达经济体和以"金砖四国"为代表的新兴经济体国家，最后升级为全球性的金融危机，导致了大范围的汇率波动、金融机构倒闭、失业率上升、经济波动和经济低迷。根据影子银行对金融稳定性的多方影响可以发现，全球性金融危机是由影子银行系统稳定性失调引发的。对此，学者们从影子银行产品和系统性风险两个角度分别进行了研究。

（一）影子银行产品角度

戈顿（Gorton，2010）认为，本次金融危机集中于几种被认为是安全并与货币相似的短期债务（如购回债券、资产支持商业票据等）这些不是完美的抵押品上。如果将类似货币的投资工具看成银行票据和活期存款，那么本次金融危机实质上是一次银行恐慌。为此，学者们从产品角度对影子银行与金融危机的关系进行了研究。

1. 资产支持商业票据

阿克亚和施纳伯（Acharya and Schnabl，2009）从关注全球失衡以及 2007~2009 年美国金融危机的关联性入手，从经常账户余额较大国家对安全金融资产的需求造成了经常账户赤字国家金融脆弱性的角度，通过对大型商业银行 ABCP 产品经营方式的对比指出，经常账户盈余国家和赤字国家的商业银行都采取了向风险厌恶型投资者出售短期资产支持商业票据（ABCP），将所获资金投资于美国长期资产的方式获利。但随着美国经济危机期间关于美国长期资产的负面消息蔓延，盈余国家和赤字国家银行的 ABCP 转存都受到重大影响，银行现金流的不畅成为造成金融危机蔓延的重要因素。

2. 回购证券

回购证券（repo）的本质是抵押品贷款，其需求上涨幅度明显的主要原因在于，机构投资者、养老基金、共同基金、美国各州和市政当局和非财务公司管理下的资金快速增长（Adrian and Shin，2010a）。同时，回购证券还可用于对冲衍生工具持仓和初级证券发行对冲。通过使用回购证券在回购证券市场上进行证券互换，一个市场参与者可以出售他互换来的金融产品，建立空头头寸。因此对于对冲基金而言，回购证券是获得杠杆的重要机制（Comotto，2010）。资产支持证券（ABS）、以担保债务证券（CDO）为代表的次级贷款都成为了回购证券的抵押品（Gorton，2009）。为此，repo 发展迅速，根据戈顿和迈特里克（Gorton and Mertrick，2010；Gorton，2009）估计，repo 市场在 2009 年的总市值约为 12 万亿美元，而美联储（纽约）通过统计美国政府、联邦机构、金融公司的 repo 交易量统计则认为，repo 的总市值由 2008 年的 6.5 万亿美元降至 2009 年的 4.4 万亿美元（Acharya and Oncu，2011）。

戈顿和迈特里克（2011）从关注 repo 市场的角度分析金融危机的产生和发展认为，2007~2009 年美国金融危机发生的主因在于 repo 市场发生大规模溃逃。repo 市场作为一个短期金融工具市场，其不仅与许多金融工具有广泛的关联，也是众多金融机构重要的融资市场。随着资产价格的不断下降和 repo 头寸量的不断攀升，造成了本次美国金融危机的大面积爆发。在本次美国金融危机中，双边 repo 市场（Gorton and Metrick，2011）和第三方 repo 市场（Krishnamurthy et al，2013）都发生了溃逃现象。克里斯那莫斯等（Krishnamurthy et al, 2013）也指出，金融危机期间，私人部门资产支持的 repo 收缩剧烈，而美国财政部担保或机构担保的 repo 则表现稳定。repo 市值变动情况虽不如 ABCP 的变动情况剧烈，但由于银行是私人部门资产生成 repo 的主要持有者，该种产品市值的剧烈收缩引发了严重的银行流动性困境。因此，金融危机在实质上是经销商的银行信贷紧缩的危机。

3. 货币市场共同基金

麦克卡博（McCabe，2011）将危机时期货币市场共同基金（MMMF）市场的表现定义为溃逃，并认为这一现象出现是由资产组合风险水平升高、发起人风险升高以及投资者风险导致的。施密特等（Schmidt et al.，2013）对 MMMF 的不同运行级别分类研究得出，基金持有的资产流动性随评级升高而降低。这说明投资者是以投资整体为对象进行风险水平判断，而对该整体中各个部分的风险水平则不敏感。馈逃的发生是投资者对发起人判断的结果，而非投资人对资产风险水平判断的结果。

凯克普克兹克和施纳伯（Kacperczyk and Schnabl，2013）对 MMMF 在本次美国金融危机中的影响研究发现，金融控股集团和独立投资公司这两种不同的组织形式的关键不同之处在于，发生危机时是否能够得到自身的紧急流动性支持。2007～2008 年危机发生时，不同的组织形式带来的紧急流动性支持安排不同，从而影响了两种公司的产品风险承受水平。金融控股集团因其能够得到紧急流动性支持而倾向于高风险高收益的产品选择，危机时期受到资金外流影响较小，且能为市场溃逃状况下的本公司产品提供担保。而独立投资公司则偏向于低风险低收益的产品。凯克普克兹克和施纳伯（Kacperczyk and Schnabl，2011）也指出，独立基金和被银行或大型金融集团持有或担保的基金在风险分担方面存在巨大差异。在 2008 年金融危机期间，伴随系统性风险的大规模集聚，大型金融集团面临的系统性风险更大一些，而独立基金则偏向于增强其系统性风险。这样两种差异性很大的选择造成的共同结果就是 MMMFs 面临了更多风险。

（二）引发系统性风险角度

当影子银行在扮演传统商业银行的角色进行大规模的次级贷款发放的过程中，却从未像商业银行一样接受严密的金融监管来保证金融安全，同时加上影子银行金融衍生品的多样性与交易的非公开性,以及影子银行没有像商业银行那样受到资本充足率的限制和存款准备金制度的约束,这其中隐藏着巨大的系统性风险。

莱阿(Lehar, 2005)认为,国际性金融机构对于金融系统性风险的关注日益增加,其原因在于,影子银行系统崩溃引发的多家银行同时倒闭可能会引发相当严重的金融危机。克鲁格曼(Paul Krugman, 2008)也指出,影子银行体系可以通过复杂多样的金融工具规避常规金融监管。因为不受监管,他们相比常规银行更容易拓展业务领域,但同时也存在很大风险,容易造成金融危机。

四、影子银行的监管

(一) 现有监管体系的有效性

学者们对现有监管体系是否能够有效监管影子银行体系进行了实证分析,但得出了不同结论。有学者认为,现有监管框架能够对影子银行体系进行有效监管。比如,巴特姆等(Bartram et al, 2007)针对6次金融危机中的334家跨国银行的表现,通过使用三种不同的方法来度量全球银行业崩溃的系统性风险认为,现行的监管框架能够应对较大规模的宏观经济事件。

然而,也有学者得出了相反结论。比如,卡麦斯和希尔瑞特(Calmes and Theoret, 2011)从表外资产的角度分析影子银行认为,传统的监管方法,如巴塞尔协议Ⅱ在监管的全面性上已经难以兼顾,应该对表外资产的风险从源头上加以控制。新巴塞尔协议Ⅲ虽在这方面有所进展,但其有效性仍有待检验。而之所以现有监管体系难以有效监管,主要原因在于:一是各国监管当局某些相互对立的监管政策妨碍了有效的金融监管和规范(Caprio et al., 2008)。二是监管过松。肯克和迪布格鲁(Kenc and Dibooglu, 2008)指出,全球失衡、过松的金融监管,以及不到位的风险管理办法是本次全球金融危机爆发的重要原因。

(二) 影子银行监管体系构建

新的监管体系涉及金融机构的资本金额、流动性、金融衍生产品的设计，以及对冲基金的活动和金融机构薪酬改革等多个方面（Caprio et al.，2008）。主要有：

1. 产品监管方面

戈顿和迈特里克（Gorton and Metrick，2010）指出，影子银行监管的最好的途径是着重限制货币市场共同基金、资产证券化和回购证券三个影子银行短期金融产品。虽然美国2010年的《多德—弗兰克华尔街改革与消费者保护法案》对影子银行体系采取了一些有用监管措施，但货币市场基金（MMFs）、证券化和债券回购协议（repos）还没有被监管，建议将MMFs转变为狭窄储蓄银行（NSBs），接受审慎监管，进入存款保险及中央银行的最后贷款人范围；对证券化和repos实行严格的担保品指引，设立新的狭窄融资银行（NFBs）将证券化置于监管保护伞下，所有的证券化产品都必须卖给NFBs。此外，NFBs可以购买高质量证券，也可通过repos融资，但不能吸收存款、发放贷款，也不能从事产权交易或衍生品交易。

2. 银行资本金监管方面

艾伦和卡莱提（Allen and Carletti，2010）指出，银行监管中的资本金规定并没起到预想中的作用，从危机的过程中可以看出，银行的冒险行为仍在继续，因而监管改革亟须基于规避传染的资本金监管理论，并建立国际间协调的银行破产机制。

3. 监管工具方面

佐尔坦·鲍兹（Zoltan Pozsar，2010）通过介绍机构现金池，从需求的视角解释了影子银行出现的原因，主张通过控制国库券的供给来管理影子银行的规模，把国库券的发行作为一种宏观审慎监管的工具。

4. 监管机构方面

希尔韦斯特·艾奇芬格和罗尔·俾斯马（Sylvester Eijffinger and Roel

Beetsma, 2009)通过比较欧洲和美国的监管模式提出,要建立一个全面的、直接的监管机构。

5. 自我监管方面

圭勒摩·奥多奈兹(Guillermo Ordonez, 2013)指出,商业银行考虑自己的声誉也会自我监管。因此,为了规避监管的影子银行体系也具有自我约束和提高整体福利水平的动力。从而,银行内部针对影子银行体系的自我监管就成为替代政府监管的一种声誉监管。商业银行实行传统监管和为了声誉的自我监管结合的策略会更为有效。

6. 信息监测和活动监管方面

克里斯汀·卡麦斯和雷蒙·希尔瑞特(Christian Calmès and Raymond Théoret, 2011)认为,影子银行的兴起和发展意味着更多市场主导的银行活动,应加强由市场主导的交易行为的信息披露。同时,由于杠杆率在银行风险传导中的作用,应制定更好的杠杆率指标,具体衡量银行的真实风险。

关于影子银行监管改革的主要推动者——G20成立的金融稳定理事会(FSB)(FSB, 2011)建议,监管部门应该从两个方面入手来建立影子银行监管制度:即影子银行相关信息监测与风险识别措施,以及影子银行活动管制措施。

五、简要评述

已有的关于影子银行体系的研究,基本界定了影子银行的研究对象、风险放大机制与金融危机的关系,以及监管等。然而总体来看,对影子银行体系的研究还处于初级阶段,仍未形成完整、独立、系统的理论体系。学术界、实务界在很多问题上仍存在相当大的分歧与争议,一些相关的重要问题还未得到应有的重视与深入研究。

(1)对于已有的影子银行体系的定义、特征和构成等基础理论问题的研究较为分散,且观点缺乏系统研究与专业表述,导致影子银行体系管理在政策分析上欠缺系统性的理论作为研究基础。

(2)学者对影子银行的研究角度多集中在影子银行的概念、特征、构成、规模和监管等方面,但对于影子银行体系的模型构建和影子银行对银行系统稳定性实证分析的研究较少。

(3) 虽然多数学者提出影子银行体系应纳入金融监管的制度安排与框架等建议,但对于如何通过实证分析来构建指标体系,如何选择监管模式、研究方法与政策工具,以及如何加强国际监管协调等方面,还尚未得到一致、公认的解释,而且部分研究也只是涉及金融监管理论下的各种思想,未能建立完整、独立、系统性的理论体系与操作框架。

参考文献

1. Acharya, V. V., T. Sabri Öncü, 2011, The Repurchase Agreement (Repo) Market, in Acharya, V. V., T. F. Cooley, M. Richardson, *Regulating Wall Street*: *The Dodd-Frank Act and the New Architecture of Global Finance*, John Wiley & Sons INC, pp. 345-346.

2. Acharya, V. V., P. Schnabl, 2010, Do Global Banks Spread Global Imbalances? Asset-Backed Commercial Paper during the Financial Crisis of 2007-2009, *IMF Economic Review*, Vol. 58, Issue 1, pp. 37-73.

3. Adrian, T., H. S. Shin, 2010, The Changing Nature of Financial Intermediation and the Financial Crisis of 2007-2009, *Annual Review of Economics*, Vol. 2, Issue 1, pp. 603-618.

4. Adrian, T., H. S, Shin, 2009, The Shadow Banking System: Implications for Financial Regulation, *Federal Reserve Bank of New York Staff Reports*, No. 382.

5. Antoine Martin, David R. Skeie, Ernst-Ludwig Von Thadden, 2012, Repo Runs, *AFA 2011 Denver Meetings Paper*, No. 444.

6. Arvind Krishnamurthy, Stefan Nagel and Dmitry Orlov, 2013, Sizing up Repo, *Journal of Finance*, Vol. 69, Issue 6, pp, 2381-2417.

7. Bartram, S. M., G. W. Brown, J. E. Hund, 2007, Estimating Systemic Risk in the International Financial System, *Journal of Financial Economics*, Vol. 86, Issue 1, pp. 835-869.

8. Beetsma, R., S. Eijffinger, 2009, The Restructuring of Financial Supervision in the EU, *European View*, Vol. 8, Issue 1, pp. 3-12.

9. Bell, M., B. Keller, 2009, Insurance and Stability: The Reform of Insurance Regulation, *Zurich Financial Services Group Working Paper*.

10. Ben S. Bernanke, 2010, *Economic Challenges*: *Past, Present, and Future*, Speech at the Dauas Regional Chamber, Dauas, Texas, 7 Apirl.

11. Caprio, Jr. G., A. Demirgüç-Kunt, E. J. Kane, 2008, The 2007 Meltdown in Structured Securitization: Searching for Lessons not Scapegoats, *Paolo Baffi Centre Research Paper*, No. 2009-2049.

12. Christian Calmès, Raymond Théoret, 2011, Shadow Banking and the Dynamics of Aggregate Leverage: An Application of the Kalman Filter to Cyclical Leverage Measures, *RePAd Working Paper Series*, No. UQO – DSA – wp022011.

13. Comotto, R., 2010, *A White Paper on the Operation of the European Repo Market, the Role of Short – Selling, the Problem of Settlement Failures and the Need for Reform of the Market Infrastructure*, International Capital Markets Association, European Repo Council.

14. Adam Copeland, Antoine Martin, Michael Walker, 2010, *The Tri – Party Repo Market before the 2010 Reforms*, Staff Report, Federal Reserve Bank of New York.

15. FCIC, 2010, *Shadow Banking and the Financial Crisis*, Preliminary Staff Report.

16. Franklin Allen, Elena Carletti, 2010, An Overview of the Crisis: Causes, Consequences, and Solutions, *International Review of Finance*, Vol. 10, Issue 1, pp. 1 – 26.

17. FSB, 2011, *The Financial Stability Board's Word on Shadow Banking: Progress and Next Steps*.

18. FSB, 2011, *Shadow Banking: Strengthening Oversight and Regulation*, P. 2.

19. FSB, 2011, *Shadow Banking: Scoping the Issues: A Background Note of the Financial Stability Board*.

20. Gennaioli, N., A. R. Shleifer, Vishny, 2011, Neglected Risks, Financial Innovation and Financial Fragility, *Journal of Financial Economics*, Vol. 104, Issue 3, pp. 452 – 468.

21. Gorton, G., 2009, Slapped in the Face by the Invisible Hand: Banking and the Panic of 2007, *Yale University Working Paper*, http: //ssm. com/abstract = 1401882.

22. Gorton, G., 2010, Questions and Answers about the Financial Crisis, *NBER Working paper Series*, No. 15787.

23. Gorton, G., A. Metrick, 2010, Haircuts, *National Bureau of Economic Research*, No. w15273.

24. Gorton, G., A. Metrick, 2010, Regulating the Shadow Banking System, *NBER working paper*, No. 1676947.

25. Gorton, G., A. Metrick, 2011, Securitized Banking and the Run on Repo, *Journal of Financial Economics*, Vol. 104, Issue 3, pp. 425 – 451.

26. Guillermo Ordonez, 2013, Sustainable Shadow Banking, *NBER Working Papers*, No. 19022.

27. Harrington, S. E., 2009, The Financial Crisis, Systemic Risk, and the Future of Insurance Regulation, *Journal of Risk and Insurance*, Vol. 76, Issue 4, pp. 785 – 819.

28. International Organization of Securities Commissions, 2012, *Money Market Fund Systemic Risk Analysis and Reform Options Consultation Report*.

29. IMF, 2008, Financial Stress and Deleveraging: Macro-financial Implication and Policy, *Global Financial Stability Report*.

30. Kenc, T., S. Dibooglu, 2010, The 2007 – 2009 Financial Crisis, Global Imbalances and Capital Flows: Implications for Reform, *Economic Systems*, Vol. 34, Issue 1, pp. 3 – 21.

31. Lehar, A., 2005, Measuring Systemic Risk: A Risk Management Approach, *Journal of Banking & Finance*, Vol. 29, Issue 10, pp. 2577 – 2603.

32. Marcin Kacperczyk, Philipp Schnabl, 2011, Implicit Guarantees and Risk Taking: Evidence from Money Market Funds, *NBER Working Papers*, No. 17321.

33. Marcin Kacperczyk, Philipp Schnabl, 2013, How Safe are Money Market Funds?, *Quarterly Journal of Economics*, Vol. 128, Issue 3, pp. 1073 – 1122.

34. McCauley Paul, 2007, Teton Reflections, *PIMCO Global Central Bank Focus* (2).

35. Paul Krugman, 2008, Partying Like It's 1929, *New York Times*, Vol. 21, http://www.nytimes.com/2008/03/21/opinion/21krugman.html.

36. Paul Tucker, 2010, Shadow Banking, Financial Stability, *BIS Review*, (6), http://www.bis.org/review/r100126d.pdf.

37. Patrick E. McCabe, 2011, *The Cross – Section of Money Market Fund Risks and Financial Crises*, Board of Governors of the Federal Reserve System (US), No. 2010 – 51.

38. Russ Wermers, 2013, Runs on Money Market Mutual Funds, SSRN Working Paper, No. 2024282, SSRN: http://ssrn.com/abstract = 1784445 or http://dx.d0i.Org/1 0.2139/ssrn.1784445.

39. Singh Manmohan, Aitken James, 2010, The Sizable Role of Rehypoyhecation in the Shadow Banking System, *IMF Working Paper*, No. 10 – 172.

40. Stijn Claessens, Lev Ratnovski, 2014, What is shadow banking? *IMF Working Paper*, No. 14 – 25.

41. Zoltan Pozsar, Tobias Adrian, Adam Ashcraft, Hayley Boesky, 2010, Shadow Banking, *Federal Reserve Bank of New York Staff Reports*.

42. Zoltan Pozsar, 2011, Institutional Cash Pools and the Triffin Dilemma of the US. Banking System, *IMF Working Paper*, No. WP/11/190.

第七章 产学研合作研究的新进展

当前产学合作已经被广泛认为是提升公司创新能力（Lundvall，1992；Dyer et al.，2004）和发展创新型国家的重要因素（Lundvall，1992；Nelson et al.，1993）。近年来，国外学者围绕产学研合作的参与主体、技术转移办公室和产学研合作效果等问题进行了深入研究。

一、产学研合作的参与主体

大学（研究机构）、产业和政府是国家创新体系的三个核心主体（Etzkowitz et al.，1999），它们和中介机构一起，共同组成了产学研最主要的参与主体（Porter and Stern，2001），并通过产学间的知识转移广泛地影响国家创新体系发展（Nelson et al.，1993；Chen and Kenney，2007；Motohashi and Yun，2007）。

（一）大学和研究机构

大学和研究机构是产学研合作的最主要参与者，学生在这里接受教授们的教育和培训得到知识和技能，成为经济社会发展的人才储备（Jaffe et al.，1989）。然而，在过去的30年间，全世界的大学都不断突破教学和科研的传统任务，开始从事知识向市场转移的工作（Etzkowitz，1998），大学在产学研合作中正成为精明的合作者并力图使知识商业化（Bruneel et al.，2010），成为国家创新体系的关键机构和支持者（Audretsch et al.，2006）。大学知识的这种商业化在加速地区经济发展中发挥了重要作用（Lendel et al.，2010），促进了经济增长和地区竞争力的提升（Shane et al.，2004；Wright et al.，2007）。

发达国家大学研发的作用更为突出，发挥着连接国家创新基础设施和产业集群的积极作用。因此，OECD指出，大学和公共研究机构是公共研究部门的典型代表，是国家或行业历史、经济、技术特点的体现（OECD，2003）。在美国，大学已经成为新知识和技术的重要源泉（Collins and Wakoh，2000）。由于美国的成功实践，一些国家和地区的政策制定者都试图建立创新激励体系，增加大学的创新潜力并有效使用（Hülsbeck et al.，2013）。

（二）企业

企业是产学研合作成果的应用和推广主体，是合作成果的认知核心（Mowery and Sampat，2005），对它们需求的满足程度是检验产学研合作成果的重要标准。从20世纪90年代起，随着外国直接投资的增加，跨国公司在产学研合作中充当了重要角色，提高了研究资源的使用效率（Gassmann and von Zedtwitz，1998），影响了发展中国家的创新体系发展（Almeida and Phene，2004）。

（三）政府

政府通过与大学和产业合作，把大学的研究成果转移到产业中去（Mowery and Sampat，2005）。在这个过程中，政府发挥着引导作用，为产业与大学（研究机构）之间的互动和交流提供条件和便利，激励研究者与产业合作研究和实施很好的商业项目，并授予科学研究专利（Meissner，2010）。对产学研合作项目而言，在早期研发阶段，如果有政府的资助更容易获得成功，因为使从事基础研究的部门特别是大学与下游部门形成网络，将会有助于合作研发和共同出资项目的成功（Lee and Park，2006）。

（四）中介机构

在产学研合作的技术转移中，很多学者把中介机构看成是连接供给者和知识使用者之间的关键节点（Matt and Schaeffer，2009）。中介机构可以降低需求和供给方创新的交易成本，减少双方寻找和谈判成本，作为第三方来保护发明者的利益（Hoppe and Ozdenoren，2001；Coupe and Tom，2003），支持企业内部潜在的创新活动（Norhth，2007），促进大学科研水平的提升。

二、技术转移办公室的作用

（一）技术转移办公室的作用机制

产学研合作的中介机构主要是技术转移办公室。世界上第一个技术转移办公室建在美国，是1980年拜杜法案实施的结果，该法案赋予申请联邦研究基金的大学只要其愿意申请专利和使其商业化就可以拿到拥有专利的权利（Algieri et al.，2011）。拜杜法案的实施促进了大学专利数量的增加，从1979年的177项增加到1984年的408项，5年间增加了两倍多。1984~1989年，专利数量再次倍增，达到了1 008项（Mowery et al.，1999）。大学技术转移办公室越来越重要，不断增加的技术转移办公室及其产权申请已经对科学研究产生了重大影响（Shane et al.，2004），其作用机制主要有：

1. 评估新科技的商业价值

西格尔等（Siegel et al.，2003）指出，技术转移办公室通过评估新科技的商业化可能性、推进与商业部门的研究合作伙伴关系、帮助大学外溢的产生来推进大学科学研究的商业化。沃哈拉等（Vohora et al.，2004）也指出，评价技术及发明商业化的可行性是技术转移办公室的主要职能之一。

2. 架设产业与大学（研究机构）之间的合作桥梁

技术转移办公室是产学间正式的大门（Rothaermel et al.，2007），是产学间连接的推进者（Wright，2008），在学术和商业间起到桥梁作用（Siegel，2003）。

技术转移办公室的主要作用在于寻找有能力、有兴趣、有资源的研究机构的萌芽科技，把学术机构的发明和创新传递给产业和社会（The

Council on Governmental Relations, 1993),通过专利和外溢对创新起到关键的推进作用(Van Ledebur, 2008)。

3. 降低交易成本

赫尔曼(Hellmann, 2005)通过建立模型研究发现,技术转移办公室相对于个体科学家或团队在寻找潜在购买者方面具有低成本优势,因为其比较专业化且有低的时间机会成本。当专利需保护时,科学家更有可能将其授权给技术转移办公室。霍帕和奥兹登伦(Hoppe and Ozdenoren, 2005)也指出,有时候企业要投资发明但由于无法确切地估计其价值而犹豫,中介如果进行沉没投资,发挥其寻找新的有产业化前景发明专利的专业化优势,就会减少企业寻找和比较的成本,就可以有效率地连接潜在的专利与企业。

4. 减少信息不对称

技术转移办公室在减少科学知识市场的信息不对称方面(Macho-Stadler, 2007),尤其是在大学向私人部门进行技术转移的过程中(Shane et al., 2004),发挥着重要作用。这是因为,技术转移办公室可以刺激研究者去披露其发明的专利性、技术实用性及商业化潜力(Siegel et al., 2003; Vohora et al., 2004),以减轻产学间的信息不对称问题(Macho-Stadler et al., 2007)和新发明获得利润的不确定性(Hoppe and Ozdenoren, 2005)。

5. 提供设备和服务

在知识转移创新体系中,技术转移办公室在鼓励与产业合作研究时可以解决很多问题,比如提供技术转移的工具和设备、孵化服务,以及为合作协议提供帮助等(Rothaermel et al., 2007)。

(二) 技术转移办公室绩效

1. 衡量指标

学者们对技术转移办公室绩效的衡量从不同角度提出了多元化指标。比如,弗里德曼和西尔贝曼(Friedman and Silberman, 2003)使用美国大学技术管理协会（AUTM）数据寻找关键因子来解释技术转移办公室的产出，包括多少年技术转移办公室可以正常运转、在高科技区大学的位置、清晰的支持技术转移的任务、对教员良好的激励体系等。布莱梅和霍华德（Bremer and Howard, 1999）指出，真正作为测量技术转移指标的不应该是大学所拥有的专利数量，而应该是转移到私人部门进一步促进产品发展的技术数量。

2. 绩效评估

关于技术转移办公室绩效评估，学者们从不同角度进行了评估：

（1）地区经济增长角度。奥德斯彻等（Audretsch et al., 2006）认为，在一个地区如果公司与具有良好激励的研究性大学携手合作，就可以观察到高的增长率、低的失业率和高的经济财富，在这过程中具有转移任务的技术转移办公室非常重要（Bercovitz et al., 2001）。

（2）增加机构收入角度。有的学者认为，技术转移办公室有利于增加企业或研究机构收入。比如，谢里夫（Sharif, 2012）通过对香港大学的技术转移合作办公室研究发现，技术转移办公室通过创造或商业化专利以及帮助创新型企业科技转移等方式起到了增加额外收入的作用。但是，也有学者的实证研究并不支持这一观点。比如，瑟斯比和肯普（Thursby and Kemp, 2002）发现，尽管大多数大学拥有自己的技术转移办公室，但在确保从产权中得到正相关收入方面都没有成功。

（3）国别角度。西格尔等（Siegel et al., 2003）对技术转移办公室效果进行评价认为，美国技术转移办公室绩效非常显著。查普尔等（Chapple et al., 2005）得出，英国的技术转移办公室绩效与美国基本相当。但是，戈德法布和海瑞克松（Goldfarb and Herekson, 2002）、谢伦廷和马克（Sellenthin and Mark, 2009）以及穆肖和阿历山都（2010）对欧洲的评估则没有确认技术转移办公室在推进和加速学术成果商业化方面的积极作用。

3. 影响因素

（1）地区经济发展状况。西格尔等（2003）指出，地区的人均 GDP、创业率、产业聚集度或私人研发都影响产学技术转移进而影响技术转移办公室的绩效。卡尔森和弗里德（2002）、芬和西格尔（2006）（Carlsson and Fridh, 2002; Phan and Siegel, 2006）也指出，技术转移办公室不同目标的效率不仅仅取决于各自的技术转移办公室还与地区其他多样的活动有关。

（2）国家对技术转移办公室的制度设计。西格尔等（2003）实证分析了美国之外技术转移办公室结果的多样性，认为造成这种多样性的原因主要在于各个国家对技术转移办公室的制度设计存在巨大差异。

（3）技术转移办公室人员素质。西格尔等（2003）、查普尔等（Chapple et al., 2005）、斯维梅德斯和瓦萨（Swamidass and Vulasa, 2009）指出，在技术转移办公室的人员中，高技能的管理者、科学家和律师非常重要。技术转移办公室作为独立的机构其绩效取决于雇员的质量、工作和任务分配、过去的经验等（Siegel et al., 2003；Chapple et al., 2005）。沃尔什等（Walsh et al., 2008）也指出，以生产和转移知识与技术为基本任务的技术转移办公室的关键资源是人和技术。楚康巴和詹森（Chukumba and Jensen, 2005）也认为，技术转移办公室人员质量对专利活动有积极影响。阿尔吉里等（Algieri et al., 2011）运用Logit模型对技术转移办公室的实证分析也发现，大规模的资金资源和全职熟练的雇员是增加外溢的关键因素。沃尔什等（2008）也指出，技术转移办公室进行生产和转移服务时需要雇佣拥有知识和商业经验的员工，依靠其专业知识服务它们的客户（Kakabadse et al., 2012）。

（4）技术转移办公室管理能力。波洛维奇等（Berovitz et al., 2001）指出，与技术转移办公室结构相关的信息获取能力、协调能力、激励结盟能力都会影响其技术转移效率。西格尔等（2003）指出，员工的奖励体系、产学办公室的实际操作、大学和企业间的文化障碍都会影响技术转移办公室的效率。有必要增加大学技术转移办公室的商业技能和管理能力（Chapple et al., 2005）。迪格·利戈里奥和谢恩（Di Gregorio and Shane, 2003）也指出，影响大学技术转移办公室技术转移和商业化的要素有：能力、结构、激励体系、与产业合作的程度。

（5）技术转移办公室年龄。关于技术转移办公室年龄对其绩效的影响，学者们之间存在不同看法。一种观点认为，技术转移办公室年龄对其绩效有重要影响。比如，楚康巴和詹森（2005）研究发现，技术转移办公室的年龄对专利活动有强烈的积极影响。但是，另一种观点则认为，技术转移办公室年龄并不影响其绩效。比如，阿尔吉里等（Algieri et al., 2011）实证分析发现，办公室的年龄并不影响产生额外溢出的能力。

三、产学研合作效果

(一) 产学研合作效果的表现

1. 产学研共赢

产学研间的技术转移与合作将产生益处,将给大学带来资金资源(Etzkowitz et al., 2000; Martin, 2003; Mustar and Wright, 2010),为产业带来创新资源,为政策制定者提供经济发展资源(Guldbrandsen and Smeby, 2005; Muscio and Alessandro, 2010)。卡尔森和弗里德(Carlsson and Fridh, 2002)对美国12所大学的技术转移办公室调查指出,产学合作更像是一个团队合作,因为产业可以从合作的大学那里得到独特的知识和技术,大学可以从产业那里得到金融资助以从事未来进一步的研究(Santoro and Chakrabarti, 2002)。

2. 促进经济社会发展

阿尔吉里等(Algieri et al., 2011)指出,因为大学生产的知识可以刺激商业创新、加速竞争,是提升生产率和创新的关键因素,因此通过产学研合作将会有利于推动经济和社会发展。

3. 提高研究机构科研水平

本山等(Motoyama et al., 2014)通过日本两个纳米科技合作的案例研究发现,产学合作整合了各个学科的知识,通过产学研合作的网络,大学研究者的思维得到锻炼,提升了其研究的社会有效性,这对大学的影响已远远超过技术转移本身。

4. 增强公司科研实力

本桥等(Motohashi et al., 2012)指出,与单个公司相比,产学合作取得的专利更有价值且具有数量上的优势,同时产学合作的专利显示出广泛的外溢效果,已超出参与公司的范围。

（二）产学研合作效果的影响因素

1. 合作形式

大学研究机构和产业间的连接可以采用多种形式，如合作研究、技术转移、咨询、实习及其他合作来发展产品和科技（Kodama and Branscomb，1999）。本桥等（2012）通过对日本专利的数量分析来探讨产学研合作的性质和效果发现，就产学研合作的两种形式——合作应用开发和合作发明而言，合作发明在专利数量方面具有更大优势，这点在统计数据上得到了支撑。

2. 公司规模

本桥等（2012）指出，从商业合作伙伴运转的角度来看，产学合作中，中小公司比大公司创造出更加有价值的专利，实现了更好的生产性。产学合作将逐渐改变日本创新体系依靠大企业内部 R&D 的现状。

3. 机构特点

阿瓦尼提斯等（Arvanitis et al.，2008）和菲尔宾等（Philbin et al.，2008）指出，行政机构的结构和人力资源对产学合作效果有影响。西格尔等（Siegel et al.，2003，2004）从机构特点的影响方面分析大学技术转移效率也发现，转移过程中文化冲突、机构的非弹性、很差的奖励体系、大学产学办公室的无效管理等都会影响产学研合作效率。

（三）提高产学研合作效果的对策建议

1. 制定合理的战略战术

黄等（Hwang et al.，2013）指出，一个成功的产学合作需要精细的管理，成功的主要因素取决于大学所制定的策略和战术。产学合作策略针对的对象有研究、研究咨询、员工参与、学生实习、学生安排、检验学生学术成果等。刘等（Liew et al.，2012）从战略和战术两方面探讨了如何推进产学合作，其中战略层面包括金融支持、科技转移及人力资源的开发和保留；战术方面包括工作人员间隐性知识的转移及建立工作人员间的信任。李（Lie，2012）指出，产学合作的战术必须强调人员、资金资助、对双方切实可行的计划三个方面。在产学合作开始以前，在策略上就要制定长期的计划，战术要看起来像每日实践一样以此来确保项目的顺利推进，最根本的就在于计划一定要详细。

2. 寻找合适的合作者

曼斯菲尔德和李（Mansfield and Lee，1996）指出，大学应该了解产业需求和技术发展趋势，建立良好的策略来寻找合适的产业合作者，并建立亲密的合作伙伴关系。信任和前期的合作经验是影响产学合作效果的重要因素（Bruneel et al.，2010）。

3. 设定合理机制

OECD（2002）指出，对于公共研究机构而言，建立优先权设定和适应企业需求的资金及绩效的新机制是提升公私部门合作效率的前提。

参考文献

1. Adam B Jaffe, 1989, The Real Effects of Academic Research, *American Economic Review*, 79（5）, pp. 957 - 970.

2. Ajay Vohora, Mike Wright, Andy Lockett, 2004, Critical Junctures in the Development University High-tech Spinout Companies, *Research Policy*, 31, pp. 147 - 175.

3. Alessandro Muscio, 2010, What Drives the University Use of Technology Transfer Offices? Evidence from Italy, *Journal of Technology Transfer*, Vol. 35, Issue 2, pp. 181 - 202.

4. Bengt - Ake Lundvall, 1992, *Pinter*, London.

5. Bernardina Algieri, Antonio Aquino, Marianna Succurro, 2013, Technology Transfer Offices and Academic Spin-off Creation: The Case of Italy, *Journal of Technology Transfer*, 38（4）, pp. 382 - 400.

6. Branscomb Kodama, 1999, University Research As an Engine for Growth: How Realistic Is the Vision? in Branscomb, Kodama, Florida, *Industrializing Knowledge*: *University-industry linkages in Japan and the United States*, London, MIT, Press, pp. 3 - 19.

7. Brent Goldfarb, Magnus Henrekson, 2002, Bottom-up Versus Top-down Policies Towards the Commercialization of University Intellectual Property, *Research policy*, 32（4）, pp. 639 - 658.

8. Bo Carlsson, Ann - Charlotte Fridh, 2002, Technology Transfer in United States Uni-

versities, A Survey and Statistical Analysis, *Journal of Evolutionary Economics*, 12 (1/2), pp. 183 – 216.

9. Bon – Gang Hwang, E – Sin Janicia Lim, 2013, Critical Success Factors for Key Project Players and Objectives: Case Study of Singapore, *Journal of Construction Engineering and Management*, 139, pp. 204 – 215. Celestine Chukumba, Richard Jensen, 2005, University Invention, Entrepreneurship, and Start – Ups, NBER Working Paper No. 11475.

10. Cornelia Meissner, 2010, Can Industry Collaboration Change the Face of Science? The Importance of Research Productivity for Grantsmanship, Mimeo.

11. Dante Di Gregorio, Scott Shane, 2003, Why Do Some Universities Generate More Start-ups Than Others? *Research Policy*, Vol. 32, Issue 2, pp. 209 – 227.

12. David B. Audretsch, Max C. Keilbach, Erik E. Lehmann, 2006, *Entrepreneurship and Economic Growth*, USA, Oxford University Press.

13. David C. Mowery, Bhaven N. Sampat, 2005, The Bayh – Dole Act of 1980 and University – Industry Technology Transfer: A Model for Other OECD Governments? *Journal of Technology Transfer*, 30 (1/2), pp. 115 – 127.

14. David C. Mowery, Richard R. Nelson, Bhaven N. Sampat, Arvids A. Ziedonis, 1999, The Effects of the Bayh – Dole Act on U. S. University Research and Technology Transfer: An Analysis of Data from Columbia University, the University of California, and Stanford University, http: //citeseerx. ist. psu. edu/viewdoc/download? doi = 10. 1. 1. 387. 2984&rep = rep1&type = pdf.

15. Donald S. Siegel, David A Waldman, Albert N Link, 2003, Assessing the Impact of Organizational Practices on the Relative Productivity of University Technology Transfer Offices: An Exploratory Study, *Research policy*, 32, pp. 27 – 48.

16. Donald S. Siegel, David A Waldman, Leanne E Atwater, Albert N Link, 2004, Towards a Model of the Effective Transfer of Scientific Knowledge from Academicians to Practitioners: Qualitative Evidence from the Commercialization of University Technologies, *Journal of Engineering and Technology Management*, Vol. 21, Issue 1, pp. 115 – 142.

17. Donald S. Siegel, David A Waldman, Leanne E Atwater, Albert N Link, 2003, Commercial Knowledge Transfers from Universities to Firms: Improving the Effectiveness of University-industry Collaboration, *The Journal of High Technology Management Research*, Vol. 14, Issue 1, pp. 111 – 133.

18. Edwin Mansfield, Jeong – Yeon Lee, 1996, The Modern University: Contributor to Industrial Innovation and Recipient of Industrial Support, *Research Policy*, Vol. 25, Issue 7, pp. 1047 – 1058.

19. Frank T. Rothaermel, Shanti D. Agung, Lin Jiang, 2007, University Entrepreneurship: A Taxonomy of the Literature, *Industrial and Corporate Change*, 16 (4),

pp. 691 – 791.

20. Heidrun C. Hoppe, Emre Ozdenoren, 2001, Intermediation in Innovation: The Role of Technology Transfer Offices, http: //citeseerx. ist. psu. edu/viewdoc/download? doi = 10. 1. 1. 196. 4849 &rep = rep1&type = pdf.

21. Heidrun C. Hoppe, Emre Ozdenoren, 2005, Intermediation in Invention, *International Journal of Industrial Organization*, 23 (5 – 6), pp. 483 – 503.

22. Hellmann, 2005, The Role of Patents for Bridging the Science to Market Gap, Mimeo.

23. Henry Etzkowitz, Andrew Webster, 1998, *Entrepreneurial Science: the Second Academic Revolution*, State University of New York Press, New York.

24. Henry Etzkowitz, Andrew Webster, Christiane Gebhardt, Branca Regina Cantisano Terra, 2000, The Future of the Universityand the University of the Future: Evolution of Ivory Tower to Entrepreneurial Paradigm, *Research policy*, 29 (2), pp. 313 – 330.

25. Henry Etzkowitz, Loet Leydesdorff, 1999, The Future Location of Research and Technology Transfer, *Journal of Technology Transfer*, 24, pp. 111 – 123.

26. Ho – Uk Lee, Jong – Hun Park, 2006, Top Team Diversity, Internationalization and the Mediating Effect of International Alliances, *British Journal of Management*, Vol. 17, pp. 195 – 213.

27. Howard W. Bremer, 1999, University Technology Transfer Evolution and Revolution, Washington, DC, Council on Governmental Relations, *http: //www. cogr. edu.*

28. Inés Macho – Stadler, David Pérez – Castrillo, Reinhilde Veugelers, 2007, Licensing of University Inventions: The Role of a Technology Transfer Office, *International Journal of Industrial Organization*, Vol. 25, Issue 3, pp. 483 – 510.

29. Janet Bercovitz, Maryann Feldman, Irwin Feller, Richard Burton, 2001, Organizational Structure as Determinants of Academic Patent and Licensing Behavior: an Exploratory Study of Duke, *Journal of Technology Transfer*, 26, pp. 21 – 35.

30. Jeffrey H. Dyer, Prashant Kale, Harbir Singh, 2004, When to Ally and When to Acquire, *Harvard Business Review*, Vol. 82, pp. 108 – 115.

31. Jeffrey L. Furman, Michael E. Porter, Scott Stern, 2002, The Determinants of National Innovative Capacity, *Research policy*, 31, pp. 899 – 933.

32. Jerry G. Thursby, Sukanya Kemp, 2002, Growth and Productive Efficiency of University Intellectual Property Licensing, *Research policy*, 31, pp. 109 – 124.

33. Johan Bruneel, Pablo D'Este, Ammon Salter, 2010, Investigating the Factors That Diminish the Barriers to University – Industry Collaboration, *Research Policy*, Vol. 39, Issue 7, pp. 858 – 868.

34. Joseph Friedman, Jonathan Silberman, 2003, University Technology Transfer: Do

Incentives, Management, and Location Matter? *Journal of Technology Transfer*, Vol. 28, Issue 1, pp. 17 – 30.

35. Kakabadse, Lee – Davies, Theodorakopoulos, 2012, Entrepreneurship, Sustainability and CSR: TheRoleof Values in SME, . *London*: Institute for small business and research, http://www.isbe.org.uk/TheroleofvaluesinSME.

36. Kate Walsh, Cathy A. Enz, Linda Canina, 2008, The Impact of Strategic Orientation on Intellectual Capital Investments in Customer Service Firms, *Journal of Service Research*, 10 (4), pp. 300 – 317.

37. Kazuyuki Motohashi, Shingo Muramatsu, 2012, Examining the University Industry Collaboration Policy in Japan: Patent Analysis, *Technology in Society*, Vol, 34, No. 2, pp. 149 – 162.

38. Kazuyuki Motohashi, Xiao Yun, 2007, China's Innovation System Reform and Growing Industry and Science Linkages, *Research Policy*, 36, pp. 1251 – 1260.

39. Kevin P. Gwinner, Mary Jo Bitner, Stephen W. Brown, Ajith Kumar, 2005, Service Customization Through Employee Adaptiveness, *Journal of Service Research*, 8 (2), pp. 131 – 148.

40. Kun Chen, Martin Kenney, 2007, University/Research Institutes and Regional Innovation System: the Cases of Beijing and Shenzhen, *World Development*, Vol. 35, No. 6, pp. 1056 – 1074.

41. Lie, 2012, *Framing an Eclectic Practice*; *Historical Models and Narratives of Product Design as Professional Work* (Ph. D. dissertation), Department of Product Design, Faculty of Engineering Sciences, Norwegian University of Science and Technology, Trondheim.

42. Magnus Gulbrandsen, Jens – Christian Smeby, 2005, Industry Funding and University Professor's Research Performance, *Research policy*, 34 (6), pp. 932 – 950.

43. Marcel Hülsbeck, Erik E. Lehmann, Alexander Starnecker, 2013, Performance of Technology Transfer Offices in Germany, *Journal of Technology Transfer*, Vol. 38, No. 3, pp. 199 – 215.

44. Mark O. Sellenthin, 2009, Technology Transfer Offices and University Patenting in Sweden and Germany, *Journal of Technology Transfer*, 34 (6), pp. 603 – 620.

45. Martin, 2003, The Changing Social Contract for Science and the Evolution of the University, In Aldo Geuna, Ammon J. Salter, W. Edward Steinmueller, *Science and innovation*: *rethinking the rationales for funding and governance*, Chetelnham, UK, Northanpton, MA, USA, Edward Elgar.

46. Maryann Feldman, Irwin Feller, Janet Bercovitz, 2002, Equity and the Technology Transfer Strategies of American Research Universities, *Management Science*, 48 (1), pp. 105 – 121.

47. Michael Crow, Barry Bozeman, 1998, *Limited by Design: R&D Laboratories in the U. S. National Innovation System*, New York: Columbia University Press.

48. Michael D. Santoro, Alok K. Chakrabarti, 2002, Firm Size and Technology Centrality in Industry-university Interaction, *Research policy*, 31 (7), pp. 1163 – 1180.

49. Mike Wright, 2007, *Academic Entrepreneurship in Europe*, England, Edward Elgar.

50. Mike Wright, Bart Clarysse, Andy Lockett, Mirjam Knockaert, 2008, Mid-range Universities' Linkages with Industry: Knowledge Types and the Role of Intermediaries, *Research Policy*, Vol. 37, No. 8, pp. 1205 – 1223.

51. Mireille Matt, Véronique Schaeffer, 2009, The Role of Technology Transfer Office of a Large French University: The Importance of Internal and External Strategies, Paper presented at the XX ISPIM Conference.

52. M. S. Liew, TN TengkuShahdan, Eu Shawn Lim, 2012, Strategic and Tactical Approaches on University-industry Collboration, *Procedia – Social and Behavioral Sciences*, Vol. 56, pp. 405 – 409.

53. Naubahar Sharif, 2012, Facilitating and Promoting Innovative Entrepreneurship in Hong Kong: Theory and Practice, *Canadian Journal of Administrative Sciences*, 29, pp. 139 – 153.

54. North, 2007, *Institutions, Institutional Change and Economic Performance*, New York, Cambridge University Press.

55. OECD, 2002, *Benchmarking Industry – Science Relationship*, OECD, Paris.

56. OECD, 2003, Changing Patterns of Governance in Higher Education, in *Education policy analysis*, http://www.oecd.org/education/skills-beyond-school/35747684.pdf.

57. Oliver Gassmann, Maximilian Von Zedtwitz, 1998, Organization of Industrial R&D on a Global Scale, *R&D management*, Vol. 28, No. 3, pp. 147 – 161.

58. Paul Almeida, Anupama Phene, 2004, Subsidiaries and Knowledge Creation: the Influence of the MNC and Host Country Innovation, *Strategic Management Journal*, Vol. 25, pp. 847 – 864.

59. Paul M. Swamidass, VenubabuVulasa, 2009, Why University Inventions Rarely Produce Income? Bottlenecks in University Technology Transfer, *Journal of Technology Transfer*, 34 (4), pp. 343 – 363.

60. Philippe Larédo, Philippe Mustar, 2001, *Research and Innovation Policies in the New Global Economy, An International Comparative Analysis*, Cheltenham, UK: Edward Elgar, pp. 1 – 14.

61. Philippe Mustar, Mike Wright, 2010, Convergence or Path Dependency in Policies to Foster the Creation of University Spin-off Firms? A Comparison of France and the United Kingdom, *The Journal of Technology Transfer*, 35, pp. 42 – 65.

62. Phillip Phan, Donald S. Siegel, 2006, The Effectiveness of University Technology Transfer, *Foundations and Trends in Entrepreneurship*, Vol. 2, Issue 2, pp. 77 – 144.

63. Richard R. Nelson, 1993, *National System of Innovation: A Comparative Study*, Oxford University Press.

64. Scott Andrew Shane, 2004, *Academic Entrepreneurship*, *University Spinoffs and Wealth Creation*, Edwar Elgar, Cheltenham, UK.

65. Simon Philbin, 2008, Process Model for University-industry Research Collaboration, *European Journal of Innovation Management*, 11, pp. 488 – 521.

66. Spyros Arvanitis, Ursina Kubli, Martin Woerter, 2008, University – Industry Knowledge and Technology Transfer in Switzerland: What University Scientists Think about Co-operation with Private Enterprises, *Research policy*, 37 (10), pp. 1865 – 1883.

67. Stern Porter, 2001, Innovation: Location Matters, *Sloan Management Reviews*, (Summer), pp. 28 – 36.

68. Steven Collins, Hikoji Wakoh, 2000, Universities and Technology Transfer in Japan: Recent Reforms in Historical Perspective, *Journal of Technology Transfer*, 25 (2), pp. 213 – 222.

69. The Council on Governmental Relations, 1993, The Bayh – Dole Act: A Guide to the Law and Implementing Regulations, http://web.mit.edu/osp/WNW/cogr/univ.html.

70. Tom Coupe, 2003, Science Is Golden: Academic R&D and University Patents, *Journal of Technology Transfer*, Vol. 28, Issue 1, pp. 31 – 46.

71. Van Ledebur, 2008, Technology Transfer Offices and University Patenting—A Review, *Jena Economic Research Papers*, No. 2008 – 033.

72. Viliam Lendel, Michal Varmus, 2012, Proposal of the Evaluation System of Preparedness of Businesses for Implementation of an Innovation Strategy, *Business: Theory and Practice*, 13 (1), pp. 67 – 78.

73. Wendy Chapple, Andy Lockett, Donald Siegel, Mike Wright, 2005, Assessing the Relative Performance of U.K. University Technology Transfer Offices: Parametric and Non-parametric Evidence, *Research Policy*, Vol. 34, Issue 3, pp. 369 – 384.

74. Yasuyuki Motoyama, 2014, Long-term Collaboration Between University and Industry: A Case Study of Nanotechnology Development in Japan, *Technology in Society*, 36, pp. 39 – 51.

第八章 基础设施投资研究的新进展[①]

基础设施作为经济发展的重要内容，长期以来备受学界关注，但是，迄今为止，在关于基础设施投资与经济增长的关系、基础设施投资的作用机制、投资规模和投资结构选择等许多方面，还存在着争论和不同意见。

一、基础设施投资与经济增长的关系

国外学者对基础设施投资与经济增长之间的关系进行了大量实证研究，却得出了不同甚至相反的结论。他们的观点主要有：

（一）基础设施投资促进经济增长

大卫·艾伦·阿绍尔（David Alan Aschauer，1989）较早对基础设施投资效应进行了代表性研究。他运用美国1949~1985年度数据进行TFP回归得出，公共部门支出对经济发展有重要影响，且公共投资对经济增长的贡献和边际回报大于私人投资，并将美国70年代生产率的下降归结于基础设施投资减少。后来，阿绍尔（David Alan Aschauer，1990）运用美国50个州1965~1983年的截面数据，进一步对公共投资进行了细化研究得出，核心基础设施投资，例如道路、高速、机场、供水系统对经济增长最具有解释力，其产出弹性范围在0.055~0.11之间，而军事投资对生产力发展没有影响。其后，学者们沿袭阿绍尔的研究思路，从基础设施投资

---

① 本成果受到国家社科基金青年项目——保障国民经济可持续发展的水利投资最优规模研究（12CJL065）和教育部人文社科青年基金项目——迈过"中等收入陷阱"的水资源支撑问题研究（11YJC790276）支持。

与经济增长的正相关关系和二者之间的数量关系两个方面,检验并不断推进基础设施投资研究。最新的研究进展主要有:

1. 基础设施投资对经济增长的正相关关系

布兰卡·桑切斯·罗伯斯(Blanca Sanchez – Robles,1998)通过计算基础设施支出占 GDP 的份额,引入传统增长回归模型,实证分析拉丁美洲相关数据得出,基础设施投资与经济增长之间具有积极和显著的正相关性。伊斯法哈尼等(H. S. Esfahani and M. T. Ramı′rez,2003)开发了一个结构模型,将制度和经济因素考虑在内,对世界上若干个国家进行评估也表明,基础设施服务对 GDP 的影响是实质性的,其收益超过提供基础设施服务所付出的成本,国家可以通过增加基础设施投资及使用促进总产出增加。卡尔德龙和路易斯(César Calderó and Luis Servén,2004)对 121 个国家样本数据运用工具变量进行实证检验不仅得出基础设施建设能加速经济增长,而且基础设施投资还助于提高贫困人口的收入,降低收入的不公平性。佩雷拉和安德拉兹(Pereira and Andraz,2010)运用葡萄牙五个地区 1977~1998 年时间序列研究发现,公路基础设施投资对每个地区长期经济增长均有带动作用。胜和克雷比尔(C. K. Seung and D. S. Kraybill,2001)运用可计算的一般均衡(DGE)模型研究俄亥俄州基础设施投资对私人投资、就业率、地区总产出和家庭福利的影响也认为,公共资本高弹性使得基础设施投资对经济增长影响显著。拥挤性会稍微降低基础投资带来的积极作用但是不影响最后结果。

而之所以基础设施投资能够带来经济增长,其内在作用机制主要表现为:

(1)增加产出、刺激私人投资和提高就业。艾丽西娅(Alicia H. Munnell,1992)从州层面分析了基础设施投资和经济增长的相关关系,从三个方面证明基础设施投资促进了州的经济增长:一是基础设施投资对产出增加有积极作用;二是基础设施投资刺激私人投资;三是基础设施投资提高就业率。

(2)参与生产、带动其他投入品供应和投入品相互作用。胜和克雷比尔(2001)也总结了基础设施投资影响总产出的三个机制:一是作为投入品参与生产;二是有助于带动其他投入品供应增加;三是与其他投入品相互作用从而影响生产力。第一种机制是基础设施的"直接作用",后两种机制是"间接作用"。

(3) 提高私人投资生产力。玛丽亚·杰茜·德尔加多和印马克雷达·阿尔瓦雷斯（Maria Jesus Delgado and Inmaculada Alvarez, 2000）指出，投资于生产性基础设施可以提高私人投资的生产力，有助于提高一个地区的竞争性。乔·埃米利奥·布萨卡、弗朗西斯科·哈维尔·埃斯克里瓦和玛丽亚·乔斯·穆尔吉（Joeé Emilio Boscá, Francisco Javier Escribá and María José Murgui, 2002）在前人研究基础上，运用改进的"对偶法"（Dual Approach），分别研究西班牙各地区基础设施资本和私人资本在短期和长期中对经济的影响也发现，基础设施投资和私人资本都有正回报率，而且基础设施投资促进私人部门生产力的提高，有助于降低私人部门生产成本。然而，安德里亚斯·斯蒂芬（Andreas Stephan, 2003）则进一步指出，虽然基础设施投资有助于提高私人资本产出水平，但是这不能成为将来增加基础设施投资的充分理由，因为增加基础设施投资很可能意味着税收增加，这将会给经济带来扭曲。为审慎进行基础设施投资决策提供了理论基础。

(4) 减少企业库存。查德·雪莉和克利福德·温斯顿（Chad Shirley and Clifford Winston, 2003）对美国交通政策进行评估发现，高速公路可以通过减少企业库存对经济发展起促进作用。而高速公路回报率在20世纪80~90年代减小到5%以下，可能的原因是无效率交通基础设施政策导致成本上升。

(5) 产生内部收益。李志刚（Zhigang Li, 2006）分析了我国1990年以来基础设施投资增加大背景下铁路建设带来的社会福利。他首先估计铁路投资影响不同地区产品的实际价格，再将价格差异通过模型转化为各地区社会剩余进行比较，从而推算铁路的经济回报率。结果发现，基础设施投资扩张产生实质性的内部收益。

2. 基础设施投资的产出弹性

学者们通过测算基础设施投资的产出弹性，描绘基础设施投资促进经济增长的数量关系。杰代·艾尔伦特（Gerdie Everaert, 2003）利用比利时数据构建协整VAR模型发现，公共投资的减少降低了各州的总产出，公共资本对总产出的弹性是0.14，证实了阿绍尔等之前的研究。埃特热·希奥杰（Etsuro Shioji, 2001）将研究从封闭模型拓展到开放经济增长模型，通过美国和日本的对比研究也发现，基础设施投资对经济增长有积极作用，基础设施的产出弹性在0.1~0.5之间。卡尔德龙、恩里克·穆拉尔-贝尼图和路易斯·塞尔文（César Calderón, Enrique Moral-Benito and Luis Servén, 2014）实证检验发现，长期情况下，基础设施的产出弹性在 0.07~0.1 之间，对经济增长起到促进作用。

（二）基础设施投资阻碍经济增长

保罗·埃文斯和乔治斯·卡拉斯（Paul Evans and Georgios Karras, 1994）利用 1970~1986 年间美国各州的面板数据研究政府资本和现有政府服务对私人生产的贡献度发现，除了政府教育服务具有生产性，其他行为都不具有促进经济发展的作用，甚至对经济有负面影响。查尔斯·胡尔腾和罗伯特·施瓦布（Charles R. Hulten and Robert M. Schwab, 1991）通过经验分析也发现，某些基础设施投资会阻碍经济增长。

加利（Khalifa H. Ghali, 1998）对巴斯和科德斯（Barth and Cordes, 1980）关于公共投资和私人投资关系的模型进行改进，运用多元协整法建立矢量误差修正模型进行实证研究进一步指出，基础设施投资在短期中对私人投资有负面影响，长期情况下，基础设施投资对私人投资和经济增长都起到阻碍作用，得出了基础设施投资对经济增长影响为负的结论。

（三）基础设施投资与经济增长存在双向互动关系

阿尔弗雷·多珀雷拉和奥里奥尔·罗卡·塞格拉斯（Alfredo Marvão Pereira, Oriol Roca-Sagalés, 2003）利用 VAR 模型分析认为，更多的公共投资会减少私人投入需求从而降低产出。但是公共投资对私人生产有正外部性，更多公共投资会增加私人投入品的边际生产力，这会降低生产的边际成本，产生规模效应，从而增加潜在产出。在对整个经济影响中，基础设施投资的直接作用和间接作用各占一半左右。反过来，私人部门变化也将影响基础设施投资。比如私人部门生产力提高给政府提供了增税和增加基础设施资本的基础。此外，就业率降低通常导致增加基础设施投资的政策，同时相反的因果关系也同样存在。

柳升勋（Seung-Hoon Yoo, 2005）和查尔斯（Charles B. L. Jumbe, 2004）利用协整检验和误差修正模型，实证研究韩国和马拉维两国数据发现，电力设施投资和经济增长有双向因果关系。

陈盛东、郭肖义和陈吉仲（Sheng-Tung Chen, Hsiao-I Kuo, Chi-

Chung Chen，2007）对亚洲十个国家 GDP 和电力消费进行因果关系检验后认为，在长期情况下，基础设施投资（主要是电力）与经济增长存在双向影响，基础设施投资的增加会促进经济增长，同时经济增长会拉动对基础设施的需求，增加基础设施供给。具体来说，随着可支配收入增加，人们出于对更舒适生活的追求，会增加对交通、电力等基础设施的需求，从而政府增加基础设施投资，长期看又推动了经济发展。

（四）基础设施投资与经济增长关系表现出阶段性变化

斯皮罗斯和帕尼克斯（Spiros Bougheas and Panicos O. Demetriades，2000）认为，基础设施投资和经济增长之间的关系表现出阶段性变化，二者之间呈倒"U"型的关系，目前绝大多数国家正处于曲线的向上部分。

（五）基础设施投资与经济增长之间无显著相关关系

与之前的研究结论不同，还有部分国外学者的实证研究得出了基础设施投资与经济增长之间无明显相关关系的结论。

查尔斯·R·胡尔腾和罗伯特·施瓦布（Charles R. Hulten and Robert M. Schwab，1991）研究发现，基础设施投资和经济增长不显著相关。

霍尔茨·埃金（Holtz – Eakin，1992）修正了之前被学者忽略的州之间的相互效应，利用标准方法控制各州无法观测的特性，对美国 1970 ~ 1986 年 48 个州的数据建模也得出，公共部门资本没有影响私人部门生产力，基础设施投资对经济增长作用不显著，两者间不存在明显的因果关系。

马龙·伯南特（Marlon G. Boarnet，1998）与霍尔茨·埃金一样，也考虑了州之间效应对基础设施投资与经济增长关系的影响，并得出了类似的结论。他指出，当投入要素可移动时，一个地方的基础设施投资会增加本地区产出，但是另一个地方的产出会下降。在线性生产函数框架下，这一机制显示为基础设施投资的负向外溢效应，基础设施完善地区的经济增长以生产要素转移来源地的总产出下降为代价，因此基础设施不可能带来净产出增加。

加西亚·米拉等（Garcia – Mila et al.，1996）利用 1970 ~ 1983 年美

国州际数据,构造柯布—道格拉斯函数后具体检验了基础设施中高速公路、供水系统和污水处理对总产出的影响,也得出了所研究的三类基础设施对经济增长均无任何显著的正面影响的结论。

二、基础设施投资与私人投资的关系

公共基础设施投资与私人投资之间究竟是存在"挤出效应",还是"挤入效应",学界的争论始终未能达成一致。近年来,学者们围绕二者之间的关系,依然争论不下,虽然"挤入效应"论略占上风,但是不同观点也不断涌现,主要观点有:

(一) 基础设施投资与私人投资存在"挤入效应"

玛丽亚·杰茜·德尔加多和印马克雷达·阿尔瓦雷斯(Maria Jesus Delgado and Inmaculada Alvarez, 2000)通过对1980~1995年17个西班牙地区面板数据构造超对数生产函数,探究私人和公共资本是互为替代品还是互补品。结果显示,私人资本和基础设施资本为互补品,生产性基础设施资本促进私人投资。米格尔·拉米雷斯(Miguel D. Ramirez, 2000)对1980~1995年拉丁美洲关键经济变量与私人投资的关系进行研究也发现,增加基础设施投资可以带来更多私人投资。

阿尔弗雷·多珀雷拉(Alfredo M. Pereira, 2001)利用VAR模型和脉冲响应函数法,对美国的基础设施投资和私人投资进行研究认为,总体上基础设施投资挤入私人投资。这种挤入投资主要体现在污水处理、供水系统、工业设备和交通设施上等保护和发展性基础设施中。

(二) 基础设施投资与私人投资存在"挤出效应"

阿尔弗雷·多珀雷拉和奥里奥尔·罗卡·塞格拉斯(Alfredo Marvão Pereira, Oriol Roca-Sagalés, 2003)指出,更多的公共投资会减少私人投入需求,公共投资与私人投资相互作为一种替代品。阿尔弗雷·多珀雷拉(Alfredo M. Pereira, 2001)对基础设施进行了区分指出,不同基础设施投资对私人投资的影响不同,虽然总体上基础设施挤入私人投资,但是在通讯方面基础设施投资则会挤出私人投资。

(三) 基础设施投资与私人投资的"挤入效应"和"挤出效应"存在阶段性

帕雷什·库马尔·纳拉扬 (Paresh Kumar Narayan, 2004) 以斐济为例, 调查基础设施投资对私人投资有"挤出效应"还是"挤入效应", 结果表明, 1950~1975年, 基础设施投资与私人投资间存在协整关系, 且基础设施投资对私人投资有挤入效应, 1976~2001年则没有这种协整关系存在。

三、基础设施的投资规模

(一) 基础设施投资规模的影响因素

1. GDP 增长

玛丽安·范和铁托·耶佩斯 (Marianne Fay and Tito Yepes, 2003) 认为, GDP 增长中的消费者和生产者需求对基础设施服务需求具有重要影响, 从而根据期望的结构变化和收入增长预测未来的基础设施服务需求。

2. 政治制度和环境

学者们对政治制度和环境与基础设施投资规模的关系进行了大量实证研究, 大部分学者都赞同政治制度和环境对基础设施投资具有重要影响。约翰·道森 (John W. Dawson, 1998) 利用面板数据研究制度与经济增长关系得出, 政治环境是解释一国基础设施投资水平的重要因素。基韦尔和莱福特 (Caselli, F., G. Esquivel and F. Lefort, 1996) 利用广义矩阵法, 对超过 100 个国家的基础设施投资决定因素进行研究也发现, 一个限制政策变化的政治环境对全国经济性基础设施变化有重要影响。

维托尔德·赫尼兹 (Witold J. Henisz, 2002) 克服了前人相关研究中样本数据太少的难题, 运用一百多个国家长达两个世纪的历史数据也得出了类似的结论,即政治制度和基础设施增长率在统计学和经济意义上都显著相关。

3. 政府行为和选举

阿希姆·凯门灵和安德烈亚斯·斯蒂芬(Achim Kemmerling and Andreas Stephan, 2002)对 87 个德国城市面板数据建立联立方程研究发现,基础设施投资受到选民及政府官员行为的影响。地方政府与中央政府是否一致决定各地方基础设施投资补助额度,而如果一个城市有很多立场不坚定的投票者,则他们既不会将更多的资金投入到公共基础设施上,也不能从上级政府那得到更多的投资补助。

奥利维尔·卡多等(Olivier Cadot et al., 2006)则更为直接的指出,公路和铁路的建设不是为了减少交通拥堵,而是主要为了政治家能选举成功。

4. 经济自由化

约翰·道森(John W. Dawson, 1998)指出,经济自由化可以直接提高生产效率以及间接影响基础设施投资。

(二) 基础设施投资最优规模

1. 基础设施投资最优规模的确定标准

爱德华·格拉姆利克(Edward M. Gramlich, 1994)通过文献综述总结了判断基础设施资本是否达到最优规模的标准主要有:基础设施工程评估、经济回报率、生产力的影响、选举中的政治因素等。但当前学者最常用的方法主要有基础设施资本与私人资本最优比值和基础设施投资与私人投资边际产出比较两种方法。

(1) 基础设施资本/私人资本最优比值。大卫·艾伦·阿绍尔(David Alan Aschauer, 2000)利用 1970~1990 年美国数据构建公共资本与经济增长之间非线性模型来估计基础设施投资的最优值得出,最大化总产出时基础设施资本的产出弹性应在 0.33,从而确定基础设施资本/私人资本最优值为 0.44。

(2) 基础设施投资与私人投资边际产出相等。大卫·艾伦·阿绍尔

(David Alan Aschauer, 1989) 在早期分析核心基础设施投资对经济增长影响, 判断基础设施是否提高总产出时, 就运用基础设施投资产出弹性与私人投资产出弹性比较来确定基础设施投资最优规模。以此为依据, 他认为, 由于当时美国基础设施投资产出弹性高于私人投资, 所以基础设施投资未达到最优规模。卡拉斯 (Karras, G., 1997) 从经济增长最大化标准出发研究认为, 私人资本和基础设施资本边际产出是否相等是判断基础设施是否达最优规模的方法。并通过对 15 个欧洲国家的实证检验, 验证了私人资本和基础设施资本边际产出相等的原假设。奥斯卡·巴霍·卢比奥和卡门·迪亚斯·罗尔丹 (Oscar Bajo – Rubio and Carmen Díaz - Roldán, 2005) 在卡拉斯研究基础上对模型进行了改进, 在规模报酬可变的假设下, 也从最优化增长模型中推导出了基础设施投资的最优规模条件是私人投资和政府投资的边际产出相等。

2. 世界各国基础设施投资最优规模现状

根据上述判断基础设施最优投资规模的标准和方法, 学者们对部分国家的基础设施投资是否达到最优规模进行了实证检验, 从结果来看, 除少部分发达国家外, 大部分国家基础设施投资规模仍然低于最优规模。

康普斯·克里斯多夫 (Kamps Christophe, 2005) 借鉴阿绍尔的方法, 通过比较实际和最优增长情况下公共资本/私人资本和公共资本/GDP 值发现, 对大多数以前的[①]欧盟国家而言, 不存在基础设施投资不足或过度供给情况。按照各国现在政策估算, 未来奥地利、比利时、丹麦和英国将会出现基础设施投资不足, 荷兰和葡萄牙会出现基础设施投资过度。

德斯和马穆尼斯 (P. O. Demetriades and T. P. Mamuneas, 2000) 在公共资本没有为消费者带来收益和通过一次性税收形式征税的前提假设下, 比较估算实际公共资本回报率与最优公共资本回报率表明, 除澳大利亚、挪威和美国外, 大多数国家的公共资本没有达到最优供给规模。

奥斯卡·巴霍·卢比奥和卡门·迪亚斯·罗尔丹 (Oscar Bajo – Rubio and Carmen Díaz - Roldán, 2005) 以西班牙为样本分析发现, 在相对不发达地区, 私人边际产出高于政府投资边际产出, 在相对发达地区, 政府投资的边际产出比私人更高, 这表明, 西班牙发达地区基础设施规模不足。

---

① 指在 2004 年 5 月 1 日前加入欧盟的国家。

四、基础设施的投资方向

在交通、通讯、供水系统、污水处理系统等诸多基础设施中,究竟什么样的投资结构能够最大化经济效益?学者们对不同基础设施的经济增长效应进行了研究和比较分析,试图通过发现与经济增长相关度高的基础设施以指导基础设施投资结构选择,但是结果却莫衷一是,各有偏向。主要的选择有:

(一)交通和通讯

相当一部分学者认为,交通和通讯基础设施对经济增长的产出弹性相对较高,如果投向此类基础设施势必能够带来较快的经济增长。

查尔斯·胡尔腾(Charles R. Hulten, 1996)将基础设施投资效率变量引入到索洛-斯旺经济增长模型中,实证研究发现,公路和通讯有正的产出弹性,而电力对经济增长有不明显的负面影响。西尔维(Sylvie D'emurger, 2001)运用中国1985~1998年24个省的面板数据实证研究也发现,地理位置、交通基础设施和通讯便利程度在很大程度上解释了各省的经济发展,其中交通这一变量是最有解释力的因素。

帕特丽夏·麦洛等(Patricia C. Melo et al., 2013)基于33项研究中的563个样本进行元分析,进一步细化了交通基础设施对总产出的产出弹性实证得出,美国交通产出弹性要高于欧洲,道路对经济增长的贡献高于其他交通形式。

(二)通讯和电力

埃格特·巴拉兹、科兹鲁克·托马斯和萨瑟兰·道格拉斯(Égert Balázs, Kozluk Tomasz, Sutherland Douglas, 2009)利用低频多年平均法,构建横截面回归模型,结合贝叶斯经典平均估计对OECD各国数据分析显示,通讯和电力方面基础设施投资对推动长期经济增长有强劲作用,但是铁路和公路则不存在这样明显的推动作用。

这与查尔斯·胡尔腾(1996)的研究有很大不同,除了通讯的研究结果一致之外，关于电力和交通基础设施的研究结论则完全相反。

（三）电力和高速公路

白重恩和钱颖一（Chong-En Bai and Yingyi Qian，2010）以电力、高速公路和铁路为例对中国的基础设施进行研究发现，铁路与电力、高速公路不同，电力和高速公路的发展与经济增长相一致，然而铁路发展比GDP增长缓慢许多。他们关于电力的看法与埃格特·巴拉兹等（2009）一致，但是他们对交通基础设施进行了区分，将高速公路和铁路分开来，其中高速公路与经济增长的关系与胡尔腾（Charles R. Hulten，1996）和帕特丽夏等（2013）的研究一致，但铁路则不具备这样的特征。

（四）供水系统和污水处理

罗纳德·莫马瓦、约翰·马伦和马丁·威廉姆森（Ronald L. Moomaw, John K. Mullen and Martin Williams，1995）的研究表明，供水系统和污水处理比高速公路和其他公共资本对经济增长的贡献更大，而且建造供水设施和污水处理系统还能提高就业吸纳能力。

（五）多元化

克劳斯·戴宁格尔和约翰·奥克迪（Klaus Deininger and John Okidi，2003）利用乌干达1992~2000年的微观面板数据得出，基础教育和健康护理的普及率对经济增长的推动作用十分显著，但是电力以及其他基础设施投资对减少内战负面影响的作用也不容忽视。所以，基础设施投资应注重配套互补原则，注重投资结构的多元化并最终实现结构最优化。

五、基础设施的投融资模式

国外关于基础设施投融资模式研究的成果非常多，近年来的研究更多侧重于政府投资和公私合营的具体操作层面。

（一）政府投资

政府投资是基础设施建设的主要资金来源，也是基础设施投资的最重要投融资模式，其中采取何种税收政策和制度筹集资金，是学界普遍关注的问题。

罗伯特·巴罗和泽维尔·萨拉·马丁（Robert J. Barro and Xavier Sala-I-Martin, 1992）指出，要根据公共服务的类别和性质来确定适用的税收制度和政策。如果公共服务提供的是具有竞争性和排他性的私人物品，或者是具有非竞争性和非排他性特征的公共产品，一次性总赋税优于所得税。如果提供的公共产品具有拥挤性，也就有竞争性以及一定程度上的非排他性，在这种情况下应选择使用费形式的所得税。

克里斯托夫·坎普斯（Christophe Kamps, 2005）则从就业率的角度强调了公共投资适用的税收政策。他认为，如果公共资本是由不具扭曲性的税收提供，并且只是具有温和的生产性，就业率将由于公共资本增加而升高。但是，如果公共资本由具有扭曲性的税收组成，就业率将会下降。所以从就业率角度看，为筹集公共投资资金，政府宜制定不扭曲的税收政策。

（二）公私合营（Public Private Partnerships，PPP）

20世纪以来，为了实现多元化的项目目标，降低项目风险，引入私人资本，采取公私合营（Public Private Partnerships，PPP）的方式建造基础设施成为许多国家的选择。为此，学者们重点对公私合营的可行性、公私合营的效率效应，以及公私合营的成功要素等进行了分析。

1. 私人资本参与基础设施建设的可行性

卡罗尔·拉克迪（Carole Rakodi, 2003）指出，在公共部门有能力管理私人资本，并确保基础设施能供给到贫穷地区的前提下，如果对消费者收费可行，而且鼓励投资和技术竞争，此时发挥私人资本对公共资本的补充将是合适的选择。比如说，城市管道供水和污水处理系统就可以由私人资本介入。

第耶（R. D. Dinye, 2006）以加纳塔科腊迪市为例研究认为，私人资本参与到固体废物管理在一定条件下是可行的,这主要取决于居民支付的能力和意愿。这个条件就是有一个可行的支付制度使之取得的回报足以覆盖服务成本以及投资者要求的合理利润。

2. 公私合营效率

白重恩和钱颖一(Chong – En Bai and Yingyi Qian, 2010)指出,在所有交通设施中,铁路的路程长度增长最慢,对比铁路与其他基础设施投资可以发现,其区别在于铁路完全由政府投资,资金过于集中,而电力和高速公路投资各省市和企业有一定自主权。因此,私人参与提供基础设施有利于供给效率的提高。

申立银、安德鲁·普拉腾和邓(Li – Yin Shen, Andrew Platten, X. P. Deng, 2006)以香港基础设施为例分析也认为,公私合营机制可以将设计、合同、客户、咨询、市场等风险在政府和私人部门之间进行分摊,这将有效控制整个项目的风险,提高建设效率。

3. 公私合营成功的条件

公私合营如何才能够取得成功,学者们的意见相对比较一致,其中合理分配风险、有实力的私人财团和良好的投资环境是其中最为关键的条件。

张学清(Xueqing Zhang, 2005)总结公私合营成功的要素主要有:经济可行性、通过可靠的合同安排适当的风险分配、健全的金融体系、可靠的拥有特许权财团、良好的投资环境。

哈瓦刚等(Bon – Gang Hwanga et al., 2013)通过问卷调查了新加坡的 PPP 项目成功因素得出,组织良好的公共机构、合理分摊风险和强大私人财团排名最为靠前。

刘和威尔金森(T Liu, Suzanne Wilkinson, 2014)通过比较香港和新西兰两个 PPP 场地项目发现,促使 PPP 项目成功的关键因素主要有:合理商业案例开发、流线型财务安排、激烈招投标、有效政府治理结构和基于伙伴关系的财团、合理分配现实风险。

安德鲁和马丁·鲁斯莫(Andrew Y. Ng, Martin Loosemore, 2007)尤其特别强调,风险在政府和私人分摊的不合理会直接导致公私合营项目失败,尤其在特许经营行业。第耶(R. D. Dinye, 2006)则突出强调了私人投资环境的舒适性和经济环境适宜性是决定经营业务成功的关键。

4. PPP 项目评估方法

刘俊晓等（Junxiao Liu et al. , 2014）发现，现有评估体系着重从成本和时间角度去评估 PPP 项目，这种传统的依据过去经济发展情形分析的产品导向评价方法无法适应 PPP 项目固有的复杂性。为了综合且有效评价 PPP 项目，过程导向、以绩效棱柱模型为基础的生命周期评估法应替代传统方法。

参考文献

1. Andrew Y. Ng, Martin Loosemore, 2007, Risk Allocation in the Private Provision of Public Infrastructure, *International Journal of Project Management*, Vol. 25, Issue 1, pp. 66 – 76.

2. Achim Kemmerling and Andreas Stephan, 2002, The Contribution of Local Public Infrastructure to Private Productivity and Its Political Economy: Evidence from a Panel of Large German Cities, *Public Choice*, Vol. 113, Issue 3 – 4, pp. 403 – 424.

3. Alfredo Marvão Pereira, Jorge M. Andraz, 2010, On the Effects of Highway Investment on the Regional Concentration of Economic Activity in the USA, *College of William and Mary Department of Economics Working Paper*, No. 107.

4. Alfredo M. Pereira, 2001, On the Effects of Public Investment on Private Investment: What Crowds in What? *Journal of Monetary Economics*, Vol. 24, Issue 2, pp. 171 – 188.

5. Alfredo Marvão Pereira, Oriol Roca – Sagalés, 2003, Spillover Effects of Public Capital Formation: Evidence from the Spanish Regions, *Journal of Urban Economics*, Vol. 53, Issue 2, pp. 238 – 256.

6. Alicia H. Munnell, 1992, Infrastructure Investment and Economic Growth, *The Journal of Economic Perspectives*, Vol. 6, Issue 4, pp. 189 – 198.

7. Andreas Stephan, 2003, Assessing the Contribution of Public Capital to Private Production: Evidence From The German Manufacturing Sector, *International Review of Applied Economics*, Vol. 17, Issue 4, pp. 399 – 417.

8. Aschauer D. A. , 1989, Is Public Expenditure Productive? *Journal of Monetary Economics*, Vol. 23, Issue 2, pp. 177 – 200.

9. Aschauer D. A. , 1990, Why is Infrastructure Important?, In: A. H. Munnell, *Is There a Shortfall in Public Capital Investment?* Federal Reserve Bank of Boston, pp. 21 – 68.

10. Aschauer D. A. , 2000, Do States Optimize? Public Capital and Economic Growth, *The Annals of Regional Science*, Vol. 34, Issue 3, pp. 343 – 363.

11. Barro R. J. , Xavier Sala – I – Martin, 1992, Public Finance in Models of Econom-

ic Growth, *The Review of Economic Studies*, Vol. 59, No. 4, pp. 645 – 661.

12. Barth J. R. and Cordes J. J., 1980, Substitutability, Complementarity, and the Impact of Government Spending on Economic Activity, *Journal of Economics and Business*, Vol. 32, Issue 3, pp. 235 – 242.

13. BG Hwanga, X Zhao, MJS Gay, 2013, Public Private Partnership Projects in Singapore: Factors, Critical Risks and Preferred Risk Allocation from the Perspective of Contractors, *International Journal of Project Management*, Vol. 31, Issue 3, pp. 424 – 433.

14. Blanca Sanchez – Robles, 1998, Infrastructure Investment and Growth: Some Empirical Evidence, *Contemporary Economic Policy*, Vol. 16, Issue 1, pp. 98 – 108.

15. C. K. Seung and D. S. Kraybill, 2001, The Effects of Infrastructure Investment: A Two Sector Dynamic Computable General Equilibrium Analysis for Ohio, *International Regional Science Review*, vol. 24, Issue 2, pp. 261 – 281.

16. C Rakodi, 2003, Beyond Public Failure and Private Success: Disentangling Theory, Practice and Outcomes in the Provision of Urban Environmental Services, *N – AERUS Conference*, Paris (15 – 17 May), pp. 1 – 23.

17. Caselli, F., G., Esquivel and F. Lefort, 1996, Reopening the Convergence Debate: A New Look at Cross-country Growth Empirics, *Journal of Economic Growth*, Vol. 1, Issue 3, pp. 363 – 390.

18. César Calderón, Enrique Moral – Benito, and Luis Servén, 2011, Is Infrastructure Capital Productive? A Dynamic Heterogeneous Approach, *working papers*, http://www.bde.es/f/webbde/SES/Secciones/Publicaciones/PublicacionesSeriadas/DocumentosTrabajo/11/Fich/dt1103e.pdf.

19. Chad Shirley and Clifford Winston, 2003, Firm Inventory Behavior and the Returns from Highway Infrastructure Investments, *Journal of Urban Economics*, Vol. 55, Issue 2, pp. 398 – 415.

20. Charles R. Hulten and Robert M. Schwab, 1991, Public Capital Formation and the Growth of Regional Manufacturing Industries, *National Tax Journal*, Vol. 44, No. 4, pp. 121 – 134.

21. Charles R. Hulten, 1996, Infrastructure Capital and Economic Growth: How Well You Use It May Be More Important than How Much You Have, *NBER Working Paper Series*, No. 5847.

22. Chen, S. T., Kuo, H. I., Chen, C. C., 2007, The Relationship between GDP and Electricity Consumption in 10 Asian Countries, *Energy Policy*, Vol. 35, Issue 4, pp. 2611 – 2621.

23. Chong – En Bai and Yingyi Qian, 2010, Infrastructure Development in China: The Cases of Eectricity, Highways, and Railways, *Journal of Comparative Economics*, Vol. 38,

Issue 1, pp. 34 – 51.

24. Christophe Kamps, 2005, The Dynamic Effects of Public Capital: VAR Evidence for 22 OECD Countries, *International Tax and Public Finance*, Vol. 12, Issue 4, pp. 533 – 558.

25. Dawson J. W., 1998, Institutions, Investment and the Growth: New Cross – Country and Panel Data Evidenc, *Economic Inquiry*, Vol. 36, Issue 4, pp. 603 – 619.

26. Edward M. Gramlich, 1994, Infrastructure Investment: A Review Essay, *Journal of Economic Literature*, Vol. 32, No. 3, pp. 1176 – 1196.

27. Égert Balázs, Kozluk Tomasz, Sutherland Douglas, 2009, Infrastructure and Growth: Empirical Evidence, *CESifo working paper*, No. 2700.

28. Etsuro Shioji, 2001, Public Capital and Economic Growth: A Convergence Approach, *Journal of Economic Growth*, Vol. 6, Issue 3, pp. 205 – 227.

29. Garcia – Mila, Teresa, Therese J. McGuire, and Robert H. Porter, 1996, The Effect of Public Capital in State – level Production Function Reconsidered, *Review of Economics and Statistics*, Vol. 78, Issue 1, pp. 177 – 180.

30. Gerdie Everaert, 2003, Balanced Growth and Public Capital, An Empirical Analysis with I (2) Trends in Capital Stock Data, *Economic Modelling*, Vol. 20, Issue 4, pp. 741 – 763.

31. H. S. Esfahani, M. T. Ramı'rez, 2003, Institutions, Infrastructure, and Economic Growth, *Journal of Development Economics*, Vol. 70, Issue 2, pp. 443 – 477.

32. Holtz – Eakin, 1992, Public – Sector Capital and the Productivity Puzzle, *NBER Working Paper*, No. 4122.

33. Joeé Emilio Boscá, Francisco Javier Escribá and María José Murgui, 2002, The Effect of Public Infrastructure on the Private Productive Sector of Spanish Regions, *Journal of Regional Science*, Vol. 42, Issue 2, pp. 301 – 326.

34. Jumbe, C. B. L., 2004, Cointegration and Causality between Electricity Consumption and GDP: Empirical Evidence from Malawi, *Energy Economics*, Vol. 26, Issue 1, pp. 61 – 68.

35. Junxiao Liu, Peter E. D. Love, Jim Smith, Michael Regan, Monty Sutrisna, 2014, Public – Private Partnerships: A Review of Theory and Practice of Performance Measurement, *International Journal of Productivity and Performance Management*, Vol. 63, Issue 4, pp. 499 – 512.

36. Kamps Christophe, 2005, Is There a Lack of Public Capital in the European Union?, *European Investment Bank Papers*, Vol. 10, Issue 1, pp. 73 – 93.

37. Karras G., 1997, Is Government Investment Under – Provided in Europe? Evidence from a Panel of Fifteen Countries, *Internazionale/International Economic*, Vol. 50, Is-

sue 2, pp. 223 - 235.

38. Khalifa H. Ghali, 1998, Public Investment and Private Capital Formation in a Vector Error-correction Model of Growth, *Applied Economics*, Vol. 30, Issue 6, pp. 837 - 844.

39. Li - Yin Shen, Andrew Platten, X. P. Deng, 2006, Role of Public Private Partnerships to Manage Rsks in Public Sector Projects in Hong Kong, *International Journal of Project Management*, Vol. 24, Issue 7, pp. 587 - 594.

40. Maria Jesus Delgado and Inmaculada Alvarez, 2000, *Public Productive Infrastructure and Economic Growth*, 40th Congress Of The European Regional Science Association.

41. Marianne Fay and Tito Yepes, 2003, Investing in Infrastructure: What Is Needed from 2000 to 2010, *Policy Research Working Paper*, The World Bank, No. 3102.

42. Marlon G. Boarnet, 1998, Spillovers and the Locational Effects of Public Infrastructure, *Journal of Regional Science*, Vol. 38, No. 3, pp. 381 - 400.

43. Miguel D. Ramirez, 2000, The Impact of Public Investment on Private Investment Spending in Latin America: 1980 - 95, *Atlantic Economic Journal*, Vol 28, Issue 2, pp. 210 - 225.

44. Olivier Cadot, Lars - Hendrik Röller, Andreas Stephan, 2006, Contribution to Productivity or Pork Barrel: The Two Faces of Infrastructure Investment, *Journal of Public Economics*, Vol. 90, Issue 6, pp. 1133 - 1153.

45. Oscar Bajo - Rubio and Carmen Díaz - Roldán, 2005, Optimal Endowments of Public Capital: An Empirical Analysis for the Spanish Regions, *Regional Studies*, Vol. 39, Issue 3, pp. 297 - 304.

46. P. O. Demetriades and T. P. Mamuneas, 2000, Intertemporal Output and Employment Effects of Public Infrastructure Capital: Evidence from 12 OECD Economics, *The Economic Journal*, Vol. 110, Issue 465, pp. 687 - 712.

47. Paresh Kumar Narayan, 2004, Do Public Investments Crowd Out Private Investments? Fresh Evidence from Fiji, *Journal of Policy Modeling*, Vol. 26, Issue 6, pp. 747 - 753.

48. Patricia C. Melo, Daniel J. Graham, Ruben Brage - Ardao, 2013, The Productivity of Transport Infrastructure Investment: A Meta - Analysis of Empirical Evidence, *Regional Science and Urban Economics*, Vol. 43, Issue 5, pp. 695 - 706.

49. Paul Evans and Georgios Karras, 1994, Are Government Activities Productive? Evidence from a Panel of U. S. States, *The Review of Economics and Statistics*, Vol. 76, No. 1, pp. 1 - 11.

50. R. D. Dinye, 2006, Economies of Private Sector Participation in Soild Waste Management in Takoradi - A Ghanaian City, *Journal of Science and Technology (Ghana)*, Vol. 26, No. 1, pp. 53 - 64.

51. Ronald L. Moomaw, John K. Mullen and Martin Williams, 1995, The Interregional

Impact of Infrastructure Capital, *Southern Economic Journal*, Vol. 61, No. 3, pp. 830 – 845.

52. S. Bougheas, P. O. Demetriades, T. P. Mamuneas, 2000, Frastructure, Specialization and Economic Growth, *Canadian Journal of Economics*, Vol. 33, No. 2, pp. 506 – 522.

53. Sylvie Demurger, 2001, Infrastructure Development and Economic Growth: An Explanation for Regional Disparities in China?, *Journal of Comparative Economics*, Vol. 29, Issue 1, pp. 95 – 117.

54. T Liu, S Wilkinson, 2014, Large-scale Public Venue Development and the Application of Public – Private Partnerships (PPPs), *International Journal of Project Management*, Vol. 32, Issue 1, pp. 88 – 100.

55. Witold J. Henisz, 2002, The Institutional Environment for Infrastructure Investment, *Industrial and Corporate Change*, Vol. 11, No. 2, pp. 355 – 389.

56. Xueqing Zhang, 2005, Critical Success Factors for Public – Private Partnerships in Infrastructure Development, *Journal of Construction Engineering and Management*, Vol. 131, Issue 1, pp. 3 – 14.

57. Yoo, S. H. , 2005, Electricity Consumption and Economic Growth: Evidence from Korea, *Energy Policy*, Vol. 33, Issue 12, pp. 1627 – 1632.

58. Zhigang Li, 2006, Measuring the Social Return to Infrastructure Investments Using Interregional Price Gaps: A Natural Experiment, *http://cmrc.nsd.pku.edu.cn/cn/userfiles/Other/ 2010 – 05/201005080302281 0948860. pdf*.

第九章 公私合作伙伴关系（PPP）研究的新进展[①]

20世纪末以来，公私合作伙伴关系（Public–Private Partnerships, PPP）日益流行，替代传统的政府投资及私有化途径，成为一种以更低成本提供更高质量公共服务与基础设施的可行方式（Grimsey and Lewis, 2002; Smyth and Edkins, 2007）。学者们围绕PPP从由来与内涵、功能与优势、风险与机构内在组织文化冲突、提高PPP绩效等方面进行了深入研究。

一、PPP的由来与内涵

正如英国于20世纪70年代率先推动私有化运动那样，作为PPP最主要方式的私人融资计划（Private Finance Initiative, PFI），也是由英国提出并在全球得以拓展。起初，PPP模式被看作完全私有化前的一个短暂过渡，它是一种介于国有企业和私有企业之间的形式。然而，从1990年代末开始，该模式逐渐得到承认而成为一个独立的模式，政府也力图通过PPP长期保留公共所有权和控制权，作为其保护公众利益的一种手段（Bel and Fageda, 2009）。工党政府在其执政初期便实施了价值超过500亿美元的PPP合同。除英国以外，国际组织、政策制定者和学者们也开始对PPP产生兴趣。2004年欧盟建议在提供公共基础设施时实施不同形式的公私合作伙伴关系（Monteduro, 2012）。2007年之前的十几年，欧盟签署了1 000多个PPP合同，资本价值近200亿欧元（Blanc-Brude et

---

[①] 本章为国家社科基金项目（项目批准号：13BJL040）、国家社科基金重大项目（项目批准号：13&ZD022）、辽宁省教育厅创新团队项目（项目批准号：WT2013002）的阶段性研究成果。

al., 2007)。PPP 项目的高额固定资产对于英国、西班牙、葡萄牙等国已经产生了宏观性和系统性的意义(Blanc-Brude et al., 2009)。当然，制度化的 PPP 关系仅仅是作为传统公共服务和设施提供方式的一种必要补充，而并非完全替代(Cappellaro et al., 2011)。

由于 PPP 是一种实践的产物，因而其内涵也随着实践的发展而不断深化。不同的国际组织、国家组织以及不同的学者之间，基于不同国别、行业、项目中形形色色的 PPP 实践合同，以及各自认识角度的差异，对 PPP 的定义也不尽相同。联合国开发计划署认为，PPP 是指政府与私人部门形成的合作关系形式，私人部门通过某种形式提供一定投资，PPP 不包括服务和管理合同，但包括租赁和特许经营两种形式。美国 PPP 国家委员会则将 PPP 定义为：一种公共部门和以盈利为目的的私人部门之间的合约安排，二者在资源共享、风险共担的基础上，共同提供公共基础设施或公共服务产品(Tang et al., 2009)。根据加拿大 PPP 委员会的定义，PPP 是指公共部门与私人部门基于各自的专业知识成立的合营企业，这种专业知识能够合理分配资源、风险和收益，最大化地满足特定的公共需要(CCPPP, 2001)。

很多学者也对 PPP 进行了界定。比如，索耶(Sawyer, 2010)认为，PPP 是指公共部门与私人部门共同提供基础设施和服务，共同承担投资、风险、责任和共同获取回报。波洛克等(Pollock and Price, 2004)则认为，PPP 是一个基于公共服务条款的国家和私人财团之间关于建成时间、服务期限和具体成本的协议。财团负责融资、设计以及建设(或翻新)公共基础设施或服务项目。政府(或服务用户)提供该财团收入流，用于偿还债务、基金业务及对投资者进行回报。国际民营化大师萨瓦斯(2002)从三个层面归纳了 PPP 的含义：一是广义定义是指公共部门和私人部门共同参与生产和提供服务的任何安排，如合同承包、特许经营及补助等；二是指一些复杂的、多方参与并被民营化了的基础设施项目；三是指企业、社会贤达和地方政府为改善城市状况而进行的一种正式合作。

归纳起来，PPP 的内涵主要包括以下内容：一是公私正式合作提供公共服务或设施的组织形式；二是资源与收益共享、责任与风险共担的合约关系；三是充分发挥公私双方专业优势的创新途径。此外，PPP 根据其包含的合同范围，又有广义和狭义之分。广义的 PPP 包括公私合作提供公共服务或设施的任何安排，如 CBO、TOT、BOT、BOOT 及特许经营、服务协议等；狭义的 PPP 则只包括通过合约，共同组建 PPP 项目机构，共同建设、运营，提供公共服务或设施这一种形式。

二、PPP 的功能与优势

PPP 之所以能够替代传统的政府投资及私有化成为一种提供公共服务或设施的创新组织形式，在于其本身所具有的独特功能和优势。布林克霍夫（Brinkerhoff，2002）总结 PPP 的潜在优势有：（1）提高参与者获得重要资源的有效性，如专业知识和关系；（2）降低交易成本和提高信息的获取能力；（3）提高工作效率，识别和利用比较优势；（4）促进拥有不同观点和专业知识的合作伙伴共同努力，创造性地解决问题；（5）随着时间的推移，冲突会减少，因为参与者意识到，相关利益者之间（如政府组织、非政府组合和企业之间）的持续紧张关系会使成本费用增加，因此有助于促成合作。具体包括：

（一）降低交易成本

以前对公共服务或设施的私有化方式，易导致公共部门与私人部门之间交易成本剧增。这是由于原来政府或国有化的治理方式，在治理结构方面接近于一体化组织，尽管内部效率较低，但信息不对称程度较小，内部交易成本较低。全面私有化使得政府管制机构与私人企业之间信息不对称程度增加，各自不同的利益取向更加重了相互交往的交易成本（Estache et al.，2006）。政府希望通过 PPP，降低与私人部门间过高的交易成本（Lund – Thomsen，2009）。

PPP 降低公私双方交易成本的原因在于，PPP 作为公私合作的项目公司，其任务的完成是公私双方而非私人部门单方面的事。所有合作成员是其主要组织关系网络中的一个节点，政府不单纯扮演"橡皮戳"的角色，而且要参与这项商业活动，尤其是在早期的合作关系中作用更加重要（Houghton，2011）。

（二）转移与合理分配运营风险

以前对公共基础设施实行政府采购方式的一个特征是风险设计过于简

单化，传统的成本加成定价合同，公共部门承担了主要的建设成本和延迟风险，结果导致成本和时间的超支在传统公共采购中十分普遍（Flyvbjerg et al.，2003）。传统的公共采购，公共部门承担的风险只是转移给了纳税人以及基础设施服务的最终用户，项目成本和时间上的超支最终会伤害纳税人及最终用户（Blanc-Brude et al.，2007）。相反，PPP 大多可以被定性为固定价格合同。通过 PPP，政府将融资、建造基础设施和服务提供的风险部分或全部转移给了私人部门，并且能通过减少整个工程生命周期的成本来增加资金使用价值（VFM）。这就意味着风险转移和金钱价值是这些项目的主要动机，而且使得这种安排对于政府而言是经济可行的（English，2007）。PPP 采购的原则之一，就是将风险转移到能更好管理风险的一方。因此，风险转移本身并不影响生产效率，相反，风险转移的可能性改善了风险管理，可以使 PPP 项目相对于传统公共采购具有更高的成本效益，从而实现两大管理目标：优化风险管理以及具体实施的动力，实现资金的最佳使用价值（Darrin Grimsey and Mervyn K. Lewis，2008）。

尽管将风险转移到能更好管理风险或风险成本更低的一方是 PPP 风险转移的原则和主要功能之一，但实际上并非任何风险都可以向私人部门转移。为实现资金最好的价值，PPP 可以进行合理的风险分配。例如，在建造一家医疗诊所的项目中，由于私人部门在某些领域有专门知识技能，因而更适合承担一些与委托建设、运营等绩效标准相关的工期风险和超支成本风险。但公共部门则适合承担与病人健康等方面有关的风险（特别当 PPP 项目仅限于建造工程），因为只有公共部门才有能力去控制和影响这些风险（Nisar，2007）。

（三）创新管理方式

PPP 是在 20 世纪 80 年代国外民营化浪潮的大背景下，完全私有化在公共服务领域产生一些负面影响的情况下，所形成的一种可行的替代方案。由于公共服务的特殊性，广泛存在市场失灵现象，而完全私有化导致私有垄断、服务价格高企、核心业务被国外控制等系列问题，使得政府部门希望通过 PPP，既能够吸引资金、技术、人才等资源进入公共服务领域，又能够在提供公共服务的决策中扮演重要角色，从而实现收入分配公平和促进效率的双重目标。因而，当完全私有化在政治上不可行时，至少从经济绩效上看，公私合作所有权相对于完全公共所有权应该是更好的选择（Monteduro，2012）。例如，自然垄断行业及国防、警察等公共服务的提供并不适合竞争，但又不可能完全私有化，所以就出现了公私合作伙伴关系（Bovis，2010）。PPP 在世界各地的广泛流行和深入实践，很大程度上改变了传统公共治理的理念和模式，成为新公共管理的重要内容。

（四）提高运营效率

PPP 提高运营效率主要表现在降低公共服务与设施的运营成本，以及通过采用新型运作方法提高公共部门业绩，为大众提供更好的服务这两个方面。PPP 理论认为，以一个囊括设计、建造和运营维护等一揽子合同的形式赋予私营部门一定的控制力，并将成本超支和工程延期的风险转移给私人部门，有利于在基础设施采购中引入激励机制，提高效率。成本控制能力来源于他们在项目管理、全寿命周期运营维护等方面的专业技术，同时私营部门能够避免公共部门常犯的诸如"形象工程"、"过度建设"等错误，以及由此形成的成本放大。一般认为，政府公共管理能力的缺乏，以及由于公共服务效率低下所遭受的公众压力是其采取 PPP 的主要动力。例如，在南非德班市，政府认识到很多现实问题仅依靠传统管理机构的能力无法得到很好解决，从而形成了与私人部门"相互合作，共同发展"这一理念，共同组建城市发展的 PPP 机构——"德班经济增长联合体"，对提升德班城市地位和全球知名度产生了积极作用（Houghton，2011）。

（五）实现缩减政府债务等多重功能

巨额财政赤字导致的政府债务压力是公共部门实施民营化或采取 PPP 最主要的驱动力（Maskin and Tirole，2008），特别是对于大型城市基础设施建设工程，通过采取 PPP 方式，政府避免自身必须投入高额的首期资金，而代之以此后多年的分期返还。实证研究也发现，PPP 在政府正遭受沉重债务负担的那些国家中采用得更加普遍（Hammami et al，2006）。此外，PPP 还具有多重其他功能，比如，投入高技能人才以确保高效运作并符合环保要求，从而提高了环保能力；投资项目更可能按照预算及时完成；在某些私有化出现问题的情况下，通过 PPP 缓解公众的反对情绪，更加顺利地提供公共服务；在国内外形势急遽变化的情况下，借助 PPP 的多样性、灵活性及时克服可能出现的困难情形（Hajer and Wagenaar，

2003),等等。

三、PPP 的风险与机构内在组织文化冲突

尽管 PPP 被认为是一种公共服务与基础设施项目融资的创新性工具，具有多方面优势，但基于其自身特点，在实施的整个生命周期内都存在一定的风险和组织文化冲突。虽然这些风险和冲突可以被控制、转移、降低或者承受，但却不容忽视。

(一) PPP 的风险类别及风险转移与风险分担

1. PPP 的风险分类

学者们从不同角度对 PPP 风险进行了多种分类，主要有：

(1) 两分法。莫纳和史密斯 (Merna and Smith, 1996) 将 PPP 风险分为整体风险和要素风险，前者指通常包含在项目协议中的风险，包括政治、法规、商业和环境风险；后者则是指与建设、运营、金融、项目创收等与项目构成有关的风险。

(2) 三分法。米勒和莱萨德 (Miller and Lessard, 2001) 将风险分为市场类、完成类和制度类 3 种风险，市场类风险源于产生收入的市场和金融市场，完成类风险源自技术设计和应用、建设费用超支、时间拖延及运营问题等，制度风险源于法律法规、政府重议合同等。李等 (Li et al., 2005) 将 PPP 风险分为宏观、中观、微观三种。其中，宏观风险包括政治、经济、法律、社会和自然风险；中观风险分为项目选择、项目融资、剩余风险设计、施工和运营风险，其中剩余风险设计包括项目批文及许可证拖延、设计缺陷、未经证实的项目技术等；微观风险分为关系风险和第三方风险，其中关系风险包括组织协调、缺乏经验、缺乏分配和责任等，第三方风险包括承诺、侵权、员工危机等。

2. 风险转移

尽管 PPP 可以适当转移和合理分担风险，但就风险转移而言，首要难题是公共基础设施存在"太大以至于不能倒闭"的综合征问题，项目

失败时的"兜底"风险只能由政府承担。同时，由于政府可能缺乏可供比较的项目相关成本数据，在风险溢价、折现率确定等方面均存在一些缺陷（Sawyer，2010）。

由于公共部门的风险转移产生成本或风险溢价，因而 PPP 合同的事前成本可能高于传统公共采购方式。布兰克 – 布鲁德等（Blanc – Brude et al.，2007）对一个多方投资组合的欧洲公路项目实证分析发现，PPP 项目的事前成本比传统采购方式高出约 24%，这种差异代表着该项目以较高的前期投资来实现运营阶段成本的节约，以及项目风险转移给私营部门的代价；此外，也包括许多更现实的因素，例如承包商较高的投标成本或者 PPP 市场有限竞争的影响。

因此，爱德华兹和肖尔（Edwards and Shaoul，2002）得出结论认为，不论项目成功与否，基于理性人假设的 PPP 风险转移概念是有问题的。如果项目是成功的，公共部门支付的费用可能超过了传统采购方式；而如果项目不成功，则风险和成本的分散不以人的意志为转移。因此，公共受托责任是模糊的。

3. 风险分担

风险分担方面，行政当局的困境在于如何处理任何一方都不能控制的风险。众所周知，建造成本的变动幅度很大，取决于时间、地点、环境和标准规范。同样，要获取传统融资项目的资金成本进行比较也绝非易事（Lissauer and Robinson，2001）。并且由于各参与方对风险的认知程度不同，从而给风险分担带来了很大困难。托马斯等（Thomas et al.，2003）关于一项印度公路 BOT 项目的风险分担研究显示，由于项目参与各方对风险的感知程度不尽相同，造成风险分担原则在实际操作时常常不被重视。

而且由于政府急于摆脱沉重债务负担或者能力所限，可能使得政府忽视或难以设计一份适当激励的 PPP 合同。政府为吸引投资，倾向于采取过于慷慨的承诺以降低私人部门的收入风险，从而容易导致合同再谈判并降低对成本的激励作用。这种类似于"预算软约束"的政府承诺削弱了 PPP 风险分担机制的优势，甚至导致 PPP 关系不可维持的结果（Guasch and Straub，2006）。特别是对于发展中国家，由于公共资金的影子成本较高，加之行政腐败，私人部门有可能借助公私合作这一杠杆来攫取公共资金以最大化自身利益，从而使得风险溢价太高（Sagalyn，2007）。而在实

第九章 公私合作伙伴关系（PPP）研究的新进展

际项目中，大家普遍认为合作方中的公共一方承担了更大的风险和成本，在公众问责制和社会公平等问题中，私人部门都扮演着"靠边站"的角色，使人质疑 PPP 是否会导致民主化进程倒退（Mullin, 2003；Koppenjan, 2005；Sagalyn, 2007）。

此外，也有学者基于抽样调查（Li et al., 2005）、博弈模型（Hurst and Reeves, 2004；Medda, 2007），以及贝叶斯方法（Li et al., 2009）探讨公私部门之间的最优风险分配问题。但上述方法均存在一定缺陷：实证统计能够了解实际 PPP 项目的风险分担偏好，但并不代表这种偏好就是最优风险分担比例；而应用博弈等数学模型虽然能够计算出最优风险分担比例，但由于数学模型一般都有严格的假设前提，而 PPP 项目的风险多种多样，约束条件千差万别，如果不能很好地拟合假设条件与现实的差距，则结果的准确性可能要大打折扣。

（二）PPP 中公私组织文化差异冲突

PPP 合作伙伴的利益冲突会导致相互间的误解、冲突甚至是项目失败，而这种误解和冲突很大程度上是由公私组织的文化差异所导致，从而妨碍公私合作伙伴关系的持续发展（Buhl and Meier, 2011）。这种组织文化差异主要包括：

1. 不同的组织规范

在组织规范方面，公共部门的核心规范是为公众提供服务，而私人部门则将为股东赚取利益作为其核心目标。公共行政工作依据行政法律规范和宪法程序进行，行政计划不易改变，例如在一个固定期限内的财政预算。而私人部门则只是在会计账目记录其业务流程以供审计，并且他们在短时间内就可以改变预算的不同用途。

2. 不同的价值观

在价值观方面，公共行政需要权衡所有利益相关者的利益分歧，通过充分的行政程序，致力于达成一致目标，以保证行政的合法性。其雇员主要致力于建立一个稳定的工作环境，熟练完成公共管理工作，并享受天伦之乐的清闲生活。而私人部门雇员专注于职业发展机会和金钱的满足，其工作目标主要与其负责的商业任务性质相关。凯恩和莱赫托（Tynkkynen and Lehto, 2009）则将共同的价值观和相互关系列为影响 PPP 的三项先决条件之一，另两项分别为互惠互利、更广泛的社会背景。

3. 不同的思维方式

在 PPP 中，公私双方雇员共存于一体，起初由于各自未能换位思考，况且也不可能马上掌握对方的思维方式，因而往往疑惑为什么合作伙伴要这么做，从而产生组织文化冲突，增加双方沟通、合作的交易成本。这就需要双方逐渐熟悉、适应对方规则和心态，否则组织文化冲突导致的连续误解和冲突，将阻碍在相互理解和信任基础上建立可持续的合作伙伴关系（Jost et al., 2005）。另有研究表明，如果参与各方早期没有交流，则无法丰富项目内容和形成共同信任，公私双方无法达成共识，这种无效的市场磋商最后只能导致谈判中断（Koppenjan, 2005）。在一些成功的 PPP 案例中，领导力、良好的沟通、对各自角色的良好把握，以及合作各方对对方的高度认可都是重要的内部管理措施（Houghton, 2011）。

4. 不同的知识基础

在知识基础方面，公共方往往不太熟悉公共基础服务中的成本与收益分析，而私人方也对合法行政过程的复杂性和要求知之甚少（Marschollek and Beck, 2012）。

四、PPP 绩效的实证检验

（一）PPP 绩效的判别标准

在英国公共部门，资金使用价值（VFM）已成为对 PPP 合同效果判别并进行合法化拓展使用的一个关键因素（Broadbent and Laughlin, 2005）。当 PFI 的贴现现金流少于公共部门的比较基准（PSC）时，就被认为达到了资金使用价值或"物有所值"（VFM）。而 VFM 的测量涉及对未来现金流量的测算、折现率确定和有效风险转移（Demirag and Khadaroo, 2011）。由于 PPP 的价值评价不但包括经济方面，还包括社会价值，因而需要综合考虑，但基本方法还应该是基于市场的成本收益分析，即以市场为中心,结合广泛的社会估值,进行综合性成本收益分析(Scott,2009)。

(二) PPP 绩效

在实践中,PPP 的具体表现各不相同,对其绩效的评价也引发不少争议,学者们对此进行了大量实证检验,并得出了不同结论。

1. PPP 具有较高绩效

相当一部分研究认为,PPP 方式具有较高绩效。比如,作为关于 PFI 被引用最多的文章,安德森和 LSE 公司(Andersen and LSE Enterprise,2000)对 29 个项目的估算结果显示,相比传统的计划成本,PPP 实际成本节约了 17%。英国国家审计局调查也显示,81% 的政府当局积极看待 PPP 创造的经济价值,只有 19% 的管理者认为 PPP 创造的价值微不足道 (15%) 或很少 (4%) (National Audit Office, 2001)。其他一些研究比较了 PPP 混合所有制企业与完全公有制企业的经济绩效差异,也证实了包含私人股东的企业与完全公有制企业相比较,具有更高的盈利能力和效率 (Bortolotti et al., 2007; Bognetti and Robotti, 2007; Bel and Fageda, 2010)。

马苏德和费德勒(Massoud and EL-Fadel, 2002)以一项关于黎巴嫩贝鲁特生活垃圾处理服务的 PPP 项目为例研究指出,绝大部分受访官员都认为 PPP 带来了高效性和彻底性,虽然新的服务也带来了一系列相关问题。接受调查的市民普遍了解并且大多数认为新服务比之前市政当局提供的服务要好。PPP 不仅提高了效率,而且增强了环保性。

伦德-汤姆森(Lund-Thomsen, 2009)以巴基斯坦卡苏尔制革污染控制项目为例的实证分析也发现,在世界自然保护联盟、联合国工业发展组织、联合国开发计划署和挪威国际合作署等环境非政府组织,以及大量卡苏尔公民的共同努力下,公私各方最终形成减污处理项目的成本分担机制(自愿捐款中皮革厂占 50%,旁泽普省政府占 20%,卡苏尔区政府占 15% 和卡苏尔乡政府占 15%),使得卡苏尔制革污染控制项目总体取得了多赢的结果,显示了 PPP 在处理公共基础设施问题方面的优势。

以上这些结果与经典经济理论(代理理论、所有权理论和公共选择理论)的分析是一致的,也证实了一些管理学者关于 PPP 优越性的观点 (Bovaird, 2004)。这意味着 PPP 的优势(如专业技术改善、管理独立性改善、更加重视经济绩效的控制等）胜过其劣势（管理复杂性、公私双方冲突等）（Nisar，2007）。

PPP 带来的绩效提高，究竟是事前国有企业重组的结果，还是 PPP 方式提高合营企业绩效的结果，学者们并未取得一致共识。比如，德温特等（Dewentert and Malatesta，2001）认为，国有企业在 PPP 前通过重组使盈利能力变强。麦金森等（Megginson et al.，2004）也指出，政府倾向于在公开资本市场出售盈利能力更强的企业，而在不透明私人市场出售盈利能力较差的企业。然而，尼萨尔（Nisar，2007）的实证分析则得出了相反结论，他指出，PPP 前的企业正好是那些业绩更差的企业，是 PPP 使合营企业的绩效得以提高。

2. PPP 低效或无效

也有不少实证研究认为 PPP 是低效或无效的，从而各界对于 PPP 是否只是私有化的一种变形、是否会损害公众利益、是否会成为公共基础设施提供的主要方式、是否会缺乏竞争从而缺乏激励等方面充满了疑虑和担心（Darrin Grimsey and Mervyn K. Lewis，2008）。

博德曼和维宁（Boardman and Vining，1989）比较了竞争环境中私有、国有与混合所有制三种企业的绩效认为，混合所有制企业绩效不如纯国有企业，这可能是由于公有股东与私人股东之间的冲突造成的。另有研究认为，PPP 的租赁购买融资协议比传统债权融资的代价更高，既浪费又有风险（Bloomfield et al.，1998），PPP 项目几乎摧毁了所有参与者——包括市长、地方议会和居民，令人失望（Greve，2003）。在法国，PPP 下的供水价格与传统公共采购方式相比提高了（Chong et al.，2006）。

另有研究认为，PPP 可以提高绩效的实证分析是由于样本选择性偏差导致的：如果选择原本就表现出色的企业进行 PPP，结果绩效表现好也是理所当然（Frydman et al.，1999）；政府采取"靓女先嫁"方式目的在于使私有化变得"好看"（Megginson et al.，2004）；其他实证研究发现，在私有化前 10 年到私有化后 5 年这段时间内，企业盈利能力呈现倒"U"型：在私有化前有一个盈利最高点。由于国有企业在私有化前盈利能力就已经变强，所以业绩改善不能归结于所有权的变化（Dewentert and Malatesta，2001）。

此外，实证研究还认为，PPP 并不适合技术、需求等变化快速的部门。在发展中国家，PPP 实际效果并不乐观。在拉丁美洲国家，PPP 的再谈判事例非常普遍，并且政府违背承诺的事情也时有发生。在中东欧地区，需求预测失误和交易成本过高也导致 PPP 项目非常不成功（Brench et al. , 2005）。

五、提升 PPP 绩效的对策建议

PPP 实施国家或地区不同的制度条件、合作中公私双方冲突程度及其化解、风险处理的合理性、合作企业的微观管理有效性，以及公共部门是否发挥了有效的作用等，都决定了在实践中能否成功地实施 PPP 项目。为此，要提升 PPP 绩效，就需要做到：

（一）进一步完善 PPP 实施的制度条件

不同国家民营化效果差异较大的主要原因在于各国制度条件的差异，这已成为学界的共识。因此，从世界范围来看，制度条件不良也是导致 PPP 南橘北枳的主要原因。PPP 作为一种受政治、法律、行政、市场、社会、大众等多种因素制约并影响的公共服务与设施提供机制，制度条件的作用更加明显，尤其是社会经济环境、管制架构、不同部门的特征等具体条件（Monteduro，2012）。因而要为 PPP 的成功实施创造良好的制度条件，主要包括两方面相辅相成的内容：一是制度应具有内在激励性，并由此形成动力可以持久地提高产品的生产数量和质量；二是制度应具有内在的节约交易成本的作用，特别是在外部性普遍存在的现代经济中，降低整个社会的交易成本具有特别重要的意义（Darrin Grimsey and Mervyn K. Lewis，2008）。

（二）协调 PPP 中公私组织文化冲突

PPP 双方应认识到组织文化冲突的负面作用，意识到如不采取包容性的措施将无法解决文化冲突问题（Hajer and Wagenaar，2003）。双方需要发挥互补性优势，特别是发展一种有效方法，建立共同的目标，塑造基于相互信任、理解和信守承诺的共同文化（Van Marrewijk et al. , 2008）。要减少由于行事逻辑不同而产生的持续性误解和冲突来建立良好的合作伙伴关系，双方需要通过努力，逐渐理解和欣赏对方的组织规范、思维方式和知识基础。首先，需要双方开诚布公、尽快了解对方的相关基本信息。要通过信息服务和定期会议确保双方了解其共同目标和合资项目公司的新发展，通过频繁的董事会促进相互信任，通过知识基础积累、价值观交流，以及相应的组织行为解释，不断调整和建立公司常规，逐步减少最初的误解和冲突。其次，在理解双方行事逻辑并认可谈判目标的基础上，形成一个协作模式，逐渐建立双方的相互理解、相互信任，并明确各自的职责，以及融合行政、政治和商业等不同角度的成功标准。最后，尽管双方日渐熟悉，日常协作已不成问题，但由于双方利益并不一致，所以在关键问题的谈判中妥协仍然十分必要。此外，PPP经理要了解和指导公私组织文化间的差异，使大家认识到组织间合作的一个至关重要的环境就是承认组织文化的差异，通过公开交换意见及权衡期望来实现目标，预防误解和期望错位（Marschollek and Beck，2012）。

（三）进行合理的风险转移和风险分担

总结起来，合理的风险转移和风险分担应遵循以下原则：将风险转移或分配给更有控制能力或控制风险成本较低的一方，承担的风险程度与风险回报相匹配，承担的风险依据承担能力要设定上限。公私双方可针对项目实际，依据自身优势进行风险分担。私人部门在管理与经济决策相关的商业风险方面具有优势，尽管这些风险涉及一些难以量化的社会价值，而公共治理领域的有关风险则最好由政府部门承担，其他如与公众感知等相关的风险则需要由双方共同承担（Chung et al.，2010）。如果风险分担合理，就可以减少政府当局购买新资产和服务的整体风险。同时，政府可以借助向私人部门付费的支付机制及特定的合同条款来降低风险，例如在监狱服务方面，如果出现了囚犯越狱等情况，除支付机制之外，私人部门还将受到合同设计的特定惩罚（Nisar，2007）。此外，由于PPP项目的特殊性，政府承担项目失败时的"兜底"风险，因而公共采购方必须关注私人部门的风险承受能力，而非只看谁的要价最低或出价最高（Darrin Grimsey and Mervyn K. Lewis，2008）。

（四）注重合作企业的微观管理

由于存在组织文化冲突、风险转移及具体项目管理复杂性等多项挑战，所以PPP合作企业的内部管理也是至关重要的。实际上，对合作企业的负面评价,很多就是基于管理的角度(Grossi,2007)。鲍法德(Bovaird,2004)总结了 PPP 可行的三条主要理由,即知识和专门技能融合、管理独立性提高、更关注经济绩效,强调了管理独立性对 PPP 绩效的重要性。但管理独立性提高并不代表管理能力能够胜任 PPP 的挑战。实际上,很多时候正是组织文化冲突等内部具体管理失败导致了 PPP 失败,但学术界对此却缺乏深入探讨。现存文献通常是在宏观的社会或组织标准下检验 PPP,却极少深入了解其内部组织关系和过程控制的管理,缺少微观管理分析和特定阶段分析(Noble and Jones,2006)。因此,需要更加关注合作企业的微观管理,提高 PPP 过程的质量和有效性(Koppenjan,2005)。比如,由于 PPP 公私双方长期合作形成的低交易成本,以及 PPP 项目初始竞争的赢家由于在专业技能、与公共部门关系等方面发生"根本性的转变",从而使其在合同续约阶段比潜在投标者更有优势,因而最初竞标设计十分重要(Staropoli and Yvrande – Billon,2009)。

(五) 发挥公共部门的重要作用

PPP 之所以取代完全私有化成为公共服务和基础设施提供的新潮流,成为新公共管理的重要内容,就在于公共部门在与私人部门的密切合作中,能够更加了解提高公共服务效率的相关知识,并结合自身责任,参与公共服务供给,实现效率与公平双重目标。因此,公共部门既不能成为"甩手掌柜",也不能成为"橡皮图章",而是应积极、主动参与其中,并在服务规划、质量控制等涉及公共利益方面发挥核心作用。特别是对于发展中国家,由于发展任务艰巨,亟须私人资本进入公共服务领域以促进发展,同时又由于国家和城市正在经历过渡时期,群体边缘化、贫困、公平和基本需求供给等问题比以往任何时候都突出,在这种情况下,PPP 机制绝不应削弱国家对发展、社会振兴的指导作用,相反应该通过引入更多机制使其得到加强(Houghton,2012)。

(六) 渐进式推进 PPP

中国经济转轨的成功经验之一在于转轨方式采取了渐进式,这一方式有效地避免了激进式转轨导致的"信息不足"和"信息超载"问题,通过改革积累出下一步改革的经验,通过增量推进存量效益提高,为经济持续发展开辟了道路。PPP方式作为一种新的公共治理方式,目前并未形成放之四海而皆准的具体模式,非常契合渐进式推进的适应条件。一方面,应总结相关国家、相关行业、相关项目的经验教训,以供具体应用参考;另一方面,应结合自身具体政治、法律、市场等制度条件,由易入难、由简入繁,逐步积累成功经验、扩大试点行业,找到多种适宜模式,推进PPP应用,实现公共基础设施和公共服务提供中效率与公平双赢的结果。

参考文献

1. Alfons van Marrewijk, Stewart R. Clegg, Tyrone S. Pitsis, Marcel Veenswijk, 2008, Managing Public-private Megaprojects: Paradoxes, Complexity, and Project Design, *International Journal of Project Management*, Vol. 26, Issue 6, pp. 591–600.

2. Bel G., X. Fageda, 2009, Factors Explaining Local Privatization: A Meta-regression Analysis, *Public Choice*, Vol. 139, Issue 1–2, pp. 105–119.

3. Bel, G., X. Fageda, 2010, Partial Privatisation in Local Services Delivery: An Empirical Analysis of the Choice of Mixed Firms, *Local Government Studies*, Vol. 36, Issue 1, pp. 129–149.

4. Blanc–Brude, F., Hugh Goldsmith, Timo Välilä, 2007, Public-private Partnerships in Europe: An Update, *Economic and Financial Report*, European Investment Bank, No. 2007/03.

5. Blanc–Brude, F., Hugh Goldsmith, Timo Välilä, 2009, A Comparison of Construction Contract Prices for Traditionally Procured Roads and Public–Private Partnerships, *Review of Industry Organization*, Vol. 35, Issue 1–2, pp. 19–40.

6. Bloomfield, P., David Westerling, Robert Carey, 1998, Innovation and Risks in a Public-private Partnership Financing and Construction of a Capital Project in Massachusetts, *Public Productivity and Review*, Vol. 21, Issue 4, pp. 460–471.

7. Boardman, A. E., A. R. Vining, 1989, Ownership and Performance in Competitive Environments: A Comparison of the Performance of Private, Mixed, and State-owned Enterprises, *Journal of Law and Economic*, Vol. 32, Issue 1, pp. 1–33.

8. Bognetti, G., L. Robotti, 2007, The Provision of Local Public Services Through Mixed Enterprises: The Italian Case, *Annals of Public and Cooperative Economics*, Vol. 78, Issue 3, pp. 415–437.

9. Bortolotti, B., Laura Pellizzola, Carlo Scarpa, 2007, Il Comune Azionista: Un'analisi Empirica Del Capitalismo Municipale in Italia, *Mercato Concorrenza Regole*, Vol. 9, Issue 3, pp. 535–568.

10. Bovaird T., 2004, Public-private Partnerships: From Contested Concepts to Prevalent

Practice, *International Review of Administrative Sciences*, Vol. 70, Issue 2, pp. 199 – 215.

11. Bovis C. , 2010, Public-private Partnerships in the 21st Century, *ERA Forum*, Vol. 11, Issue 3, pp. 379 – 398.

12. Andreas Brenck, Thorsten Beckers, Maria Heinrich, Christian von Hirschhausen, 2005, Public – Private Partnerships in New EU Member Countries of Central and Eastern Europe: An Economic Analysis with Case Studies from the Highway Sector, *EIB papers*, Vol. 10, Issue 2, pp. 83 – 111.

13. Bourn, J. , 2001, *Managing the Relations to Secure a Successful Partnership in PFI Projects*, A Report by the Comptroller and Auditor General, National Audit Office, London.

14. Brinkerhoff, J. M. , 2002, *Partnership for International Development – Rhetoric or Results*, Boulder: Lynne Rienner Publishers.

15. Broadbent, J. , R. Laughlin, 2005, The Role of PFI in the UK's Government's Modernisation Agenda, *Financial Accountability and Management Journal*, Vol. 21, Issue 1, pp. 75 – 97.

16. Buhl, H. U. , M. Meier, 2011, The Responsibility of Business and Information Systems Engineering in Large-scale IT Projects, Symptoms, Diagnosis, and Therapy, *Business & Information Systems Engineering*, Vol. 3, Issue 2, pp. 61 – 64.

17. Cappellaro, G. , F. Longo, 2011, Institutional Public Private Partnerships for Core Health Services: Evidence From Italy, *BMC Health Services Research*, Vol. 11, Issue 1, pp. 82 – 89.

18. The Canadian Council for Public – Private Partnerships, 2001, 100 *Projects: Selected Public – Private Partnerships across Canada*, Canadian Council for Public – Private Partnerships.

19. Eshien Chong, Freddy Huet, Stéphane Saussier, Faye Steiner, 2006, Public – Private Partnerships and Prices: Evidence from Water Distribution in France, *Review of Industrial Organization*, Vol. 29, Issue 1, pp. 149 – 169.

20. Chung, D. , 2010, Toward the Betterment of Risk Allocation: Investigating Risk Perceptions of Australian Stakeholder Groups to Public – Private – Partnership Toll Road Projects, *Research in Transportation Economics*, Vol. 30, Issue 1, pp. 43 – 55.

21. Demirag, I. , I. Khadaroo, 2011, Accountability and Value for Money: A Theoretical Framework For the Relationship in Public-private Partnerships, *Journal of Management and Governance*, Vol. 15, Issue 2, pp. 271 – 296.

22. Dewenter, K. L. , P. H. Malatesta, 2001, State-owned and Privately Owned Firms: An Empirical Analysis of Profitability, Leverage, and Labor Intensity, *The American Economic Review*, Vol. 91, Issue 1, pp. 320 – 334.

23. Edwards, P. , J. Shaoul, 2002, Partnerships: For Better, for Worse?, *Account

Audit Account, Vol. 16, Issue 3, pp. 397 – 421.

24. English L. M., 2007, Performance Audit of Australian Public Private Partnerships: Legitimising Government Policies or Providing Independent Oversight?, *Financial Accountability & Management*, Vol. 23, Issue 3, pp. 313 – 336.

25. Estache, A., Jean – Jacques Laffont, Xinzhu Zhang, 2006, Universal Service Obligations in LDCs: The Effect of Uniform Pricing on Infrastructure Access, *Journal of Public Economics*, Vol. 90, Issue 6 – 7, pp. 1155 – 1179.

26. Flyvbjerg, B., Nils Bruzelius, Werner Rothengatter, 2003, *Megaprojects and Risk: An Anatomy of Ambition*, Cambridge, UK: Cambridge University Press.

27. Frydman R., 1999, When Does Privatization Work? The Impact of Private Ownership on Corporate Performance in the Transition Economies, *Quarterly Journal of Economics*, Vol. 114, Issue 4, pp. 1153 – 1191.

28. Grims, D., MK. Lewis, 2002, Evaluating the Risks of Public Private Partnerships for Infrastructure Projects, *International Journal of Project Management*, Vol. 20, Issue 2, pp. 107 – 118.

29. Grossi G., 2007, Governance of Public-private Corporations in the Provision of Local Utilities in the Italian Case, *International Public Management Review*, Vol. 8, Issue 1, pp. 130 – 151.

30. Gregor Jost, Mark Dawson, David Shaw, 2005, Private Sector Consortia Working for a Public Sector Client-factors that Build Successful Relationship: lessons from the UK, *European Management Journal*, Vol. 23, Issue 3, pp. 336 – 350.

31. Greve C., Niels Ejersbo, 2003, When Public-private Partnerships Fail – The Extreme Case of the NPM-inspired Local Government of Farum in Denmark, *Oerias, Portugal: Paper for the EGPA Conference*, pp. 3 – 6.

32. Guasch, J., L., S. Straub, 2006, Renegotiation of Infrastructure Concessions: an Overview, *Annals of Public and Cooperative Economics*, Vol. 77, Issue 4, pp. 479 – 493.

33. Gupta N., 2005, Partial Privatization and Firm Performance, *Journal of Finance*, Vol. 60, Issue 2, pp. 987 – 1015.

34. Hajer M., H. Wagenaar, 2003, *Deliberative Policy Analysis: Understanding Governance in the Network Society*, Cambridge: Cambridge University Press.

35. Mona Hammami, Jean – Francois Ruhashyankiko, Etienne B. Yehoue, 2006, *Determinants of Public – Private Partnerships in Infrastructure*, International Monetary Fund working paper, wp/06/99.

36. Houghton, J., 2011, Negotiating the Global and the Local: Evaluating Development Through Public – Private Partnerships in Durban, South Africa, *Urban Forum*, Vol. 22, Issue 1, pp. 75 – 93.

37. Hurst, C., E. Reeves, 2004, An Economic Analysis of Ireland's First Public Private Partnership, *The International Journal of Public Sector Management*, Vol. 17, Issue 4 – 5, pp. 379 – 388.

38. Koppenjan, J. F. M., 2005, The Formation of Public-private Partnerships: Lessons from Nine Transportation Infrastructure Projects in the Netherlands, *Public Administration*, Vol. 83, Issue 1, pp. 135 – 157.

39. Li, B., 2005, The Allocation of Risk in PPP/PFI Construction Projects in the UK, *International Journal of Project Management*, Vol. 23, Issue 1, pp. 25 – 35.

40. Lissauer, R., P. Robinson, 2001, *A Learning Process: Public Private Partnerships in Education*, London: Institute for Public Policy Research.

41. Lund – Thomsen, P., 2009, Assessing the Impact of Public – Private Partnerships in the Global South: The Case of the Kasur Tanneries Pollution Control Project, *Journal of Business Ethics*, Vol. 90, Issue 1, pp. 57 – 78.

42. Marschollek O., R. Beck, 2012, Alignment of Divergent Organizational Cultures in IT Public – Private Partnerships, *Business & Information Systems Engineering*, Vol. 4, Issue 3, pp. 153 – 162.

43. Martinus P. A., Stephen O. Ogunlana, 2006, Good Project Governance for Proper Risk Allocation in Public-private Partnerships in Indonesia, *International Journal of Project Management*, Vol. 24, Issue 7, pp. 622 – 634.

44. Maskin E., J. Tirole, 2008, Public – Private Partnerships and Government Spending Limits, *International Journal of Industrial Organization*, Vol. 26, Issue 2, pp. 412 – 420.

45. Massoud, M., M. EL – Fadel, 2002, Public – Private Partnerships for Solid Waste Management Services, *Environmental Management*, Vol. 30, Issue 5, pp. 621 – 630.

46. Medda, F., 2007, A Game Theory Approach for the Allocation of Risks in Transport Public Private Partnerships, *International Journal of Project Management*, Vol. 25, Issue 2, pp. 213 – 218.

47. William L. Megginson, Robert C. Nash, Jeffry M. Netter, Annette B. Poulsen, 2004, The Choice of Private versus Public Capital Markets: Evidence from Privatizations, *Journal of Finance*, Vol. 59, Issue 6, pp. 2835 – 2870.

48. Merna., A., Smith N. J., 1996, Privately Financed Concession Contract, *Asia Law and Practice*, Vol. 1, pp. 64 – 78.

49. Miller, R., D. Lessard, 2001, *The Strategic Management of Large Engineering Projects: Shaping Risk*, Institution and Governance, Cambridge, MA: MIT Press.

50. Monteduro, F., 2012, Public-private Versus Public Ownership and Economic Performance: Evidence From Italian Local Utilities, *Journal of Management & Governance*, Vol. 18, Issue 1, pp. 1 – 21.

51. Muller M., 2003, Public-private Partnerships in Water: A South African Perspective on the Global Debate, *Journal of International Development*, Vol. 15, Issue 8, pp. 1115 – 1125.

52. Nisar T. M., 2007, Risk Management in Public – Private Partnership Contracts, *Public Organization Review*, Vol. 7, Issue 1, pp. 1 – 19.

53. Noble, G., R. Jones, 2006, The Role of Boundary-spanning Managers in the Establishment of Partnerships, *Public Administration*, Vol. 84, Issue 4, pp. 891 – 917.

54. Pollock A., D. Price, 2004, *Public Risk for Private Gain*? The Public Audit Implications of Risk Transfer and Private Finance, Unison, London.

55. Sagalyn L., 2007, Public/Private Development: Lessons from History, Research and Practice, *Journal of the American Planning Association*, Vol. 73, Issue 1, pp. 7 – 22.

56. Sawyer, M., 2010, Public Private Partnerships, The Levels of Public Investment and the New Member States, *Transition Studies Review*, Vol. 17, Issue 3, pp. 494 – 512.

57. Scott, J. T., 2009, Cost-benefit Analysis for Global Public-private Partnerships: An Ealuation of the Desirability of Intergovernmental Organizations Entering into Public-private Partnerships, *The Journal of Technology Transfer*, Vol. 34, Issue 6, pp. 525 – 559.

58. Smyth, H., A. Edkins, 2007, Relationship Management in the Management of PFI/PPP Projects in the UK, *International Journal of Project Management*, Vol. 25, Issue 3, pp. 232 – 240.

59. Staropoli, S., C. Staropoli, A. Yvrande – Billon, 2009, Public – Private Agreements, Institutions, and Competition: When Economic Theory Meets Facts, *Review of Industrial Organization*, Vol. 35, Issue 1 – 2, pp. 1 – 18.

60. LiYaning Tang, Qiping Shen, Eddie W. L. Cheng, 2009, A Review of Studies on Public Private Partnership Projects in the Construction Industry, *International Journal of Project Management*, Vol. 28, Issue 7, pp. 683 – 694.

61. Thomas, A. V., Satyanarayana N. Kalidindi, K. Ananthanarayanan, 2003, Risk Perception Analysis of BOT Road Project Participants in India, *Construction Management and Economics*, Vol. 21, Issue 4, pp. 393 – 407.

62. Tynkkynen, LK., J. Lehto, 2009, An Analysis of Ophthalmology Services in Finland-has the Time Come for a Public – Private Partnership?, *Health Research Policy and Systems*, Vol. 10, Issue 7, pp. 24 – 34.

63. Zayed, T. M., L. M. Chang, 2002, Prototype Model for Build-operate-transfer Risk Assessment, *Journal of Management in Engineering*, Vol. 18, Issue 1, pp. 7 – 16.

64. 格里姆赛、刘易斯，济邦咨询公司译：《公私合作伙伴关系：基础设施供给和项目融资的全球革命》，中国人民大学出版社 2008 年版。

65. 萨瓦斯：《民营化与公私部门的伙伴关系》（周志忍等译），中国人民大学出版社 2002 年版。

第十章 信息技术就业效应研究的新进展

自20世纪90年代以来，随着信息技术的不断发展以及对传统产业的渗透，信息技术的影响开始引起众多学者的关注。怀利尼尔斯和古琦（Wilenius and Kurki，2012）认为，肇始于2010年的第六次康德拉季耶夫周期是以智能技术作为第一驱动力的，而在这一过程中信息技术起着引领作用，它对就业的影响无处不在，这不仅体现在就业数量上，还反应在就业结构上。只有系统地梳理出这些影响，才有可能从促进就业的角度，制定出符合一国国情的信息技术发展政策。

一、信息技术对就业总量的影响

（一）创造性破坏论

劳动需求是一种引致性需求。传统理论担心技术进步会提升资本有机构成，压缩劳动需求，进而造成"技术吞噬就业"的现象。信息技术的迅速发展使信息传递速度和合作效率大幅提高，劳动生产率得以提升，完成等额的工作所需要的劳动力数量减少，这就是信息技术的就业缩减效应。托马斯和斯特凡（Thomas and Stefan，2004）利用德国雇主与雇员层面的面板数据发现，相较于未引进信息技术的企业来说，引进信息技术的企业的就业增长率较低，特别是对于低技能劳动者来说，就业率明显下降。他们将这归咎于信息技术的创造性破坏效应。类似地，莫雷诺（Moreno，2006）指出，多数新技术都是技术偏好型的，它们不仅会引致低技能工人失业，还会通过阶梯效应将这一结果传导给高技能工人，引起高技能工人失业，进而导致整体失业率攀升的局面。

另一方面，新技术的应用使大多数简单的工作流程被机器替代，旧产业市场份额缩小甚至消失，信息技术推动下的产业结构优化升级，必然造成结构性失业。正如很多学者所发现的，技术冲击显著侵蚀了企业对常规岗位工人的需求数量，减少了企业的人工活动（Autor et al., 2003；David, 2003；Alan, 2007；Maarten and Alan, 2007；Autor and David, 2008）。当然，信息技术也可以创造出一些新的岗位，但工人要实现与这些新岗位的匹配，还需要一个适应的过程，在这个过程中就会出现"就业时滞"和暂时性失业。

信息技术的创造性破坏效应还表现在加剧就业的不稳定性上。信息技术的更新速度快，这会进一步传导到劳动力的流动速度上，正如吕克（Luc, 2012）所指出，即便信息技术没有造成就业的显著减少，但无论是自愿型失业率，还是非自愿型失业率，波动方差都在显著提高，这意味着就业的稳定性在下降。

（二）就业增补论

如前所述，信息技术对就业的影响，并不完全表现在"破坏"上，它还有"创造性"的一面。有的学者甚至认为，其创造性的效应甚至会超过破坏性的效应，就业总量非但不会减少，反而可能会增加，这就是就业增补效应。

巴勒（Balleer, 2012）指出，信息技术的冲击并不是造成失业率攀升和就业稳定性下降的罪魁祸首，诱因是其他一些非技术方面的因素。他通过分析证明，失业率与生产率之间呈负相关关系，因此，即便信息技术会引致生产率提升，也不会造成失业率的增加，它应该减少才对。克里斯等（Chris et al., 2012）更是直截了当地指出，信息技术不仅不会减少就业量，还会对其产生正向影响。他的研究表明，在信息技术发达的国家，技术进步会带来更高的收入、更大的就业量和更高的人力资本。但在信息技术不发达的国家，这种影响就要模糊的多。他们通过定量分析发现，在信息技术发达的国家，信息技术研发投入对就业增长的贡献率要比信息技术不发达国家高出约2.7%。

就业增补论的论据通常来自两个维度，即企业规模的扩大和新岗位的创造。

就第一种效应而言，信息技术的发展降低了企业成本，提高了利润率，企业规模由此得以扩大，就业人数也得以扩张。不过，信息技术对不同企业利润率的影响并不是一致的。菲力浦等（Philippe et al.，2013）发现，引进信息技术后，小企业生产率的提高程度要远远大于大企业，就业吸收能力提高的程度也更大，它们成为信息技术发展过程中就业创造的主要载体。当然，也存在另一种可能性，那就是，信息技术本身提供了新的产品和服务形式，它从供给的角度改善了产品与服务的投放，激发出新的需求，进而导致产业规模的扩大。在这种情况下，大企业源于需求引导的优势，在就业创造方面可能会做出更大的贡献。

就第二种效应而言，新技术开发新产品、开辟新的生产服务领域和新产业，本身就会创造出许多新的就业岗位，一个典型的例子就是，网上交易平台催生了物流规划、快递员等岗位，它们在中国近年来新增就业岗位中占据了重要位置。以美国为代表的发达国家更是如此，新技术在摧毁一批旧岗位的同时，创造出了更多的新岗位。过去打一场官司需要十个律师，他们主要从事诉讼材料的整理，现在源于信息技术所带来的材料整理效率的提高，一场官司可能只要一个律师，表面上看，损失了九个律师岗位，但在这背后为了维护诉讼材料的数据库，可能需要增加十个程序员、五个网管和两个速递员，就业岗位的新陈代谢在加速，在这一过程中，就业总量非但没有减少，反而增加了。这或许可以解释，为什么与欧洲企业相比，率先发轫信息技术革命的美国企业存在"三高"现象，即在维持生产率高、利润率高的优势的同时，就业率也高（Bloom et al.，2012）。

也有学者认为，信息技术可以通过促进产业间的互补来促进就业增长，其中一个典型案例就是信息技术由于降低了产业间的沟通成本而促进了外包。朱利奥（Giulio，2012）发现，在信息技术发达的地区，更容易吸引具有补充性质的不同行业进驻，并通过合作与外包带来就业增量。尤科娃（Yushkova，2014）的研究则表明，全球化是信息技术促进经济发展的一个重要途径，信息技术的发展推动了外包的规模和范围，对外包接受国的就业总量产生了拉动作用。这些都可以视作信息技术所带来的就业增补效应，只不过，相对于其作用形式更为间接。

（三）折中的观点

信息技术对于就业的影响强度和方向视不同情况而定，很多学者从不同角度寻找这些控制因素并探究其作用路径。从信息技术发展的不同阶段来看，信息化的初期，基础设施的建设以及信息技术装备的投资往往带来就业的增加；发展中期，新技术从根本上改变现有生产工艺和技术装备，"摧毁了"一部分陈旧产品和技术水平落后的劳动岗位，就业缩减效应占主导地位；进入成熟期后，信息技术扩充了企业价值链，创造了新的产品和部门，就业增补效应占主导地位。

也有学者从技术发源地的角度出发，将技术冲击区分为整体技术冲击和单个部门的技术冲击，他们发现，多数部门的就业状况与整体技术冲击呈负向关系，与其本部门内部的技术冲击呈正向关系。这一结果暗示出其他部门的技术进步对本行业是不利的，只有当本行业内部发生技术进步并且这种进步领先于整个社会的平均水平时，其吸纳就业量才会增加（Kangwoo，2012）。

也有学者从劳动偏向型、技术偏向型和中性技术的角度出发，探究信息技术对就业总量的影响。法比奥等（Fabio et al.，2013）发现，中性技术冲击减少了就业（这主要源于离职率的增加），而技术偏向型技术进步扩大了就业（这主要源于技能劳动力与技术的互补作用）。总的来看，中性技术冲击导致的消极后果更为严重，因为降低的就业率需要一段时间才能重新吸收失业者。

还有一些学者从其他维度进行了比较分析，比如尤科娃（Yushkova，2014）依据国际贸易中的地位区分了不同国家和不同行业发现，信息技术对产品或服务出口国中高技术行业的就业量有促进作用，而对进口国中低技术行业的就业量有促进作用。

二、信息技术对就业结构的影响

（一）信息技术对不同国家间就业的结构影响

信息化加强了国际联系，特别是各国计算机和通信系统联网为全球社会分工提供了新的基础，国际一体化趋势得到加强。在国际分工体系形成过程中，跨国外包行为的产品和地域范围都不断扩大。在外包过程中，转移的并不只是全球价值链低端的工作流程或产品，往往还伴随着特定技术研发任务的转移,以此缩短研发地与应用地之间的距离,确保生产过程中的问题在产生之初就能从根源得到解决(Lanz et al.,2011)。不论如何,外包对不同参与国的就业产生了不同影响,外包国的就业减少,承包国增加,这是国家间分工加剧的必然结果。

在全球化时代,不同国家的企业都会参与到国际竞争中,竞争结果会进一步延伸到就业方面。在这一过程中,信息技术会产生不可或缺的作用,它可能会对企业的国际竞争优势乃至国家间的竞争优势产生重大影响。信息化水平逐渐成为衡量一国综合国力的重要指标,"信息穷国"与"信息富国"的分化正在加剧,贫富差距因信息技术的高低而扩大,这种不平等现象正在从地区之间扩散到国家之间(Chris et al.,2012;David,2013)。有人甚至以此来解释希腊财政危机,比如斯皮罗斯(Spyros,2013)认为,希腊企业在技术创新方面,尤其是信息技术创新方面的落后状况导致了它们在参与国际竞争时的被动地位,这进一步削弱了国家竞争力,并最终诱发了这场危机。在国际市场上,企业间的竞争地位乃至国家间的竞争地位,对各国劳动力市场会产生重大冲击,它除了会反应在就业总量上,还会在劳动力价格(即工资)上表现出来。"信息穷国"的低劳动生产率表现为工资收入在产值分配中的占比较高,这类企业在国际竞争中通常为"信息富国"高生产率的企业所挤垮,其就业不仅会破产,还会由于被那些低工资占比的企业所取代而带动全球劳动力对GDP的贡献率的下降(Petri and Mika,2012)。

(二)信息技术对不同产业间就业的结构影响

毋庸置疑,信息技术对不同行业的生产影响是不一样的,相应地,对它们的就业影响也会有所不同。这种异质性典型地表现在工业部门和服务业的比较上。相对于工业部门来说,服务业的沉淀成本少,采用信息技术的灵活性高,因此,接受速度要快于工业部门(Saeed and Wayne,2011)。从这个角度讲,服务业就业的受影响程度可能要高于工业部门。进一步,大卫(David,2013)比较了高技能和低技能工人在工业部门和服务业部门之间的流动性问题,他发现,随着工业部门自动化程度的不断加深,低技能工人只能被迫转向服务业工作,因为这些行业通常需要处理更多的人为事务,比如待人接物,这些是很难被自动化的。类似地,阿里尔(Ariell,2013)也指出,在服务业部门引入信息技术会对日常流程产生替代作用，低技能工人不得不转向无法用智能机器替代的岗位；而在生产部门，由于多数岗位均能自动化，所以低技能工人并不能像服务业部门那样有更多的岗位来周转回旋，他们只能被淘汰。不论是何种作用机理，似乎都可以看到信息化背景下高素质劳动力流入工业部门、低素质劳动力向服务业集聚的不对称现象。

大卫等（David et al., 2009）将产业间的研究视野进一步延伸到不同技术水平的部门间。他们按技术水平的高低将部门区分为高技术、中等技术、低技术三类，并注意到，在信息化不断深入的条件下，中等技术部门的劳动力正在大量消失，他们究竟去哪里了呢？他们的研究表明，高素质劳动力多流向了高技术部门，低素质的劳动力多流向了低技术部门，只有中等技术部门前后不沾。

康宇（Kangwoo, 2012）则从制度刚性的角度对不同产业进行了区分研究，结果发现，信息技术对不同产业的就业影响，主要取决于那些影响技术扩散速度以及就业的制度刚性的大小。显然，在那些制度相对灵活的行业里，信息技术对就业的影响要更大一些，其影响甚至会超过价格粘性等名义刚性。而在那些制度较为僵化的行业里，信息技术的影响就要小的多。

（三）信息技术对不同企业间就业的结构影响

根据制度经济学的相关理论，企业与市场是两种可以相互替代的资源配置的制度安排，规模小的企业将更依赖于市场机制来实现交易。随着信息技术发展，市场机制中的交易费用下降，这会对企业与市场之间的最优边界产生影响，并使更多交易从企业内部转向市场，进而使企业规模缩小。数据表明，1990~2004年，随着信息技术的渗透，法国、德国、英国、美国等四个国家的企业（拥有20个员工以上）的平均劳动力数量都显著下降了（Rosa and Hanoteau, 2012）。

换个角度讲，信息技术的引进也更有利于小企业的发展。对于同一个行业中不同规模的企业来说，信息的需求量是基本相同的，对产出量小的企业来说，其信息与产出的比值较大，即信息密集度高，获取信息的平均成本更低，因此更具竞争力。罗沙和汉诺托（Rosa and Hanoteau, 2012）验证了这个观点，他们发现，在信息技术背景下，规模小的企业生产率提高得更快，就业占比也显著提高。

（四）信息技术对企业内部不同层级间就业的结构影响

信息技术会对企业内部的组织结构产生重要影响。构建何种组织结构？高度依赖于信息系统的效率，引入信息技术后，企业内部的信息处理效率大大提升，它打破了传统层级制以及地理因素对信息传导的束缚，顺畅的直接沟通机制会使中间层级的重要性大大降低，所以中间管理岗位的就业会减少，而高层和基层的就业岗位会增加。但这也对员工技能提出了更高的要求，特别是对基层员工来说，吕克（Luc，2012）以法国为例研究发现，企业更多地会通过内部培训而不是外部引进的方式来解决低端劳动力的素质提升问题。

（五）信息技术对不同劳动者间就业的结构影响

一般认为，源于对信息技术的不适应性，信息技术的发展会对低技能劳动力产生明显的负向冲击，它既表现为失业率的增加也表现为相对工资的减少，从而导致这部分人本来就不高的福利水平更低（Janet，2012；Jin Li，2013；David，2003；Thomas and Stefan，2004）。在发展中国家中，此类劳动力占总的劳动力数量的比重非常大，关注他们的就业及福利影响，具有重要的经济和社会意义。

索达诺（Sodano，2011）分析了信息技术对不同性别劳动力的就业影响差异，结果发现，信息技术推动了全球化，在此情形下，劳动力的竞争会变得更为充分，企业对劳动力的选择范围也变得更为宽广（比如外包劳动力的加入），很多企业出于多种因素的考虑而更倾向于雇佣男性工人，男女收入差距不断扩大，传统的对女性的职业歧视和工资歧视随着全球分工的深化而变得更加严重。此外，信息技术所催生的临时工市场和家庭劳动力市场使妇女的处境进一步恶化。

大卫等（David et al.，2009）进一步考察了信息技术对不同年龄以及不同受教育程度劳动力的就业影响差异，他们发现，信息技术的发展会使常规工作减少，年纪大的工人更愿意留下来，而年龄较小的工作者更倾向于离开。所以，对后者而言，工作的流动性会加大。至于不同的受教育程度，大卫等（2009）研究发现，由于对新技能的不适应性，几乎所有低于大学学历的工人都转移到低技能的工作中，而在具有大学学历的工人中，越年轻则越容易从事高技能、非常规的工作。

工资结构是就业结构的一个重要组成部分。总体来看，信息技术使工资分配更加不平等。李（Li，2013）发现，信息技术的技能偏向型特征使企业对高技能工人的需求上升，进而使他们的工资租（Wage Premium）提高。丹尼尔（Daniel，2011）加入了外包因素来进一步考察这一问题发现，当外包供应商为低技术密集型的工厂时，低技能工人的相对工资会上升，当这个工资效应超过外包效应时，所有工厂倾向于用高技能工人替代低技能工人，从而导致低技能工人失业及外包企业竞争力的增强。若外包供应商为高技术密集型的工厂则会产生相反的结果。

三、信息技术的就业传导机制

（一）生产率渠道

众所周知，"技术吞噬就业"论的一个核心依据就是生产率提升，这也是它影响就业的第一类传导机制。诸多研究表明，在发达国家，信息技术对生产率的提升发挥了至关重要的作用（Saeed and Wayne，2011），但在发展中国家，情况究竟如何呢？利利亚娜（Ljiljana，2012）通过对多个国家的样本（既包括发达国家也包括发展中国家）进行对比研究后发现，信息技术对于发展中国家劳动生产率的提高也具有显著的作用，它对生产率提高的贡献率与发达国家几乎相等。但也有学者对这一结论提出质疑，他们认为，发达国家与发展中国家信息技术发展水平不同，后者对于新技术的应用与维护能力都远远落后于前者，因此信息技术对发展中国家生产率的贡献应该不如发达国家那么强（Chris et al.，2012）。

与其他影响生产率的因素相比，信息技术对于生产率的影响机制更特殊。它不仅通过信息技术本身的应用来提高生产率，更会通过溢出效应这一间接方式来实现，比如，知识的扩散、商业模式的改进以及人力资本的提高等（Ljiljana，2012）。施塔姆（Sattam，2012）通过对多个阿拉伯国家钾肥公司知识管理流程的研究发现，信息技术的应用可以提高工作速度，使企业更为及时地获得相关信息，它可以解释知识管理流程效率提升的48.7%。同时，施塔姆（2012）发现，信息技术对于提高雇员的工作满意度发挥了积极作用,这也有利于提高生产率。

安等(Ann et al.,2007)通过对美国212家公司的数据进行研究,总结出信息技术提高劳动生产率的三个作用机制:(1)信息技术缩短了产品的生命周期,促使企业改变策略,生产更多针对特定消费者的产品,而不是生产同质性的产品。(2)信息技术缩短了所有生产流程的启动时间、运行时间以及检查时间,从而大幅度提高了生产效率。他特别强调了它对缩短启动时间的作用,因为这使企业从一种产品转换到另一种产品的成本降低,从而更容易生产出定制化产品。(3)信息技术的引进要求企业增加人力资本,雇佣更多高技能的操作员,这些人通过解决新的问题、迅速的学习新知识以及操作新机器带来了生产率的提升。

信息技术对于生产率的提高并不是绝对的,其效果受到一系列因素的影响。焕(Hwan,2012)通过对韩国企业引进信息技术后生产率的变化情况进行研究后发现,尽管信息技术对于生产率的提高有一定的贡献,但这种贡献仅由通信技术本身来实现,而缺乏通信环节与其他环节的协同作用,这也就意味着,信息技术的作用潜力并没有被充分地挖掘出来。他提倡的协同包括多维度系统,比如,人力资本的协同,这一观点得到了多数学者的支持(Bresnahan et al.,2002;Ljiljana,2012;Luc,2012)。人们普遍认为,人力资本包括较高的教育水平以及先进的研发实力等,信息技术与企业人力资本之间是相互促进的关系,先进的技术需要更多的高技术人才,而人力资本的提升又进一步扩大企业引进新技术的空间。

焕(Hwan,2011)进一步认为,信息技术是否一定能促进生产率提升,还取决于很多其他因素,特别是在国际竞争背景下产业层面的因素。他在对12个欧盟国家的生产性服务业进行研究后发现,信息技术推动了全球范围内的服务业专业化分工,但它对各国生产率的影响是不确定的,一个国家只有在技术密集型生产性服务行业具有绝对优势时,其生产率才会随着专业化程度的加深而提高。而在其他情形下,生产率未必能得到提升。

珍妮特(Janet,2012)则从不同工作岗位的维度,探讨了信息技术对生产率的作用差异。她发现,引入信息技术后,部分岗位如文秘对工作的认知及分析技能显著改善,这一变化成为提高生产率的一个源泉。但对其他一些岗位如研发或者管理岗位来说,这种影响并不显著。

（二）竞争力渠道

信息技术促进就业论的一个核心论据在于，它提高了企业的竞争力，并使其生产规模得以扩张，就业得以扩大。那么，信息技术究竟会通过哪些渠道来强化企业的竞争力呢？概括一下，大致有如下三个层面的渠道，它们由内到外，由紧到松，逐级排列。

一是信息技术强化了企业内部的资源整合效率，通过优化管理带动了竞争力的提升。尤科娃（2014）将这概括为交易费用较低，它主要体现在四个方面：（1）信息通信技术提高了市场透明度，降低了雇主与员工之间的搜寻－匹配成本；（2）信息通信技术使内部沟通更为便捷顺畅，降低了领导和管理的组织成本；（3）信息技术通过数字化提高了物流效率，降低了运输成本；（4）信息通信技术可以节省传送时间，提高了员工的时间管理效率。内部资源整合结果的一个重要表现就是创新的效率，在这一方面，信息技术可以提升企业产品创新和流程创新，并创造出更多的就业岗位和新的就业类型。斯皮罗斯（Spyros，2013）对此进行了研究，他将信息技术细分为内部信息系统、电子销售和电子采购，并分别探究了它们对创新的影响，发现内部信息系统对于企业产品和流程创新具有正向影响，电子销售对于流程创新有正向影响。

二是源于交易费用的降低，信息技术促进了企业的外部并购，并将资源整合的范围从传统的企业内部转向更大的范围，其中，最为典型的形式就是水平多元化和垂直一体化。水平多元化使企业涉足更多的产品或服务领域，通过范围经济性来提高竞争力，并增加了新的利润增长点。而垂直一体化则通过强化企业对上下游产业的控制来降低成本、提高竞争力和市场势力。不论何种形式，信息技术的作用都是直接的（Serge，2011；Benjamin，2012）。有些学者进一步研究了在何种条件下信息技术会促使企业采取水平多元化的形式，在何种条件下它们又倾向于采纳垂直一体化的形式。吴和刘（Wu and Liu，2011）研究发现，在信息技术发展的初期，往往会促使企业的业务范围扩大，专业化程度降低，水平多元化的程度提高；但在发展的后期，信息技术的成熟导致企业交易成本的不断降低以及交易效率不断提高，垂直一体化得到加强。因此，从长远角度来看，信息技术的发展最终会导致垂直一体化程度的加深。雷等（Ray et al.，2013）从企业规模的角度出发研究发现，信息技术的发展将促进资本规模较小的企业垂直分工深化以及其产品市场专业化程度提高，从而达到规模经济；而对于规模较大的企业来说，则会拓宽其资源整合的范围并带动水平多元化。

三是信息技术促进了企业将资源整合的范围进一步拓宽到没有产权关系的其他外部企业，其中尤以企业联盟和供应链管理为代表。我们知道，上面所讲述的水平多元化和垂直一体化，都是以产权为纽带的，属于紧密型合作，而企业联盟和供应链管理并不涉及产权关系，属于松散型联合，也正因为如此，整合的范围更灵活，空间范围更大，一旦利用好，对企业竞争力的贡献潜力更大。信息技术恰可以充当这一类联合的催化剂。阿里等（Ali et al., 2013）研究表明，信息技术降低了企业与企业之间的沟通成本，并使合作形式变得更为灵活可行，企业与企业间的合作联盟得以发展。开放的通信标准对公平交易联盟、合作联盟与合资联盟三种联盟形式的绩效产生影响，并使联盟的价值得以提升。至于供应链管理，则更是如此。自克里斯托弗提出供应链管理概念以来，它已被视作今天企业提升竞争力的最为有效的途径。信息技术有利于将企业与上下游供应链的节点企业有效整合起来，借助于它们的力量来强化自身实力。沃尔玛通过商用卫星，以产品上的无线射频代码为中介，将自己与各供应商紧密地联系起来，通过信息流的一体化，从根本上颠覆了传统的订货流程，从过去给供应商下订单变为今天供应商自己给自己下订单，这一改进极大地提高了采购效率和物流效率，并真正实现了零库存，为在激烈的零售市场上赢得成本优势奠定了基础。关于这一方面的内容，薛（Xue, 2013）等进行了相应的研究。实践中，信息技术所诱发的供应链管理绩效已得到多数研究的验证（如 Kristina, 2012），人们一般将其作用机制分为信息流、物流和资金流的一体化。丹尼尔和简（Daniel and Jan, 2012）针对物流与信息流之间的关系做了大量研究，发现物流和信息流的整合为企业绩效的提高做出重大贡献，而物流整合又需要信息流整合作为支撑，所以信息流整合是核心。简而言之，不管是哪一"流"，都要靠信息共享作为纽带，信息技术是基础。这也是为什么在信息技术崛起的20世纪80年代中期之后供应链管理的概念才开始发轫并逐渐流行起来的原因。

（三）创新性渠道

熊彼特"创造性破坏"的基本理论是：创新是不断地从内部来革新

结构，即不断破坏旧的结构并创造新的结构。将这一理论应用于信息技术的就业影响上，那就是，信息进步不仅可以改造传统产业，促进企业重新构筑其外部关系，并用包括相关实体的电子价值网络代替传统的从供方到客户的手工劳动价值链，形成新型的企业，而且可以通过创造新产品、新机器等催生出一系列新兴产业部门，创造就业岗位，促进就业增长。蒂默尔斯（Timmers，2005）以互联网技术为例研究认为，信息技术的发展对企业的生产流程、产品以及服务甚至整个商业模式产生了颠覆性的改变。他总结了互联网带来的11个新的商业模式，包括网上商店、电子采购、网上拍卖、网上商城、第三方市场、虚拟社区、价值链服务提供商、价值链整合者、合作平台、券商信息和信托服务。其中每一种商业模式都蕴含着一个甚至多个新的职业，这便是信息技术就业创造功能的体现。

简而言之，信息技术创造的岗位大致可以分为两类：一是信息技术本身所创造的就业，包括相关技术的研发、维护、推广和应用等，例如信息技术的应用使得多数企业需要设立协调工作小组以及技术维护岗位来确保信息流的持续性（Janet，2012）；二是由于信息通信技术的溢出效应而创造的其他产业的新岗位。

为了应对信息化所带来的技术周期缩短、不确定性加剧等问题，越来越多的企业不得不创新用工机制，并采用了更为灵活的组织形式，比如，利用信息化所带来的便利性，允许一部分员工在家庭办公，比如，雇佣家庭妇女做兼职型员工，或允许研发人员在家里从事研发工作。亚历山德拉（Alexandra，2006）以德国为例对这一现象进行了总结，他发现，当代的工作较之于以前，内容变得更加复杂，常规组织形式的工作正在减少，科研、设计等岗位正在采取非常规的组织形式。无办公室的办公，正成为一道风景线。这都得益于信息化所带来的便利。

（四）利润渠道

这可以视作前三者的作用结果，如果信息技术确实促进了企业的效率提升、竞争力提升，并加快了创新步伐，那么，就必然表现为企业利润的提升，在利润最大化的目标下，企业就会扩大生产规模，并带动就业扩张。

问题在于，信息技术对企业利润的作用并不是绝对的，它还取决于多种调节因素的叠加影响。比如，如果将适用于大规模市场的先进技术应用到小规模行业，就未必能对利润产生多大的积极作用，原因就在于，当将这一类行业技术转移到小规模行业时，一方面，利润率由于固定成本下降而上升，另一方面由于分工的增加而导致大批次优部门的产生而降低利润率。前者的效应只有在市场规模差异接近最优规模差异时才会大于后者，利润率才会增加。这类似于托马斯和拉尔夫（Thomas and Ralph, 2013）所得出的结论，即每一项技术都有它最适用的范围，大多数技术的核心都源自于本地创造，即使美国北部愿意将其先进的技术转移到较为落后的南部，它也未必能对南部地区做出像北部地区一样大的贡献。

另一个要考虑的调节因素是分工水平。研究表明，当分工水平越高时，信息技术对于盈利能力的正向作用越大（Yu, 2013）。由此来推断，信息技术革命可以帮助分工水平高的发达国家弥补部分与发展中国家进行贸易时的利润损失。

最近，赵（Zhao, 2013）利用2002~2007年中国未上市公司的面板数据分析发现，中国中小企业的技术创新特别是信息技术创新与利润增长存在反向关系，这可能是由于中国知识产权保护不足或者技术并未被应用到实际生产中造成的。她的结论也对信息技术一定会导致利润增长的观点提出了警示。

四、简要评述

本章的综述可以为理解当前不断发展的信息技术对于就业的影响提供参考：

（1）信息技术对于就业总量的影响随信息化发展水平、行业类型以及企业规模等因素的不同而不同，这主要取决于就业缩减效应和增补效应相对大小的比较。在工业化国家进入信息化成熟期后，信息技术的就业增补效应已愈发明显，特别是小企业正成为就业创造的主力军。同时，服务业正在承接更多的由第二产业转移出来的劳动力。

（2）信息技术促进了全球化进程，但在这一过程中，劳动力市场的分配不平等现象正在加剧，极化现象和歧视更加严重。如果不采取有力的干预措施，弱势劳动群体的处境将更加不妙。

（3）信息技术对生产率的影响渠道具有多元性，不仅有直接的作用渠道，还会通过溢出效应等间接方式来实现，为了使信息技术的积极效应更好地放大，企业在引进信息技术之前，应对要素间的协同作用做好规划，特别是做好人力资源的规划工作。

参考文献

1. Alexander Hijzen, Pedro Silva Martins, Thorsten Schank, Richard Upward, 2013, Foreign-owned Firms around the World: A Comparative Analysis of Wages and Employment at the Micro-level, *European Economic Review*, 60 (C) pp. 170 – 188.

2. Alexandra, S., 2006, Technical Change, Job Tasks, and Rising Educational Demands: Looking outside the Wage Structure, *Journal of Labor Economics*, Vol. 24, Issue 2, pp. 235 – 270.

3. Ali Tafti, Sunil Mithas, M. S. Krishnan, 2013, The Effect of Information Technology-enabled Flexibility on Formation and Market Value of Alliances, *Management Science*, Vol. 59, Issue 1, pp. 207 – 225.

4. Ann Bartel, Casey Ichniowski, Kathryn Shaw, 2007, How does Information Technology Affect Productivity? Plant-level Comparisons of Product Innovation, Process Improvement, and Worker Skills, *The Quarterly Journal of Economics*, Vol. 122, Issue 4, pp. 1721 – 1758.

5. Ariell R., 2013, Is Technological Change Biased towards the Unskilled in Services? An Empirical Investigation, *Review of Economic Dynamics*, Vol. 16, Issue 2, pp. 312 – 331.

6. Balleer, A., 2012, New evidence, Old Puzzles: Technology Shocks and Labor Market Dynamics, *Quantitative Economics*, Vol. 3, Issue 3, pp. 363 – 392.

7. Benjamin, B., 2012, The Rise of Vertical Specialization Trade, *Journal of International Economics*, Vol. 86, Issue 1, pp. 133 – 140.

8. Daniel Horgos, 2011, The Elasticity of Substitution and the Sector Bias of International Outsourcing, *Economics Research International*, pp. 1 – 13.

9. Daniel Prajogo, Jan Olhager, 2012, Supply Chain Integration and Performance: The Effects of Long-term Relationships, Information Technology and Sharing, and Logistics Integration, *International journal of production economics*, Vol. 135, Issue 1, pp. 514 – 522.

10. David Autor, D. David, 2009, Job Is 'getting Old': Measuring Changes in Job Opportunities Using Occupational Age Structure, *The American Economic Review*, Vol. 99, Issue 2, pp. 45 – 51.

11. David Autor, Frank Levy, Richard J. Murnane, 2003, The Skill Content of Recent Technological Change: An Empirical Exploration, *Quarterly Journal of Economics*, Vol. 118, Issue 4, pp. 1279 – 1333.

12. David Autor., David Dorn, Gordon H. Hanson, 2013, The Geography of Trade

and Technology Shocks in the United States, *The American Economic Review*, Vol. 103, Issue 3, pp. 220 – 225.

13. E. Moreno – Galbis, 2006, Unemployment and Endogenous Growth with New Technologies-skill Complementarity, *Economic Modelling*, Vol. 23, Issue 2, pp. 364 – 386.

14. Fabio Canova, David Lopez – Salido, Claudio Michelacci, 2013, The Ins and Outs of Unemployment: An Analysis Conditional on Technology Shocks, *The Economic Journal*, Vol. 123, Issue 569, pp. 515 – 540.

15. Gautam Ray, Ling Xue, Jay B. Bauney, 2013, Impact of Information Technology Capital on Firm Scope and Performance: The Role of Asset Characteristics, *Academy of Management Journal*, Vol. 56, Issue 4, pp. 1125 – 1147.

16. Giulio Cainelli, Donato Iacobucci, 2012, Agglomeration, Related Variety, and Vertical Integration, *Economic Geography*, Vol. 88, Issue 3, pp. 255 – 277.

17. Janet H. Marler, Xiaoya Liang, 2012, Information Technology Change, Work Complexity and Service Jobs: A Contingent Perspective, New Technology, *Work and Employment*, Vol. 27, Issue 2, pp. 133 – 146.

18. Kangwoo Park, 2012, Employment Responses to Aggregate and Sectoral Technology Shocks, *Journal of Macroeconomics*, Vol. 34, Issue 3, pp. 801 – 821.

19. Lanz R., S. Miroudot, H. K. Nordås, 2011, Trade in Tasks, *OECD Trade Policy Working Papers*, No. 117.

20. Ling Xue, Gautam Ray, Vallabh Sambamurthy, 2013, The Impact of Supply-side Electronic Integration on Customer Service Performance, *Journal of Operations Management*, Vol. 31, Issue 6, pp. 363 – 375.

21. Ljiljana Lovrić, 2012, Information-communication Technology Impact on Labor Productivity Growth of EU Developing Countries, *Journal of Economics and Business*, Vol. 30, Issue 2, pp. 223 – 245.

22. Luc Behaghel, Eve Caroli, Emmanuelle Walkowiak, 2012, Information and Communication Technologies and Skill Upgrading: The Role of Internal vs External Labour Markets, *Oxford Economic Papers*, Vol. 64, Issue 3, pp. 490 – 517.

23. Nicholas Bloom, Raffaella Sadun, John Van Reenen, 2012, Americans Do IT Better: US Multinationals and the Productivity Miracle, *The American Economic Review*, Vol. 102, Issue 1, pp. 167 – 201.

24. Petri Böckerman, Mika Maliranta, 2012, Globalization, Creative Destruction, and Labour Share Change: Evidence on the Determinants and Mechanisms from Longitudinal Plant-level Data, *Oxford Economic Papers*, Vol. 64, Issue 2, pp. 259 – 280.

25. Philippe Aghion, Johannes Fedderke, Peter Howitt, Nicola Viegi, 2013, Testing Creative Destruction in an Opening Economy: The Case of the South African Manufacturing

Industries, *Economics of Transition*, Vol. 21, Issue 3, pp. 419 - 450.

26. Qing Wu, Jia Liu, 2011, The Effect of Internetworking on Business Specialization Transformation: Evidence from China, *Fuzzy Systems and Knowledge Discovery* (*FSKD*), 2011 Eighth International Conference on Vol. 4, pp. 2628 - 2631.

27. Rosa, J. J., J. Hanoteau, 2012, The Shrinking Hand: Why Information Technology Leads to Smaller Firms, *International Journal of the Economics of Business*, Vol. 19, Issue 2, pp. 285 - 314.

28. Saeed Moshiri, Wayne Simpson., 2011, Information Technology and the Changing Workplace in Canada: Firm-level Evidence, *Industrial and Corporate Change*, Vol. 20, Issue 6, pp. 1601 - 1636.

29. Sattam Auahawiah, Hisham Al - Mobaideen, Kafa al Nawaiseh, 2012, The Impact of Information Technology on Knowledge Management Processes: An Empirical Study in the Arab Potash Company, *International Business Research*, Vol. 6, Issue 1, pp. 235 - 252.

30. Seo Hwan - Joo, Lee Young Soo, Hur Jai - Joon, Kim Jin Ki, 2012, The Impact of Information and Communication Technology on Skilled Labor and Organization Types, *Information Systems Frontiers*, Vol. 14, Issue 2, pp. 445 - 455.

31. Seo Hwan - Joo, Lee Young Soo, Kim HanSung, 2011, Does International Specialization in Producer Services Warrant Sustainable Growth, *Service Industries Journal*, Vol. 31, Issue 8, pp. 1279 - 1291.

32. Serge Shikher, 2011, Capital, Technology, and Specialization in the Neoclassical Model, *Journal of International Economics*, Vol. 83, Issue 2, pp. 229 - 242.

33. Sodano, V., 2011, The New Division of Labor in the Globalized Economy: Women's Challenges and Opportunities, *Forum for Social Economics*, Vol. 40, Issue 3, pp. 281 - 298.

34. Spyros Arvanitis, E. Loukis, V. Diamantopoulou, 2013, New Technologies and Traditional Innovation Determinants in the Greek Economy, *Journal of Balkan and Near Eastern Studies*, Vol. 15, Issue 4, pp. 434 - 458.

35. Thomas Chaney, Ralph Ossa, 2013, Market Size, Division of Labor, and Firm Productivity, *Journal of International Economics*, Vol. 90, Issue 1, pp. 177 - 180.

36. Thomas K. Bauer, Stefan Bender, 2004, Technological Change, Organizational Change, and Job Turnover, *Labour Econmics*, Vol. 11, Issue 3, pp. 265 - 291.

37. Timothy F. Bresnahan, Erik Brynjolfsson, Lorin M. Hitt, 2002, Information Technology, Workplace Organization, and the Demand for Skilled Labor: Firm-level Evidence, *Quarterly Journal of Economics*, Vol. 117, Issue 1, pp. 339 - 376.

38. Wilenius, M., S. Kurki, 2012, *Surfing the Sixth Wave - Exploring the Next* 40 *Years of Global Change*, Finland Futures Research Centre FFRC eBook, 10.

39. Yushkova, E., 2014, Impact of ICT on Trade in Different Technology Groups: Analysis and Implications, *International Economics and Economic Policy*, Vol. 11, Issue 1 – 2, pp. 165 – 178.

40. Zhihao Yu, 2011, Division of Labour and Endogenous Comparative Advantage: A Smith – Ricardian Model of International Trade, *Review of International Economics*, Vol. 19, Issue 2, pp. 313 – 324.

第十一章 收入不平等问题研究的新进展[①]

收入不平等问题始终是学者关注的重点问题。近年来,国外学者持续对收入不平等的变动新趋势和经济影响进行了深入分析,并不断从经济增长、收入结构、教育、就业、国际贸易、金融、财政等多角度拓展了收入不平等问题的影响因素研究。

一、收入不平等变动新趋势

运用实证方法验证一国收入不平等变动趋势,多年来一直是收入分配领域研究的热点。但是,学者们对于收入不平等变动趋势的判断与结论却存在较大分歧。

由于考察的国家不同,或者衡量不平等的指标不同,学者们对近年来收入不平等变动趋势的判断存在差异。主要观点有:

(一) 收入不平等状况恶化

埃克哈德·海因(Eckhard Hein,2013)通过研究美国、日本及欧洲主要国家自 20 世纪 60 年代以来基尼系数的变化情况指出,由于高层管理人员工资上涨,导致美国和英国收入顶层的收入大幅上涨,其他国家的这一阶层的收入得到不同程度的上涨,从而使得个人或家庭可支配收入的不

[①] 本成果受到国家社科基金青年项目——保障国民经济可持续发展的水利投资最优规模研究(12CJL065)、教育部人文社科青年基金项目——迈过"中等收入陷阱"的水资源支撑问题研究(11YJC790276)和中国人民大学中国经济改革与发展研究院青年基金项目——工业化进程中劳动报酬占比的中国标准研究支持。

平等现象在资本主义国家加剧。马库斯·赞提和史蒂芬·P·詹肯斯（Markus Jantti and Stephen P. Jenkins，2010）运用分配 Singh – Maddala Distribution 模型模拟英国基尼系数的变化情况也发现了类似的变动趋势，并认为英国收入最高的 20% 人群收入占比提高，而收入而最低的 20% 的人群收入占比下降是这一变化趋势的主要动因。托马斯·金德林，特瑞乔斯·S 和胡安·迪格（Thomas Gindling, Trejos S., Juan Diego，2013）分析美洲中部地区 5 国收入不平等程度发现，在 20 世纪 90 年代哥斯达黎加的收入不平等程度最低，是拉丁美洲地区收入最平等的国家之一，危地马拉、洪都拉斯、尼加拉瓜是拉丁美洲地区收入不平等现象最为严重的国家，萨尔瓦多的收入不平等程度介于这些国家之间。然而在 21 世纪的第一个十年间，萨尔瓦多和尼加拉瓜的不平等程度有所好转，而哥斯达黎加、危地马拉和洪都拉斯的不平等程度恶化，因此，到 2009 年萨尔瓦多、尼加拉瓜与哥斯达黎加发展成为收入不平等程度大致相当的国家。

在收入不平等恶化过程中，最明显的变化是财富向最富有人群的集中。如托马斯·皮凯蒂（Thomas Piketty，2014）通过分析欧洲主要国家、美国、日本、加拿大与澳大利亚过去一个世纪收入最高 1% 人群的收入份额发现，自 20 世纪 80 年代以来，各国收入最高 1% 人群收入占比均有不同程度的上涨。美国在第一次世界大战前收入最高 1% 人群收入占国民收入的 18%，之后降到 20 世纪六七十年代的 8% 左右，但之后在 2000 年则再次上升至 17%，回到第一次世界大战前的水平（Piketty and Saez，2006）。阿尔瓦拉多等（Alvaredo et al.，2011）对英国的研究也发现了类似的变化。英国收入最高 1% 人群收入份额在第二次世界大战前为 17%，20 世纪 70 年代降至 6%，但在 2007 年则再次上升至 14.6%。

很多学者认为，虽然发达国家收入不平等程度恶化，但 20 世纪 90 年代以来恶化速度有所趋缓。如理查德·伯克胡瑟尔、冯帅章、史蒂芬·P·詹肯斯和杰夫·拉里默尔（Richard V. Burkhauser, Shuaizhang Feng, Stephen P. Jenkins, Jeff Larrimore，2011）从基尼系数角度的研究指出，美国收入不平等程度自 20 世纪 70 年代中期开始上升，并在 80 年代加速上升，但在 1993 年之后不平等程度增速放缓。学者们对英国的研究也得出了类似的结论。如理查德·布伦德尔等（Richard Blundell, et al.，2010）研究发现，英国的收入不平等程度在过去的 30 年时间内显著上涨，收入不平等现象在 20 世纪 80 年代显著上涨，并在随后的 90 年代进一步上涨，但上涨速度有所下降。罗伯特·乔伊斯和卢克·西必塔（Robert Joyce and Luke Sibieta, 2013) 也指出，英国的基尼系数在 20 世纪 80 年代大幅上升，从 1979 年的 0.25 上升至 90 年代初期的 0.34。从上世纪 90 年代至 2010 年左右，收入不平等的增长幅度减缓，最终达到 2009 年与 2010 年左右的 0.36 的水平。

（二）收入不平等状态稳定或有所缓解

得出收入不平等状况稳定或有所缓解结论的研究，主要基于以下两方面的分析：

1. 个别国家的个案研究

有少部分学者通过对部分国家的实证研究，得出了收入不平等状况保持稳定或有所缓解的结论。如马修·布尔佐佐夫斯基、马丁·瓦斯、保罗·克莱因和铃木道穗（Matthew Brzozowski, Martin Gervais, Paul Klein, Michio Suzuki, 2010）通过研究加拿大过去 30 年收入不平等程度变化情况发现，尽管加拿大工资与收入不平等程度加剧，但是这一现象大部分被税收与转移支付体系所抵消。因此加拿大消费不平等程度只有温和的上升，而财富不平等程度自 1999 年以来保持稳定。阿特金森和瑟高（Atkinson, A. B., Søgaard, J. E., 2013）通过研究丹麦收入不平等现象发现，虽然 1994~2010 年由于收入分配底层不平等程度有所加剧，导致基尼系数小幅上升了 3 个百分点，但总体看来，在过去的一个世纪中丹麦整体的收入不平等程度下降非常明显，收入分配顶层人群的收入快速向其他人群转移，收入最高的 1% 人口收入份额由 1917 年最高的 27.6% 下降至 2010 年的 6.4%。

在收入不平等改善的时间上，发展中国家并未表现出像发达国家那样的一致性。比如，马丁·拉瓦雷（Martin Ravallion, 2014）研究表明，相比 30 年前，由于国家间不平等程度下降，发展中国家整体的收入不平等现象有所好转，然而发展中国家内部收入的不平等程度则缓慢上升，在 2000 年之后趋于稳定。而雷蒙多·坎波斯－巴斯克斯、杰拉尔多·埃斯基韦尔和诺拉·卢斯蒂格（Raymundo M. Campos - Vázquez, Gerardo Esquivel, Nora Lustig, 2012）则发现，墨西哥的收入不平等程度在 1989~1994 年期间上升并于 1994~2010 年间下降。

2. 消费不平等

一些学者认为消费能够更好地衡量永久性收入的变化（Fisher, Jonathan D.; Johnson, David S.; Smeeding, Timothy M., 2013），而且对收入分配底端人群，相比收入，消费是更好的衡量指标（Meyer and Sullivan, 2009），从而从消费不平等的角度评估了收入不平等的发展趋势。从消费角度研究收入不平等，主要以美国为样本，并着重考察金融危机之后的消费不平等变化情况，这些研究均得出了从消费不平等角度看，不平等程度有所下降的判断。

德克·克鲁格和法布里齐奥·佩里（Dirk Krueger and Fabrizio Perri, 2006）通过研究美国 1980~2003 年美国收入不平等与消费不平等的变化趋势发现，尽管收入不平等程度在这一时期显著上升，美国的消费不平等程度上升幅度则较小。原因在于，美国的收入不平等源于劳动收入风险上升，因此家庭倾向于利用正式或非正式的信贷或保险机制来对冲收入波动对消费的影响，从而导致消费不平等变化程度较小。希思科特、佩里和维奥朗特（Heathcote, Perri and Violante, 2010）通过研究美国过去 40 年的变化也得出，美国消费不平等程度小于收入的不平等程度，且其增长幅度也小于收入不平等的增幅，这与阿塔纳西奥、赫斯特和匹斯塔法里（Attanasio, Hurst and Pistaferri, 2012）的发现完全一致。

金融危机之后，相较于收入不平等，美国消费不平等状况进一步改善。迈耶和沙利文（Meyer and Sullivan, 2013）研究发现，美国消费不平等与收入不平等在 2000~2006 年期间增幅相似，而在 2006 年之后消费不平等程度下降而收入不平等程度上升。这主要是因为，在 2007 年经济危机中消费最高的人群由于其资产价格（包括房地产、金融资产等）的大幅下跌使得其消费减少，而消费最低的人群持有资产较少，因此消费不平等程度在危机时期反而降低了。乔纳森·费舍尔、大卫·乔纳森和提摩西·斯米丁（Jonathan D. Fisher, David S. Johnson, Timothy M. Smeeding, 2013）也指出，1985~2006 年间美国居民消费不平等和收入不平等变动方向一致，但是消费不平等程度的扩大速度低于收入不平等，消费不平等程度增速约为居民可支配收入不平等程度增速的 2/3。而 2006~2010 年经济危机期间，收入不平等与消费不平等变动方向出现明显背离，消费不平等程度下降而可支配收入不平等程度继续变大。

二、收入不平等的经济影响

(一) 经济衰退

巴里、沙那门和史蒂文、法扎里(Barry Cynamon Z. and Steven M. Fazzari, 2014)发现,美国1980年收入不平等程度上升,处于收入分配下层95%的人群收入增长放缓,但是这一人群的消费水平却没有成比例的下降,相反,出现了消费—收入比上升。从而,更低的储蓄加剧了这一人群收支平衡表的脆弱性,最终导致了经济衰退。在衰退时期,收入底层95%的人群其消费—收入比率大幅下降,并伴随着更严格的借贷约束,收入顶层5%的人群这一比率则上升,并伴随着平滑的消费曲线。由于收入底层95%的人群无法提供充足的需求,使得经济复苏非常缓慢。

(二) 影响减贫效果

马丁·拉瓦雷(Martin Ravallion, 2014)认为,一般而言,经济增长减少了一国绝对贫困的发生,但是这种作用在不平等严重的国家难以发挥。因为初始不平等程度越高,贫困人口从经济增长中获益就越少,经济增长的减贫效果越差,拖慢了减贫步伐。

(三) 降低居民幸福感

茂弘大石、塞林·凯瑟比和艾德·迪纳(Shigehiro Oishi, Selin Kesebir and Ed Diener, 2011)利用美国1972~2008年的数据研究发现,在美国,收入不平等程度与国民幸福感呈负相关关系。收入不平等程度越高,国民幸福感越低。这一负相关关系可由个人感觉的公平与大众诚信来解释,在收入不平等程度较高的年份,人们倾向于更加不相信其他人,并且认为社会更加不公平,因此自身幸福感较低。

（四）影响消费

关于收入不平等对消费的影响，学者们之间存在不同的观点，主要有：

1. 收入不平等将会引起消费下降

金烨、李洪宾和吴宾真（Ye Jin, Hongbin Li and Binzhen Wu, 2011）通过研究1997~2006年中国城镇人口收入不平等与消费之间的关系发现，中国城镇较高的基尼系数降低了消费，原因在于，收入不平等使得人们不得不通过提高储蓄，并且更多的投资于教育来提升他们未来的社会地位。

2. 收入不平等将会带来消费增加

部分学者研究则发现，收入不平等程度与消费和购买力之间存在正相关关系。如孙文凯和王湘红（Wenkai Sun and Xianghong Wang, 2013）研究发现，2003~2006年中国农村地区收入不平等与消费之间存在正向关系。安德烈亚斯·伯格等（Andreas Bergh, Therese Nilsson, 2014）也认为，更高的收入不平等程度会通过降低劣等品的价格而提高低收入人群的购买力。更高的收入不平等程度意味着更多的低收入人口，在此情况下，厂商会针对性的推出面对这一人群的低价商品或劣等品，因此这一人群的购买力会上升。因此由于低收入人群购买的商品价格的下降，收入不平等上升的影响被高估，即所谓的"沃尔玛效应（Walmart Effect）"（Broda and Romails, 2009）。

三、经济增长与收入不平等

近年来，学者们运用实证方法，不断将经济增长与收入不平等关系的研究推向深入。这些研究主要从经济发展阶段和经济增长速度与收入不平等关系两个方向展开。

（一）经济发展阶段

沿袭库兹涅茨关于经济发展与收入差距的经典研究，学者们不断对库兹涅茨曲线（倒"U"型曲线）进行实证验证，研究热情至今不减，但实证却得出了肯定和质疑库兹涅茨曲线的两个不同结论。

1. 验证库兹涅茨曲线

穆罕默德·沙赫巴兹（Muhammad Shahbaz，2010）运用巴基斯坦地区的时间序列数据验证发现，经济增长与收入不平等之间的确呈现出库兹涅茨（Kuznets，1955）所说的倒"U"型曲线，即在经济增长初期收入不平等程度趋向于上升，之后随着经济的进一步增长，收入不平等程度下降。部分学者对中国（Wan, G., Lu, M. and Chen, Z, 2006）、美国（Bahmani‐Oskooee, M. and Gelan, A., 2007）等国家的研究也验证了库兹涅茨倒"U"型曲线成立。

2. 质疑库兹涅茨曲线

部分学者的实证研究并没有得到支持库兹涅茨曲线的结论，从而对库兹涅茨曲线提出了质疑。如托马斯·皮凯蒂（Thomas Piketty，2014），认为，库兹涅茨所得到的倒"U"型曲线受限于其所研究的数据，从而库兹涅茨曲线只是特殊时代背景的产物。1913~1948年美国收入不平等现象大幅好转的原因在于"大萧条"与第二次世界大战的多重冲击，并非是工业化发展进入高级阶段的结果。西方资本主义国家基本都表现出了不平等在一个时期减少后紧接着在另一个时期增加的"U"型曲线特征。

（二）经济增长速度

学者们认为，不仅经济发展阶段与收入不平等之间存在关联，而且经济增长速度与收入不平等之间也存在相关性，而且与对经济发展阶段的研究一样，他们实证得出的二者关系结论也截然不同。

1. 经济增长速度与收入不平等成反比

加西亚、普列托－阿莱斯和西蒙（C. García, M. Prieto‐Alaiz and H. Simón, 2013）通过研究宏观经济变量对发展中国家个人收入分配的影响发现，经济增长速度越快，最低收入人群的收入比重提高越高，使得一国基尼系数显著降低，这一现象在低速增长的国家更加显著。

2. 经济增长速度与收入不平等成正比

马库斯·赞提和史蒂芬·P·詹肯斯（Markus Jantti and Stephen P. Jenkins, 2010）通过研究英国1961~1999年宏观经济变量与收入分配之间的关系研究却得出了与加西亚等相反的结论。他们认为，较高的经济增长率轻微的提高了收入不平等程度。

3. 收入不平等程度取决于经济增长率与资本收益率对比

还有部分学者认为，经济增长对收入不平等的影响与资本收益率有关。托马斯·皮凯蒂（Thomas Piketty, 2014）在《21世纪资本论》中指出，收入不平等状况变动趋势与经济增长率和资本收益率的相对速度有关。但从西方主要资本主义国家发展来看，由于相对于资本收益率而言，经济增长速度增长比较缓慢①，从而使得存量财富变得极为重要。当资本收益率大大超过经济增长率时，继承财富的增长速度要快于产出和收入。继承财富的人只需要储蓄资本收入中的一部分，就能实现资本增长快于经济增长，使得资本集中程度维持在很高的水平，从而使得收入不平等程度进一步扩大。

四、收入结构与收入不平等

学者们主要从两个角度对收入结构影响收入不平等进行了研究。

（一）永久性收入与暂时性收入

杰森·德巴克、布兰得利、海姆、瓦夏·帕那斯、珊蒂（Jason Debacker, Bradley Heim, Vasia Panousi, Shanthi Ramnath, Ivan Vidangos, 2013）通过研究1987~2009年美国劳动收入与家庭总收入不平等现象发现，对于男性劳动收入而言，区域间收入不平等主要是由于收入中永久性收入部分的日益扩大所导致的，暂时性收入对不平等没有影响。而对于家庭总收入不平

---

① 在他研究的300年左右的时间跨度中，投资年回报率平均为4%~5%，而GDP年均增长1%~2%。

等而言，无论税前税后，不平等也是由于永久性收入部分差异日益扩大所致，但是暂时性收入也具有一定的影响。

（二）农业收入与非农收入

究竟是农业收入还是非农业收入对收入不平等的影响更大，国外学者主要以印度为样本进行了研究，并得出了完全不同的结论。

一种观点认为，农业收入是造成收入不平等的主要来源。麦塔布尔·阿扎姆和阿布塞拉·谢里夫（Mehtabul Azam and Abusaleh Shariff, 2011）采用印度国家应用经济研究委员会（NCAER）1993年与2005年的两次调查数据研究发现，印度农村地区农业收入是收入与收入不平等的主要来源，但是这一作用在1993～2005年这一时期显著下降。

另一种观点则认为，农业收入对收入不平等影响中性。普拉塔·巴萨拉、迪格维贾伊、内希亚、阿瓦德t·加博和迪拉依·辛格（Pratap S. Birthala, Digvijay S. Negia, Awadesh K. Jhab and Dhiraj Singh, 2014）使用印度全国抽样调查组织（NSSO）在2003年调查的横截面数据研究发现，农业是印度农户的主要收入来源，然而由于农业收入在贫农与富农之间分布差距较小，因此农业收入的任何变化一般都不会对收入分配产生巨大影响，即农业对收入不平等的影响较为中性。农业收入与工资是贫农收入的主要来源，而富农则倾向于从非农产业中获取收入，非农产业的收入分配存在高度的不平等，是收入不平等的主要来源。

五、财政与收入不平等

（一）财政政策方向与收入不平等

究竟是扩张性财政政策还是紧缩性财政政策更有利于改善收入不平等呢？乔·佩德罗·阿泽维多、安东尼奥·大卫、法比亚诺·罗德里格斯·巴斯托斯和埃米利奥·皮内达（João PedroAzevedo, Antonio C. David, Fabiano Rodrigues Bastos, Emilio Pineda, 2014）通过研究巴西1995～2011年省级财政政策与收入不平等状况发现，紧缩的财政政策没有导致不平等程度的恶化，相反，紧缩的财政政策反而有利于促进"共享的繁荣"。

（二）税收政策与收入不平等

关于税收政策是否能够有效缓解收入不平等，学界存在两种截然相反的意见。

1. 税收政策缓解了收入不平等

沙维尔·加拉等（H. Xavier Jara et al. , 2013）通过运用 EUROMOD 模型来确定税收与社会保险支出对于一国基尼系数的影响发现，对于再分配而言，尽管对不同欧盟国家的效果不同，但是税收收入体系对减少收入不平等有着显著作用。公共养老金有利于减少初始收入的不平等，除去养老金，在绝大多数国家，所得税是收入再分配中最重要的部分。杰森·德巴克等（Jason Debacker et al. , 2013）部分肯定了税收政策对收入不平等的正面作用，他们指出，税收政策部分缓和了收入差距的扩大，却没有有效扭转差距扩大的趋势。

2. 税收政策加剧了收入不平等

与上述观点不同，部分学者明确指出，税收政策加剧了收入不平等。比如，康斯坦丁诺斯·安哲罗普洛斯等（Konstantinos Angelopoulos et al. , 2014）通过研究英国不同部门资本与劳动收入的税率对福利的影响发现，资本税率下降提高了社会总福利，但是这一作用却是技术偏向型的，因此提高了不平等程度。相对于长期而言，这一影响在转型期内较小。法尔哈德·拉赫巴尔等（Farhad Rahbar et al. , 2013）则通过研究伊朗的收入分配也指出，税收收入恶化了社会的不平等。具体而言，税收收入在 GDP 中的比重每增加 1%，经济增长率与收入不平等分别增加 0.23 与 0.03。

（三）政府支出与收入不平等

学者们围绕政府支出主要从总体政府支出、政府公共服务和转移支付三个角度探讨了政府支出对收入不平等的影响。

1. 总体政府支出

法尔哈德·拉赫巴尔等（Farhad Rahbar et al., 2013）通过研究伊朗的收入分配指出，政府支出不利于经济增长，对于收入不平等没有显著影响。

2. 政府公共服务支出

托马斯·金德林等（Gindling Thomas et al., 2013）认为，哥斯达黎加在20世纪90年代收入不平等程度较低的原因在于，哥斯达黎加政府承诺提供给边远农村地区教育、医疗与公共基础设施建设的政策，使得农村地区从事非农业的人员待遇较好，从而城乡之间收入差距相对其他中美洲国家较小。

3. 政府转移支付

对于转移支付对收入不平等的影响，学者们之间存在明显的分歧。

一种观点认为，政府转移支付促进了收入不平等下降。比如，雷蒙多·坎波斯－巴斯克斯等（Raymundo M. Campos - Vázquez et al., 2012）研究发现，政府转移支付促进了墨西哥收入不平等程度的下降，这一现象在2000年之后尤为明显。列昂纳多·加斯帕里尼等（Leonardo Gasparini and Nora Lustig, 2011）也发现，20世纪90年代晚期与21世纪头10年拉丁美洲收入不平等程度下降的一个原因就在于政府的转移支付政策，政府将贫困人口作为转移支付的目标，从而使得收入不平等程度下降。

然而，也有观点认为，政府转移支付扩大了收入差距。比如罗伯特·乔伊斯等（Robert Joyce et al., 2013）观察了英国1997~2010年平均收入、贫困率与不平等现象并分析了在这一时期英国收入分配的变化情况。他们发现，工党虽然将减少儿童与领抚恤金老人的贫困程度放在优先位置，并致力于减少收入分配底层与中层之间的收入差距，但是缺少减少收入不平等的具体目标，也没有调整收入分配上半层收入差距的措施，其结果是有儿童以及领抚恤金老人的家庭其贫困程度大幅好转，但是处于工作年龄的低收入而且没有儿童的家庭由于没有税收与收益上的优惠政策，其收入上升非常少。收入分配上层的人群其收入则大幅上升，从而导致总体的收入不平等程度略微上升。政府转移支付政策客观上造成了收入不平等程度的上升。埃德温·戈尼（Edwin Goni, 2011）通过对比拉丁美洲国家与西欧国家财政政策对收入不平等的影响也发现，税收与转移支付政策扩大了拉丁美洲国家与西欧国家之间收入不平等的差距，这主要是由于西欧国家财政政策的再分配影响较大，而在拉丁美洲国家这一影响较小，而这一再分配效应主要是通过转移支付而不是税收进行作用。

（四）财政体制改革与收入不平等

宋杨（Yang Song, 2013）从支出权力下放、收入权力集中以及地方财政自主权三个角度，对中国1994年的财政体制改革对地区间收入不平等的影响进行实证研究发现：第一，中国支出权力下放加剧了收入不平等。因此，中央政府需要加强公共支出权力的集中，通过提高中央政府的支出份额，承担更多主要的公共支出负担，如教育与医疗，才可以降低地区收入不平等。第二，1994年财政收入权力集中则对收入不平等产生了相对中性的影响。20世纪80年代中期至1994年，财政收入权力倾向于更为分散，地方政府收入份额的增加加剧了地区间的收入不平等，而1994年税收制度改革后财政收入权力进一步集中，对地区收入不平等并未产生明显影响。第三，地方财政自主权对地区收入不平等的影响比较复杂，依赖于财政转移的目标与地方政府的动机。

六、金融与收入不平等

（一）金融发展与收入不平等

关于金融发展对收入不平等的影响，学界主要存在三种观点：

1. 金融发展有助于改善收入不平等

相当一部分学者认为，金融发展有助于减少收入不平等程度。比如，加勒和泽拉（Galor and Zeira, 1993）和班纳吉和纽曼（Banerjee and Newman, 1993）认为，金融业发展将会通过完善资本市场降低收入不平等。这是因为，在资本市场不完善的国家，初始财富较高的人群更有能力进行投资活动，而这一差距会通过遗产等方式传递给下一代，从而导致初始财富的分配长期影响收入分配，而金融业的发展则能够减少资本市场的不完善，有效缓解初始财富带来的收入分配不公平，降低收入不平等程度。穆罕默德·沙赫巴兹（Muhammad Shahbaz，2013）通过对巴基斯坦的实证研究进一步明确指出，金融发展与收入不平等之间呈负相关关系，即金融业发展通过提高贫困人口收入改善了收入分配，并通过促进经济增长间接的提高了这一人群的收入，降低了收入的不平等程度。因此可以通过促进金融机构的发展来提高低收入群体的收入水平。乔治·克拉克等（George Clarke et al.，2013）通过检验1960~1995年间91个国家金融中介机构的发展与收入不平等程度之间的关系也发现，金融中介机构发展有利于减少收入不平等程度。

2. 金融发展与收入不平等之间存在倒U型关系

格林伍德和约万诺维奇（Greenwood and Jovanovic，1990）认为，金融机构发展与收入不平等之间存在倒"U"型曲线关系。在金融发展初期，金融活动的进入成本阻碍了低收入人群参与金融活动，从而拉大了参与金融活动的高收入人群与金融活动以外的低收入人群的收入差距。然而，由于进入成本是固定的，随着金融发展，最终所有人员都会参与到金融活动中去，收入不平等程度随之下降。

3. 金融发展对收入不平等的影响依赖于产业结构

乔治·克拉克等（2013）指出，库兹涅茨（Kuznets，1955）认为经济发展初期非农现代产业比重增加将会提高收入不平等程度，而由于金融机构能够降低现代企业的进入成本，随着金融机构发展，越来越多的劳动者能够进入现代产业，收入不平等程度将随之下降。因此，现代化产业比重越高的经济体，金融机构发展对收入不平等程度的影响越小。

（二）金融自由化与收入不平等

最新研究表明，金融自由化与收入不平等之间的关系并不是确定的，这与金融自由化的具体领域有关。

曼索思·蒂里斯等（Manthos D. Delis et al.，2013）通过研究不同国家银行监管政策对收入分配的影响发现，银行系统总体的自由化可以显著降低收入的不平等程度，但是对于经济发展水平较低、福利机构发展水平也较低国家,这种效果则较不显著。在自由化政策中,信用与利率调控政策对收入不平等的改善作用最大。国际资本的私有化与自由化也可以降低不平等程度,但后者较前者更能够提高低收入人群的收入份额。然而,证券市场的自由化则显著加剧了收入的不平等程度。毛里西奥·拉里(Mauricio Larrain, 2013)也认为,资本账户自由化将导致更大的收入不平等。这是由于资本更容易替代非技术工,而倾向于补充技术工的工作,因此资本账户的自由化会提高对技术工人的需求而降低对非技术工人的需求,从而导致更大的工资差距,这一影响在高金融需求与强互补型产业中更为明显。

(三) 外资银行与收入不平等

曼索思·蒂里斯等(2013)通过运用126个国家1995~2009年的数据信息衡量外资银行所有权与国内收入不平等之间的关系发现,在过去的20年内外资银行比重上升提高了一国国内的收入不平等程度,而这一影响的大小却与外资银行所属国与进入国之间机构与管理制度差异有关,两国制度差异越大,外资银行进入越能够引起进入国金融系统的竞争,放松对小型企业等的信贷约束,减少信贷市场的信息不对称与道德风险,促进进入国收入与财富平等。

(四) 货币政策与收入不平等

学者们对货币政策与收入不平等关系的研究,主要从两个角度展开:

1. 利率政策

加西亚、普列托-阿莱斯和西蒙(C. García, M. Prieto - Alaiz and H. Simón, 2013)研究发现,实际利率上升将使得收入最高的25%人群收入提高而收入最低的25%人群收入下降,加剧发展中国家收入不平等。因此,旨在降低实际利率的政策有利于降低发展中国家在经济增长过程中的收入差距。

2. 通货膨胀政策

库斯·赞提和史蒂芬·P·詹肯斯(Markus Jantti and Stephen P. Jenkins, 2010)通过研究英国1961~1999年宏观经济变量与收入分配之间的关系发现，通货膨胀对收入不平等的作用在统计上不显著，因此旨在控制通货膨胀的政策对于降低发展中国家的收入差距没有显著影响，并可能由于一国经济的特殊情况而带来负面影响（C. García, M. Prieto - Alaiz and H. Simón, 2013）。

七、就业与收入不平等

（一）就业率

学者们关于就业率对收入不平等影响的实证研究，得出了不同结论。有的学者从失业率的角度考察了就业与收入不平等之间的关系，得出了失业率对收入不平等影响不显著（Markus Jantti and Stephen P. Jenkins, 2010）的结论。即使在那些认为就业率会影响收入不平等的观点中，对于就业率对收入不平等作用方向上也存在两种完全不同的看法，具体是：

1. 就业率上升将会带来收入不平等恶化

玛丽卡·科里娜索和赫克托·萨拉（Marika Karanassou and Hector Sala, 2012）通过用工资—生产率差距衡量劳动收入份额考察美国、英国与瑞典过去40年收入不平等和就业之间的关系发现，由于全球化、技术进步与劳动力市场政策导致工资—生产率差距扩大，资本收入提高，从而企业利润提高并有能力雇佣更多劳动力，推高了就业率，但由于工资增速落后于技术进步，导致劳动收入份额不断下降，收入不平等程度加剧，并使得收入不平等—就业率弹性扩大。在20世纪90年代，就业率上升1个百分点导致以上三个国家收入不平等程度恶化0.7~0.9个百分点。美国在21世纪头10年里这一比率略微下降，但是瑞典则有所上升，英国的上升幅度更大。在英国，就业率每提高1个百分点会导致收入不平等程度恶化1.3个百分点。加西亚等（2013）也发现，就业率上升会轻微提高发展中国家的不平等程度。尽管就业率上升提高了收入最低的25%人群的收入份额，但是由于收入前50%的人群收入水平保持不变而次收入最低的25%人群收入份额降低，使得收入差距轻微上升。

2. 就业率上升有利于改善收入不平等

也有学者在研究不同族群间收入不平等时得出了与上述观点相反的结论。如卡洛斯·格兰蒂（Carlos Gradín, 2014）研究发现，在美国，非洲裔人群相对于白种人更可能处于收入分配的底端，即非洲裔人群存在更高的贫困率，但是与巴西和南非不同的是，在美国引起这一差距的主要原因在于非洲裔人群的劳动参与程度较低，年轻无技术的非洲裔男性人群的低就业率是导致美国不同肤色人群之间收入差距的最主要原因。

（二）劳动力市场

学者们从不同技术劳动力供需、劳动力市场完善程度、工作时间差距、劳动法规等角度，考察了劳动力市场因素对收入不平等的影响。

1. 不同技术劳动力供需

劳动力市场上，对不同技术劳动力的需求变化将直接影响各类劳动者的收入水平，从而影响收入不平等程度。雷蒙多·坎波斯－巴斯克斯等（Raymundo M. Campos–Vázquez, Gerardo Esquivel and Nora Lustig, 2012）通过检验不同技术的劳动力市场供给与需求对墨西哥收入不平等变化的影响发现，在 1989~1994 年间由于贸易与国外直接投资的自由化，使得劳动密集型产业受损，对高技术的劳动力需求的增加使得高技术工人劳动报酬得到提高，不同技术劳动力间收入所得差距扩大。在 1994~2010 年间则由于高技术工人供给超过需求，墨西哥工业大量采用流水线生产方式提高了对低技术工人的需求使得两者之间的收入差距减小，因此在此阶段墨西哥的收入不平等程度减小。

2. 劳动力市场完善程度

是否具有完善的劳动力市场也影响着收入不平等。阿泽维多等（Azevedo, J. P. et al., 2013）指出，劳动力市场的改善是促进拉丁美洲国家收入平等化的重要因素。一个更为公平的劳动力市场是推动收入不平等程度下降的主要动力。

3. 工作时间

托马斯·金德林等（Thomas Gindling et al., 2013）发现，在美洲中部的 5 个国家中，除尼加拉瓜以外，工作时间差距的扩大是收入不平等程度上升的主要原因。这主要是由于 20 世纪 80 与 90 年代旨在提高私人企业生产率，以与国际市场进行竞争的经济改革，使得在公共机构全职工作的劳动者数量减少，而在大型、正式的私人企业加班的劳动者比重，以及在小型非正规企业兼职工作人员比重增加，导致劳动者之间的工作时间差距扩大，从而引起了收入不平等程度上升。

4. 劳动法规

西蒙·迪肯等（Simon Deakin et al., 2013）研究 OECD 六国（法国、德国、日本、瑞典、英国和美国）1970～2010 年期间劳动法与收入公平之间的关系发现，旨在保护劳动者的劳动法规，如保护工作时间、职工代表以及要求对全职与兼职人员雇佣合同的平等对待等法规，能有效促进收入平等。

八、教育与收入不平等

（一）教育不平等引发收入不平等

近年来，教育引起的收入不平等成为很多学者研究的重要内容。丹尼尔·切奇等（Daniele Checchi et al., 2014）通过比较 20 个国家 1950～1981 年的留学生评估、教育普及度、收入分配与教育改革数据发现，教育改革对教育质量与教育普及程度具有影响，教育的不平等影响了收入的不平等。教育政策（例如义务教育年份的延后或者标准化考试的引入）将会在 30 年后减少收入的不平等。卡洛斯·格兰蒂（Carlos Gradín, 2014）通过研究南非与巴西不同肤色人群之间收入分配差异也发现，非洲裔人群所获得的平均收入与白种人相比存在较大差异，他们之间的教育差异是导致收入差距的主要原因，这一影响在巴西尤为明显。因此，随着底层劳动者受教育程度提高，收入不平等程度将会有所改善（Azevedo, J. P., Inchauste, G. and Sanfelice. V., 2013）。学者们对英国的实证研究也得出了类似结论。他们认为，教育差距导致了 20 世纪 80 年代以及 90 年代早期英国的收入不平等程度加剧，在进入 21 世纪后这一影响有所减弱（Richard Blundell and Ben Etheridge, 2010）。

（二）教育不平等引发收入不平等的内在机制

教育之所以能够影响收入不平等，原因在于教育回报问题。托马斯·金德林等（Thomas Gindling et al., 2013）研究发现，教育回报的提高是导致收入不平等程度提高的一个原因。教育回报的提高主要是由于对受过高等教育的劳动力需求的上升，这源于技能偏向性技术的改变。萨尔瓦多与尼加拉瓜收入不平等程度下降是由于这些国家教育回报下降造成的，而教育回报的下降并不是由于两国教育的高速扩张，而是在于对高学历劳动力需求下降导致中学与更高学历的劳动者真实收入下降。与这两国不同的是，在哥斯达黎加，对高学历劳动者的需求以及中学与更高学历劳动者的真实收入持续上升，表明在 20 世纪第一个 10 年中技能偏向性技术变化在哥斯达黎加加速，导致教育回报与劳动生产率持续上升，从而导致哥斯达黎加收入不平等程度上升。

因此，阿泽维多等（Azevedo, J. P. et al., 2013）研究指出，教育与经验回报的下降是劳动力收入不平等程度下降的一个原因。

九、经济全球化和收入不平等

学者们对国际贸易和全球化与收入不平等的关系也存在不同看法，主要观点有：

（一）贸易自由化和全球化会恶化收入不平等

安德烈亚斯·伯格和泰瑞莎·尼尔森（Andreas Bergh and Therese Nilsson, 2010）通过研究 1970~2005 年间 80 个国家的面板数据发现，国际贸易自由化和全球化与收入不平等程度存在显著的正相关关系。达亚尔·陶克德和洛夫·智利（Dayal Talukder and Love Chile, 2013）通过研究农村贸易自由化政策的收入分配效应也发现，中等偏上收入的农户其收益提高最多，而小型农户收益提高最少，这表明，农村贸易自由化在提高农村家庭收入的同时，这一好处却没有被平等地共享，富裕家庭相对贫困家庭而言其真实收入提高更多，因此拉大了富裕家庭与贫困家庭的收入差距，农村家庭收入不平等程度恶化。

（二）全球化发展会改善收入不平等

周磊等（Lei Zhou et al.，2011）研究发现，全球化与基尼系数之间呈负相关关系，全球化发展有助于降低国内的收入不平等程度。

（三）贸易开放如何影响收入不平等有赖于一国发展的资本密集度

利姆和麦克尼利斯（Lim, G. C. and McNelis, P. D.，2014）利用42个国家1992~2007年面板数据估计表明，贸易开放程度能够有效影响收入不平等程度，但是这种影响却依赖于各国的资本密集度，在不同的资本密集度情况下，开放程度与基尼系数可分别呈现负相关或正相关关系。当一国能够通过发展资本密集型产业而有效提高劳动的边际生产率时，贸易与金融开放可以作为有效政策来减少低收入国家的不平等程度，减弱全球化对不平等的影响。

参考文献

1. Andreas Bergh, Therese Nilsson, 2010, Do Liberalization and Globalization Increase Income Inequality? *European Journal of Political Economy*, Vol. 26, Issue 4, pp. 488 – 505.

2. Atkinson, A. B., J. E. Søgaard, 2013, The Long-run History of Income Inequality in Denmark: Top Incomes From 1870 to 2010, *EPRU Working Paper Series*, No. 01.

3. Azevedo, J. P., Davalos, M. E., Diaz – Bonilla, C., Atuesta, B., Castaneda, R., 2013, Fifteen Years of Inequality in Latin America How Have Labor Markets Helped?, *World Bank Policy Research Working Paper*, No. 6384.

4. Azevedo, J. P., Inchauste, G., Sanfelice. V., 2013, Decomposing the Recent Inequality Decline in Latin America, *World Bank Policy Research Working Paper Series*, No. 6715.

5. Banerjee, Abhijit V., Andrew F. Newman, 1993, Occupational Choice and the Process of Development, *Journal of Political Economy*, Vol. 101, Issue 2, pp. 274 – 298.

6. C. García, M., Prieto – Alaiz, H. Simón, 2013, The Influence of Macroeconomic Factors on Personalincome Distribution in Developing Countries: A Parametric Modelling Approach. *Applied Economics*, Vol. 45, Issue 30, pp. 4323 – 4334.

7. Carlos Gradín, 2014, Race and Income Distribution: Evidence from the USA, Brazil and South Africa, *Review of Development Economics*, Vol. 18, Issue 1, pp. 73 – 92.

8. Cynamon, Barry Z., Steven M. Fazzari, 2013, Inequality, The Great Recession, and Slow Recovery, *Intereconomics/Review of European Economic Policy*, Vol. 48, Issue 6, pp. 379 – 380.

9. Daniele Checchi, Herman G. van de Werfhorst, 2014, Educational Policies and Income Inequality, *Discussion Paper*, The Institute for the Study of Labor (IZA), No. 8222.

10. Dayal Talukder, Love Chile, 2013, Agricultural Trade Liberalisation and Growth in Income of Rural Household In Bangladesh: A Quintile – Growth Approach to the Analysis of Distributional Consequences, *Economic And Business Review*, Vol. 15, No. 3, pp. 233 – 258.

11. Eckhard Hein, 2013, Finance-dominated Capitalism and Re-distribution of Income: A Kaleckian Perspective, *Cambridge Journal of Economics*, 1 of 28, Bet038.

12. Edwin Goni, 2011, Fiscal Redistribution and Income Inequality in Latin America, *World Development*, Vol. 39, No. 9, pp. 1558 – 1569.

13. Farhad Rahbar, Mostafa Sargolzaei, Razieh Ahmadi, Marzieh Ahmadi, 2013, The Effects of Government's Financial Polices on Economic Growth and Income Distribution (Case Study: Iran), *Management and Administrative Sciences Review*, Vol, 2, Issue 4, pp. 336 – 342.

14. Galor Oded, Joseph Zeira, 1993, Income Distribution and Macroeconomics, *Review of Economic Studies*, Vol. 60, Issue 1, pp. 35 – 52.

15. George Clarke, Lixin Colin Xu, Heng-fuZou, 2013, Finance and Income Inequality: Test of Alternative Theories, *Annals of Economics and Finance*, Vol. 14, Issue 2, pp. 493 – 510.

16. Greenwood, Jeremy, Boyan Jovanovic, 1990, Financial Development, Growth, and the Distribution of Income, *Journal of Political Economy*, Vol. 98, Issue 5, pp. 1076 – 1107.

17. Gindling, Thomas, Trejos S., Juan Diego, 2013, The Distribution of Income in Central America, *Discussion Paper Series*, Institute for the Study of Labor (IZA), No. 7236.

18. H. Xavier Jara, Alberto Tumino, 2013, Tax – Benefit Systems, Income Distribution and Work Incentives in the European Union, *EUROMOD Working Paper*, No. EM 7/13.

19. Hailong JIN, Hang QIAN, Tong WANG, E. Kwan CHOId, 2014, Income Distri-

bution in Urban China: An OverLooked Data Inconsistency Issue, *China Economic Review*, Vol. 30, Issue 2, pp. 383 – 396.

20. Jason Debacker, Bradley Heim, Vasia Panousi, Shanthi Ramnath, Ivan Vidangos, 2013, Rising Inequality: Transitory or Persistent? New Evidence from a Panel of U.S. Tax Returns, *Brookings Papers on Economic Activity*, Vol. 2013, Issue 1, pp. 67 – 142.

22. João Pedro, Azevedo Antonio, C. David, Fabiano Rodrigues Bastos, Emilio Pineda, 2014, Fiscal Adjustment and Income Inequality: Sub-national Evidence from Brazil, The World Bank Europe and Central Asia Region? Poverty Reduction and Economic Management Team, *Policy Research Working Paper*, No. 6945.

23. Jonathan D. Fisher, David S. Johnson, Timothy M. Smeeding, 2013, Measuring the Trends in Inequality of Individuals and Families: Income and Consumption, *The American Economic Review*, Vol. 103, Issue 3, pp. 184 – 188.

24. Konstantinos Angelopoulos, Bernardo X. Fernandez, James R. Malley, 2014, The Distributional Consequences of Tax Reforms Under Capital – Skill Complementarity, *Economica*, Vol. 81, Issue 324, pp. 747 – 767.

25. Kuznets S., 1955, Economic growth and income inequality, *The American Economic Review*, Vol. 45, No. 1, pp. 1 – 28.

26. Lei Zhou, Basudeb Biswas, Tyler Bowles, Peter J. Saunders, 2011, Impact of Globalization on Income Distribution Inequality in 60 Countries, *Global Economy Journal*, Vol. 11, Issue 1, pp. 1 – 16.

27. Leonardo Gasparini, Nora Lustig, 2011, The Rise and Fall of Income Inequality in Latin America, *The Oxford Handbook of Latin American Economics*, pp. 691 – 714.

28. Lim, G. C., McNelis P. D., 2014, Income Inequality, Trade and Financial Openness, *Melbourne Institute Working Paper*, No. 7/14.

29. Manthos D. Delis, Iftekhar Hasan, Pantelis Kazakis, 2014, Bank Regulations and Income Inequality: Empirical Evidence, *Review of Finance*, Vol. 18, Issue 5, pp. 1811 – 1846.

30. Manthos D. Delis, Iftekhar Hasan, Nikolaos Mylonidis, 2013, Foreign Bank Ownership and Income Inequality: Empirical Evidence, http://www.ceibs.edu/faculty/xubin/China03.pdf.

31. Marika Karanassou, Hector Sala, 2012, Inequality and Employment Sensitivities to the Falling Labour Share, *The Economic and Social Review*, Vol. 43, No. 3, pp. 343 – 376.

32. Martin Ravallion, 2014, Income Inequality in the Developing World, *Science*, Vol. 344, No. 6186, pp. 851 – 855.

33. Matthew Brzozowski, Martin Gervais, Paul Klein, Michio Suzuki, 2010, Consumption, Income, and Wealth Inequality in Canada, *Review of Economic Dynamics*, Vol. 13, Issue 1, pp. 52 – 75.

34. Jantti, Markus, Jenkins, Stephen P. , 2010, The Impact of Macroeconomic Conditions on Income Inequality, *Journal of Economic Inequality*, Vol. 8, Issue 2, pp. 221 – 240.

35. Mauricio Larrain, 2013, Capital Account Liberalization and Wage Inequality, *Columbia Business School Research Paper*, No. 12/48.

36. Mehtabul Azam, Abusalah Shariff, 2011, Income Inequality in Rural India: Decomposing the Gini by Income Sources, *Economics Bulletin*, Vol. 31, No. 1, pp. 739 – 748.

37. Muhammad Shahbaz, Financial Development, 2013, Economics Growth, Income Inequality Nexus: A Case Study of Pakistan, *International Journal of Economics and Empirical Research*, Vol. 1, Issue 3, pp. 24 – 47.

38. Muhammad Shahbaz, 2010, Income Inequality-economic Growth and Non-linearity: A Case of Pakistan, *International Journal of Social Economics*, Vol. 33, Issue 8, pp. 613 – 636.

39. Pratap S. Birthala, Digvijay S. Negia, Awadesh K. Jhab, Dhiraj Singh, 2014, Income Sources of Farm Households in India: Determinants, Distributional Consequences and Policy Implications, *Agricultural Economics Research Review*, Vol. 27, Issue 1, pp. 37 – 48.

40. Raymundo M. Campos – Vázquez, Gerardo Esquivel, Nora Lustig, 2012, The Rise and Fall of Income Inequality in Mexico: 1989 – 2010, *WIDER Working Paper*, No. 2012/10.

41. Richard Blundell, Ben EtheridgeI, 2010, Consumption, Income and Earnings Inequality in Britain, *Reviews of Economic Dynamics*, Vol. 13, Issue 1, pp. 76 – 102.

42. Richard V. Burkhauser, Shuaizhang Feng, Stephen P. Jenkins, Jeff Larrimore. 2011, Estimating trends in US income inequality using the Current Population Survey: The Importance of Controlling for Censoring, *Journal of Economic Inequality*, Vol. 9, Issue 3, pp. 393 – 415.

43. Robert Joyce, Luke Sibieta, 2013, An Assessment of Labour's Record on Income Inequality and Poverty, *Oxford Review of Economic Policy*, Vol. 29, Issue 1, pp. 178 – 202.

44. Shigehiro Oishi, Selin Kesebir, Ed Diener, Income Inequality and Happiness, *Psychological Science*, Vol. 22, Issue 9, pp. 1095 – 1100.

45. Simon Deakin, Jonas Malmberg, Prabirjit Sarkar, 2013, Do Labour Laws Increase Equality at the Expense of Higher Unemployment? The Experience of Six OECD Countries, 1970 – 2010, Centre for Business Research, *University of Cambridge Working Paper*, No. 442.

46. Yang Song, 2013, Rising Chinese Regional Income Inequality: The Role of Fiscal Decentralization, *China Economic Review*, Vol. 27, Issue 4, pp. 294 – 309.

第十二章 路径依赖理论研究的新进展

一、路径依赖理论的发展脉络

保罗·戴维（Paul A. David, 1985）认为，所谓路径依赖（Path Dependence），是指具有正反馈机制的制度体系一旦在外部偶然性事件影响下被系统所采纳，就会沿着一定路径发展演进下去，而且不容易被其他潜在的即使可能是更优的制度所替代。

最初，有关路径依赖的相关思路来自自然科学中的混沌理论。混沌理论的非线性模型的一个隐含意义是对最初条件的敏感依赖：一些小的，无关紧要的事件将会决定或可能锁定最后的结果（Stan J. Liebowitz and Stephen E. Margolis, 2000）。在数学与物理学中，路径依赖指的是，对于初始条件的敏感性依赖，即过去的决策决定今天可以选择的分配结果。路径依赖的生物学本意是指物种进化时的偶然性——自然选择的不可逆转特征（Stan J. Liebowitz and Stephen E. Margolis, 2000）。物种进化不仅取决于基因的随机突变和外部环境，还取决于基因本身存在的等级序列控制。当物种进化时，偶然随机因素启动基因等级序列控制机制，使物种进化出现不同的路径，并且这些路径互不重合、互不干扰。生物学家康诺德·瓦丁唐（Conrad Waddington）首先用希腊语 chreod 和 homorhetic（即必然的、命中注定的、自动跟随的路径）来表示这种现象。在《精彩生活》（*Wounderful Life*）一书中，史蒂芬·古尔德（Stephen J. Gould, 1990）将这个新思维引入了古生物学中，后来他（2008）又在《熊猫的拇指：自然史沉思录》一书中进一步提出了生物进化中存在着间断均衡，生物演进路径的机制以及路径可能非最优的性质。也就是说，生存者可能并不是最佳选择，而只是恰好在那一时点附近是最佳的（Stan J. Liebowitz and Stephen E. Margolis，1995），并明确了"路径依赖"的概念。

这一概念第一次在经济学家中引起广泛注意是因为保罗·戴维 1985 年发表的那篇著名的文章——《历史与 QWERTY 经济学》。在这篇文章中，他通过对计算机为什么至今还采用 QWERTY 键盘的分析，说明了历史变迁的路径依赖性质。后来，戴维（2007）重新修正了路径依赖定义。他认为，路径依赖可以重新被定义为系统的动态过程和它最终采取的受约束的结构之间的关系，在决定性过程被认为是带来路径依赖结果时才直接被使用，是许多潜在可以实现的约束状态中的一个特殊均衡。或者说，路径依赖的性质可以被定义为，对一类随机过程来说，它不是一个结果，而是有限制的概率分布。

布赖恩·阿瑟（W. Brian Arthur）将路径依赖理论引入技术变迁轨迹研究领域。他指出，一些细小的事件或是偶然因素，常常会把不一定是最好的技术的发展引入一种特定路径，而不同的路径会导致完全不同的结果。

道格拉斯·诺思（Douglass C. North，1990）把这一分析方法应用于制度分析，创立了制度变迁的路径依赖理论。他认为，"路径依赖是分析和理解长期经济变迁的关键"。制度变迁的路径依赖指的是制度演进中存在着一种自我强化机制，这种机制使制度演进一旦走上某一条路径，就会在以后的发展中得到自我强化。沿着既定的路径，经济或政治制度的变迁可能进入良性循环轨道迅速优化，也可能顺着原来的错误路径往下滑，要想摆脱这种状态十分困难，往往要依靠外部力量或外生变量的作用。

时至 20 世纪 90 年代，虽然有关路径依赖的一些理论问题仍然悬而未决，有关的争论仍然存在，有时甚至还很激烈（Paul A. David，2001），但是，制度变迁的轨迹和路径依赖理论的核心问题，已不再是它存不存在、重要不重要的问题了。人们更关注的是如何或者怎样显示它的重要性的问题，也就是说，应该把路径依赖作为一种分析方法和观察问题的新视角，运用它去观察、分析具体问题，在具体问题的研究中去证明它的合理性、适用性和理论的生命力，以及发现它的不足和缺点，以便进一步发展和完善它。

阿弗纳·格雷夫按照上面的思路进行了一系列研究，推进了路径依赖理论研究。首先，他强调并证明了制度变迁过程中显示出的路径依赖特征是政治、经济、文化和社会因素综合作用的结果；其次，他把博弈论与路径依赖分析的方法结合起来，开辟了进行制度选择与制度变迁研究的新领域和新视角；最后，他通过理论推导和史实验证的办法论证了文化信仰在制度变迁轨迹中的决定性作用。①

二、报酬递增与路径依赖

报酬递增理论最早可以追溯到亚当·斯密的《国富论》。斯密从企业的角度说明了报酬递增产生的过程。20世纪80年代中期以来，新增长和新贸易理论的兴起，以及布赖恩·阿瑟对报酬递增"路径依赖"过程的处理，重新引起了人们对报酬递增理论的浓厚兴趣。

布莱恩·阿瑟（W. Brian Arthur, 1994）指出，当一个生产者获得市场优势，以及在很长的时间段内存在大的利润空间时，就会出现递增报酬的情况。递增报酬现象事实上是技术或知识优势的体现，在具有收益递增的动态经济过程中，技术演化存在的是多重均衡而非传统经济学分析结论赖以存在的单一均衡。同时，技术演化敏感依赖于初始状态，即对初始条件中偶发的、微小的历史事件十分敏感，它们影响和决定技术最终朝哪一个方面发展，而一旦某一技术（往往此技术并非最优技术）受偶然性因素影响而被采用，收益递增机制便会促使它进一步流行并呈现前后连贯、相互依赖的特征，而很难为其他潜在的甚至更优的竞争技术所替代。用数学的方式可以表达为：

即假设一个企业在每个时期都可以从几个可能的技术 A_1，A_2，A_3，…，A_n 中选择一项，并假设这些行动均能优化或劣化它过去已采取的行动。设 A_f 的回报为 $\pi_f(k)$，其中 k 是以前选择 A_f 的次数，其贴现率为 β_j $(0<k<n,\ 0<j<n)$。

（1）如果 $\beta_j > \beta_i (i=1, 2, …, n, i \neq j)$，那么企业最初将选择 A_j；

（2）如果采用技术 A_j 的回报 $\pi_j(k)$ 随 k 单调增加，那么以后企业每次都将继续选择 A_j。这样，增加的回报越多，该项技术就越被更多地采用。

布莱恩·阿瑟还用概率方面的例子成功地解释了报酬递增问题。他认为，我们并不需要孤立地研究每种报酬递增问题：许多问题都能用一种通

---

① 韩毅：《历史的制度分析——西方制度经济史学的新进展》，辽宁大学出版社 2002 年版，第 154 页。

用的非线性原理加以解释。可以举一个例子来说明：想象有一张桌子，每次从上方落下一种颜色的小球，球有若干种颜色，红、白、兰、黑，等等。下一次要落下什么颜色的小球虽然是未知的，但是其可能性取决于目前桌子上小球颜色的比例。如果桌上某种颜色的小球多了，那么下一个落下的仍是这种颜色的小球的可能性也会提高。我们可以用这个系统模拟报酬递增规律如何发挥作用。现在，问题就变成，一开始给定一个能够映射当前落球颜色概率的函数，在很多球落下以后，桌上的球的颜色比例会呈何种结果？

1913年，数学家乔治·玻利亚用一个非常有代表性的例子解决了这类问题。在该例中，一种颜色增加的可能性总是等于该种颜色当前的分布。三位美国概率学家，密歇根大学的布鲁斯·希尔（Bruce. M. Hill）、明尼苏达大学的阿维德·莱恩（Aavid A. Lane）与威廉·萨德思（William D. Sudderth）于1980年解出了该问题更为普遍的非线性形式解。1983年，两位苏联概率学家（Yuri. M. Ermoliev, Yuri. M. Kaiovski）和布莱恩·阿瑟找到了该问题的最一般解。随着球的持续增加，他们证明，每种颜色的比例一定会稳定到概率方程的"不动点"——即在增加每种颜色的可能性等于桌上颜色分布比例之处的一组值。

这个试验结果表明，新增加的球的颜色可能取决于早期的选择——早期进入瓶子的球的颜色。另外，当瓶子中球的数量足够多的时候，从中取出来一个任何颜色的球，对瓶子中球的颜色的分布概率的影响都不重要。也就是说，报酬递增市场的最后结果很大程度上依赖于早发生事件的影响。同样的，在回报越多、人们就越愿意采取行动的市场中，最先采取的行动在后来继续被采取的可能性就更大。

在真实的世界中，这些球可以被一些公司所代替，第一家进入行业的公司纯粹因为地域的偏好而决定公司位置。第二家公司的决策基于一种经过修正偏好，这种修正来自于因靠近第一家而获得的额外收益。第三家的决定受到头两家的影响，依此类推。如果某些地方在这种演化开始时，因为好运气而比其他地方吸引更多公司，那么它吸引更多公司的可能性就会增长。工业集中就成为一种自我增强的过程。"偶然性与必然性"相互作用，两者都在美国和世界其他地方的城市中心发展过程中起关键作用（W. Brian Arthur, 1990）。

布莱恩·阿瑟把报酬递增规律发生作用的这一过程概括为正反馈机制或自我增强机制，它会放大微小的经济变化效果，结果是强者越强，弱者越弱。阿瑟假设，当两种或两种以上的技术在市场上竞争市场份额时，一些无意义的事件或偶然的机会可能会决定最终谁会被率先采用。一旦这种技术被采用，它就会比其他竞争对手获得更多的改善机会，进而能进一步扩大其市场份额。这样，在偶然情况下被采纳的这种技术在市场上获得率先使用的优势，并最终一直持续下去，而其他类似的技术在市场上将逐渐丧失份额，最终被摒弃出市场之外。

在报酬递增（或网络外部性）的作用下，早期的一些机会或历史上偶然事件的作用通过正反馈机制经常被放大，使得一种产品或技术的领先地位在早期就已成型。它的存在使得与报酬递增有关的市场上资源的使用和分配容易出现多种可能性结果，而且，某一种可能结果一旦出现，往往就会倾向于长期被锁定。由此可见，初始条件对制度路径选择有着重要影响。

在收益不变和递减情况下，市场演化只反映了禀赋、偏好变化的可能性；小事件无法撼动该结果。与此相反，在收益递增情况下，许多结果就变得可能了。不重要的环境因正反馈使该系统进入到实际选择结果而变得非常重要。历史上的小事件也变得重要起来（W. Brian Arthur, 1989）。保罗·戴维（Paul A. David, 1994）认为，路径依赖过程中的自我增强机制来源主要有：一致性预期与协调、制度化与角色分类、信息渠道与作为"沉淀"组织成本的讯号和相关性、互补性和先例等。

三、报酬递减与不合意的锁定

在报酬递增的情形下，制度会沿着既定的路径走下去，可是，即使出现报酬递减的情形，也不会发生制度立即跳脱原有路径的情形，它可能会在原有路径中持续存在，这时就发生了"不合意的锁定"。我们从一个关于路径依赖的简单数字例子开始，作为基本案例的一个说明。表 12-1 是 1989 年布莱恩·阿瑟（W. Brian Arthur, 1989）在一篇论文中提出来的，是他论证自己全部研究的基础。

表 12-1　　　　　　　　采用的支付矩阵

先前采用的数字	0	10	20	30	40	50	60	70	80	90	100
技术 A	10	11	12	13	14	15	16	17	18	19	20
技术 B	4	7	10	13	16	19	22	25	28	31	34

第十二章 路径依赖理论研究的新进展

表 12-1 是说明有两种相互竞争的技术。这时出现了一个潜在的技术采用者,而且将要在技术 A 和技术 B 之间做出选择。假设技术的使用者接受一个支付矩阵(价值),正如表 12-1 列出的数据,矩阵的数值是由某一技术的全部使用者的数量决定的。因此,例如,如果有 21 个人采用技术 A,每个使用者就会得到的报酬值为 12。报酬值随着采用者的数量递增而递增,这与报酬递增的假设相一致。这些递增的收益可能是因为生产过程中的规模经济或者是网络效应而产生的(即当越来越多的人使用某个产品的时候,对单个使用者来说,产品的价值就会上升。)

布莱恩·阿瑟用该图表来证明发生不合意锁定的可能性。在这种情境中,第一个技术采用者会面临一个选择,选择技术 A 收益 10,而技术 B 收益 4,那么他一定会选择技术 A。后来的一些技术采用者都会强化采用技术 A 的优势。但是,如果技术 B 的使用者数量足够多,技术 B 就会给使用者带来更大的收益。但是单个使用者的选择结果使我们锁定在技术 A 上。

保罗·戴维(Paul A. David,2001)认为,"锁定"是一种描述系统进入一个陷阱地带——局部(或全部)被稳定均衡包围的引力湾——的鲜活方法。当经济系统进入这样一个区域后,就不能逃离,除非有某种外力的干预或冲击,改变其结构或改变主体间的内在关系。因此,路径依赖系统——它具有出现偶然事件选择的多重可能均衡——也许会锁定于最优吸引子,或者是可行集合中同样好的其他选择,要不就是选择了一条通往人们一旦到达就希望逃离的地方的路径。

人们应当说这种结构是自我实施的(纳什)均衡。在路径依赖的案例中,某些特殊历史事件产生有效选择的变迁顺序,一种而不是另一种这样的结构被作为系统的自发性质而实现。在有些情形中,如在纯合作博弈(主体间的动态相互作用中存在策略互补)中,不存在多重均衡的帕累托排序,从这些均衡中路径依赖和分叉过程可以做出选择。在这种情形中,如果每个人都可以做其他事情,即使做其他事情更幸福,人们仍满足于保持现状的理由是因为信息不充分,或者在不完全信息条件下,发生逃离的"纯"协调成本很高。这就是"锁定"作为一种特殊的路径依赖形式存在的原因。

布莱恩·阿瑟(2013)最近的研究认为,正反馈机制和负反馈机制通常是交互发生作用的。如果经济中只有负的反馈机制(报酬递减),经济很快就会趋于均衡,直至僵死在某一点。如果只有正的反馈机制(报酬递增），经济就会飞速发展，甚至出现爆炸性突破。只有这两者同时发挥作用，正反馈机制和负反馈机制的作用会互相抵消掉一部分，导致一些制度或状况出现，当然也可能消失。保存下来并得到进一步发展的制度或状况会决定未来的制度或状况。这样才使经济充满了勃勃生机。

四、制度变迁与路径依赖

（一）诺思的制度变迁与路径依赖理论

道格拉斯·诺思（Douglass C. North，1990）认为，新制度经济史所要解释和说明的核心问题是："为什么相对无效的经济会持续？是什么妨碍了它们去采用更有效的经济制度呢？"在探寻这一问题答案的过程中，诺思又发展了制度变迁的轨迹和路径依赖理论。他认为，制度变迁的路径依赖理论能够为上述问题的解答提出一个新视角，路径依赖性是理解长期经济变迁的关键。

诺思认为，制度变迁的这种轨迹差异和路径依赖，揭示了当今世界不同国家和地区政治经济形态千差万别的重要根源，也是低效率的制度得以长期存在的重要原因。诺思指出了形成路径依赖的两个最重要的因素：一是报酬递增；二是交易成本过高形成的不完全市场。报酬递增意味着在制度变迁的某个阶段仅有一个获胜者，他处于支配地位，即使面对更有效的备择制度，获胜者的信念和有限理性所导致的认知不足相结合，就会产生自我强化机制，从而把制度锁定在原先的路径上，这就是所谓"路径依赖"。在报酬递增的前提下，如果相应的市场是竞争性的，或者是交易成本接近于零，制度变迁的长期轨迹将是有效的。不完全市场则意味着企业家明显要受到不完全信息的制约，特别是交易成本导致信息反馈是一部分一部分完成的，而不是瞬时得到全部信息，即交易成本是十分显著的。在决策时，企业家就会受到已经形成的经验和意识形态的支配，结果是观念决定了路径，在路径的选择过程中，不良的绩效可能居于支配地位。

诺思将制度变迁的这种路径依赖特征与经济的长期增长或下降模型结合起来，给出了制度长期变迁中的两种轨迹。

诺思路径依赖Ⅰ：一旦一条发展路线沿着某一具体进程前进时，系统外部性、组织的学习过程,以及历史上关于这些问题所派生的主观主义模型就会增强这一进程。一种具有适应性的有效制度演进轨迹将允许组织在环境的不确定下选择最大化目标,允许组织进行各种试验,允许组织建立有效的反馈机制,去识别和消除相对无效的选择,并保护组织的产权,从而引致长期经济增长。

诺思路径依赖Ⅱ:一旦在起始阶段带来报酬递增的制度,在市场不完全、组织无效的情况下,阻碍了生产活动的发展,并会产生一些与现有制度共存共荣的组织和利益集团,这些制度参与者的主观精神构想会演进成一种自利,但可能导致社会选择非理性的意识形态,不会主动推动现有制度向潜在收益更高的制度变迁,只会加强现有制度,由此产生维持现有制度的政治组织,从而使这种无效的制度变迁路径持续下去,这种制度只能激励简单的财富再分配,却给生产活动带来较少收益,也不鼓励增加和扩散有关生产活动的特殊组织,并在经济发展过程中演化出一些加强现有激励与组织的政策。结果不仅会出现不佳的增长实绩,且会使其保持下去,并得到自我强化,直至进入"锁定"状态不能自拔。

诺思(1994)还强调了非正式制度安排的影响。非正式制度安排是人们在长期的社会交往中逐步形成并得到社会认可的行为规范,包括价值观念、伦理道德、意识形态等。现实世界的表象构成了人们对事物的最初认识,这些认识通过日常行为过程的不断博弈和人类大脑的总结,形成了一系列文化传统。人们持有的信念等文化传统因素又决定了他们下一步的选择,而这些选择反过来又导致了人类处境的变化。人们还通过已经相对稳定下来的文化传统来解释现实和我们的行为方式,这在后来就导致了制度结构或者说制度矩阵的形成。并且,文化传统不断地受到现实的修正,所以我们颁布了能逐渐修改制度结构的政策。逐渐增多的制度变迁总是受到路径依赖的制约,也就是说,现存的制度制约着我们的选择。当我们做出那些不断改变政策的选择时,我们正在改变现实。在变化着的现实中,我们也不断地改变着我们本来固有的文化传统。从人类开始试图主宰自己的命运那时起,该环流就在不断地进行着。非正式制度是一种自我维系的内生性秩序,对于自利的和有限理性的个人起到软约束作用,而且被约束者很少单方面摆脱这种制度。

(二) 文化传统、制度变迁与路径依赖

阿弗纳·格雷夫（Avner Greif, 1989）认为，从博弈论的角度看，制度起源于积极的文化信仰，是自发演化的产物。通过比较11~12世纪地中海地区两个最大的贸易集团——热那亚商人和马格里布商人之间文化信仰的差异认为，一个社会的组织——它的经济、法律、政治和社会以及道德强制制度——是伴随着社会建构、信息传递和协调机制的，并且对长期的制度演化具有非常重要的影响。对这两个贸易集团的研究表明，文化信仰是导致两个不同贸易集团差异的主要因素，并在他们之间的互动中形成制度。他认为，过去的文化信仰为博弈提供了焦点（The Focal Point）和合作预期，因此，影响了均衡的选择和社会的自我强制性制度。与诺思不同，格雷夫始终认为非正式的自我实施制度是制度变迁的主体，并且认为对自我实施制度的选择受到历史的（包括经济的、政治的、文化的、和社会的）综合因素制约与影响。这就是历史的路径依赖理论。

格雷夫认为，从传统文化信仰的演化过程看，组织的导入反映了知识存量的增长，并导致了有意识的追求或者是无意识的产出。这一研究在他与米尔格罗姆和温加斯特（Avner Greif, Paul Milgrom and Barry R. Weingast, 1994）对中世纪商业革命的行会（Merchant Guild）研究中也得到了证实。这篇文章还证实，行会因为具有文化信仰依托，所以能够广泛地在不同的商人集团之间建立信息声誉机制，并对行会成员产生诚信和道德强制。在多边声誉机制形成过程中，长距离贸易才成为可能，并且形成了分散化的信息交流网络，最终才是产权的形成。

继而格雷夫等（Avner Greif et al., 2010）又用中国的氏族和欧洲的城市两种社会组织的分叉现象来解释文化和制度如何发生相互作用，影响并产生不同的社会进化轨迹。氏族是一个以其成员认同并忠诚于血缘关系为基础的社区，氏族内的合作，主要是靠道德义务和声誉激励来阻止欺骗和搭便车，从而得以持续，正式制度的实施机制发挥作用较小。与此相比较，城市成员来自很多氏族或者族系，在保证合作能够进行下去的过程中，正式制度起到了非常重要的作用。道德在全城范围内依然存在，适用于每一个人，不仅局限于亲戚或朋友之间，但是和氏族相比，其激励作用较弱。因此，必须有外部的实施机制使合作得以维持。

密歇根大学的詹纳·贝德纳和斯科特·佩奇（Jenna Bednar and Scott

E. Page，2005）为了能够理解文化如何创造了制度路径依赖，建立了抽象模型。他们认为，文化无论被看做是信仰系统、行为模式、认知结构、信任关系、社会网络或者现实表现，都可以被看做为一个动态系统状态。制度塑造了该系统内的激励环境。其激励结果———一项制度绩效——取决于系统状态以及代理人如何反应，而他们的反应方式是受文化影响的，称之为文化调节的制度外部性。文化影响制度绩效，制度影响文化，使文化发生变化。进一步来说，制度执行的效果，不仅仅是现存制度效果的集合，现存的制度通过使文化发生变化而影响了未来制度的实施效果，这意味着路径依赖是真实存在的。

詹纳·贝德纳等（Jenna Bednar et al.，2010）进一步认为，文化既有个性，也有共性。他们建立了一个关于带有各种属性构成的多维文化模型。模型中两种力量共同发挥作用，一种是内在寻求一致性的动力，另一种是社会带来的外在压力。当两种力量同时发挥作用时，整个社会收敛于一个属性一致的合作行为。两种力量都发挥作用的模型要比"纯"一致性模型收敛得慢，一种力量压倒另一种力量的优势会减缓而不是加速收敛速度。这两种力量放大了个体行为中出现的小错误，使差异显著的制度多样性能够持续存在下去。

五、路径依赖理论的应用

戴维（1986）的 QWERTY 键盘路径依赖案例最有代表性。他指出，英国一个研究小组发明的莫尔特（Maltron）键盘，通过将键盘划分成更有效率的几组方式来节省打字员的时间和动作：91%最常见的英文字母都设置在莫尔特键盘的主行（Home-row）位置，而 QWERTY 键盘只有51%。QWERTY 键盘迫使手指要向上或向旁边移动，才能敲击到键盘，经常比使用莫尔特键盘多运动 256 次。而且莫尔特键盘是倾斜的，敲击字母非常容易。但明显不是最优的 QWERTY 键盘却由于某种原因从打字机时代一直沿用到现在。之所以出现这种锁定，是因为技术相关性、规模经济和投资在某种程度上的不可逆性。

道格拉斯·普弗特（Douglas J. Puffert，2000）研究整个地区的铁轨规格标准选择发现，在特定地区的特定规格铁轨的出现和伸展经常是由于一些意外情况决定的。他指出，由于忽略了在整个大陆范围内实现标准化的重要性，使在各个大陆地区更容易出现无效率的多种规格。欧洲和北美地区最严重的差异后来被解决了，有时是通过私有化、单方付款或者是合作等方式，正如利博维茨和玛格里茨注意到的，是通过把铁路网络的外部性内部化而实现的。然而，这一措施没有减少资源配置过程的路径依赖特征（Douglas J. Puffert, 2009）。

保罗·克鲁格曼（Paul Krugman, 1994）追随阿瑟（1994）早期的研究强调指出，在经济地理学中，尤其是硅谷的和其他产业活动中心的确立过程中也存在路径依赖。这些区域不是因为系统的优势而产生，而是意外地产生，并因为聚集经济和其他一些因素导致新公司坐落于类似的公司附近而得到强化。

经济史学家乔治·格兰瑟姆（George Grantham, 1997）把这些理论的一部分运用到对经济萧条周期和西方世界从古典时代开始的发展研究中。他指出，在几千年的时间中，收割技术是路径依赖的，因为特定的收割方法（镰刀或者长柄镰刀）是根据庄稼的特点，系统地被挑选出来，而正反馈使这些方法比其他的方法更有效率。

参考文献

1. Avner Greif, 1989, Reputation and Coalitions in Medieval Trade: Evidence on the Maghribi Traders, *Journal of Economic History*, Vol. 49, Issue 4, pp. 857 – 882.

2. Avner Greif, Paul Milgrom, Barry, R., Weingast, 1994, Coordination, Commitment, and Enforcement: The Case of Merchant Guil, *Journal of Political Economy*, Vol. 102, Issue 4, pp. 745 – 776.

3. Avner Greif, 2006, *Genoa and the Maghribi Traders: Historical; and Comparative Institutional Analysis*, Cambridge: Cambridge University Press.

4. Avner Greif, 1998, Historical and Comparative Institutional Analysis, *The American Economic Review*, Vol. 88, Issue 2, pp. 80 – 84.

5. Avner Greif, 1996, Micro Theory and Resent Developments in the Study of Institutions through Economic Historys, *Advances in Economic Theory*, Cambridge University Press, Vol. Ⅱ, pp. 79 – 113.

6. Avner Greif, 1994, Cultural Beliefs and the Organization of Society: Historical and Theoretical Reflection on Collectivist and Individualist Societies, *Journal of Political Economy*, Vol. 102, No. 5, pp. 912 – 950.

7. Avner Greif, G., Tabellini, 2010, Cultural and Institutional Bifurcation: China and Europe Compared, *The American Economic Review*, Vol. 100, Issue 2, pp. 135 – 140.

第十二章 路径依赖理论研究的新进展

8. Douglass, C., North, 1971, Institutional Change and Economic Growth, *The Journal of Economic History*, Vol. 31, Issue 1, pp. 118 – 125.

9. Douglass, C., North, 1981, *Structure and Change in Economic History*, New York and London: W. W. Norton &Company.

10. Douglass, C., North, 1990, *Institutions, Institutional Change and Economic Performance*, Cambridge University Press.

11. Douglass, C., North, 1994, Institutional Change: A Framework of Analysis, Economic History with number 9412001 Paper provided by ECOWPA in its series

12. Douglass, C., North, 1994, Economic Performance through Time, *The American Economic Review*, Vol. 84, Issue, 3, pp. 359 – 368.

13. Douglass, C., North, 1997, *The Contribution of the New Institutional Economics to an Understanding of the Transition Problem*, Helsinki: UNU/WIDER.

14. Douglas, J., Puffert, 2000, The Standardization of Track Gauge on North American Railways, 1830 – 1890, *Journal of Economic History*, Vol. 60, Issue 4, pp. 933 – 960.

15. Douglas, J., Puffert, 2009, *Tracks across Continents, Paths through History: The Economic Dynamics of Standardization in Railway Gauge*, University of Chicago Press.

16. Goldstone, Jack, 1998, Initial Conditions, General Laws, Path Dependence, and Explanation in Historical Sociology, *American Journal of Sociology*, Vol. 104, Issue 3, pp. 829 – 845.

17. Jenna Bednar and Scott E Page, 2005, Culture, Institutional Performance, and Path Dependence, *working paper*, University of Michigan.

18. Jenna Bednar, Aaron Bramson, Andrea Jones – Rooy, Scott E. Page, 2010, Emergent Cultural Signatures and Persistent Diversity: A Model of Conformity and Consistency, *Rationality and Society*, Vol. 22, Issue 4, pp. 407 – 444.

19. Paul, A., David, 1985, Clio and The Economics of QWERTY, *The American Economic Reviews*, Vol. 75, Issue 2, pp. 332 – 337.

20. Paul, A., David, 1986, Understanding the Economics of QWERTY: The Necessity of History, In: W. N. Parker, *Economic History and the Modern Economist*, Oxford: Oxford University Press.

21. Paul, A., David, 1994. Why Are Institutions the 'Carriers of History'? Path Dependence and the Evolution of Conventions, Organizations and Institutions, *Structural Change and Economic Dynamics*, Vol. 5, Issue 2, pp. 205 – 220.

22. Paul, A., David, 2001, Path Dependence, Its Critics, and the Quest for 'Historical Economics', In: P. Garrouste, S. Ionnides, *Evolution and Path Dependence in Economic Ideas* Edward Elgar, pp. 15 – 25.

23. Paul, A., David, 2007, Path Dependence: A Foundational Concept for Histori-

cal Social Science, Cliometrica, *Journal of Historical Economics and Economic History*, Association Française de Cliométrie (AFC), Vol. 1, Issue 2, pp. 91 – 114.

24. Paul Krugman, 1994, The Economics of QWERTY, *Peddling Prosperity*, Chapter 9, New York and London: Norton.

25. Scott E. Page, 2005, An Essay on the Existence and Causes of Path Dependence, *Working Paper*, University of Michigan.

26. Stan J. Liebowitz, Stephen E. Margoli, 1995, Policy and Path Dependence: from QWERTY to Window 95, *Regulation: The Cato Review of Business Government*, Vol. 9, Issue 3, pp. 33 – 41.

27. Stan J. Liebowitz, Stephen E. Margolis, 2000, Path Dependence, *Encyclopedia of Law and Economics*, pp. 981 – 999.

28. Stan J. Liebowitz, Stephen E. Margolis, 2013, The Troubled Path of the Lock-in Movement, *Journal of Competition Law and Economics*, Vol. 9, Issue 1, pp. 125 – 152.

29. Mahoney, James, 2000, Path Dependence in Historical Sociology, *Theory and Society*, Vol. 29, Issue 4, pp. 507 – 548.

30. Stephen J. Gould, 1990, *Wonderful Life: The Burgess Shale and the Nature of History*, W W Norton & Company Incorporated.

31. Stephen J. Gould, 2008, *The Panda's Thumb: More Reflections in Natural History*, Paw Prints.

32. W. Brian Arthur, 1989, Competing Technologies, Increasing Returns and Lock-in by Historical Events, *The Economic Journal*, Vol. 99, Issue 394, pp. 116 – 131.

33. W. Brian Arthur, 1990, Positive Feedbacks in the Economy, *Scientific American*, Vol. 262, Issue 2, pp. 92 – 99.

34. W. Brian Arthur, 1994, *Increasing Returns and Path – Dependence in the Economy*, University of Michigan Press.

35. W. Brian Arthur, 2013, *Complexity Economics: A Different Framework for Economic Thought*, Oxford Univ Press.

36. 韩毅:《历史的制度分析——西方制度经济史学的新进展》,辽宁大学出版社2002年版。

37. 道格拉斯·诺思、胡志敏:《理解经济变迁的过程》,载《经济社会体制比较》2004年第1期。

第十三章 土地交易中抵抗问题研究的新进展[①]

城市的不断扩张是城镇化水平逐步提高的主要表现之一，城市的扩张意味着私人所有的土地通过购买或者被征用的方式转移到政府或者开发商手中。其中，土地交易中的抵抗问题（Holdout）引起了学者们的高度关注。

一、土地交易中抵抗问题的含义

世界上大多数发达国家实行土地私有制，但是并不是所有的土地都是归私人所有。以美国为例，他们的土地分为私人所有、联邦政府所有和州政府所有，私人所有土地所占比例最高，联邦政府所有和州政府所有的土地所占比例相对较低。当私人所有的土地被用作公共使用项目时，政府和私人开发商都可以实施土地征用权。但是当土地被用作非公共使用项目时，政府或者开发商必须通过购买的方式获得土地。政府或者开发商与土地所有者的土地购买交易过程中就会出现抵抗问题。

土地交易中的抵抗问题就是，土地所有者提高土地价格阻碍或者延迟项目的实施。土地所有者提高土地价格的动机有两层含义：（1）土地所有者想交易他们土地时，土地所有者有意提高价格，只是想从土地交易中获得更高的收益；（2）土地所有者本身不愿意交易自己的土地，他们提高土地价格只是为了自己的土地免于交易（Plassmann and Tideman, 2007）。

---

① 本章讨论的主要是实行土地私有制的国家，只有土地属于私人所有，土地所有者才能够进行土地交易。此外，标题中的"抵抗"对应着英文文献中"Holdout"，正文中会对土地交易中抵抗问题的含义进行界定。

二、土地交易中抵抗问题的表现

土地交易中抵抗问题主要表现在三个方面：要挟问题（Holdout Problem）、禀赋效应（Endowment Effect）和集合问题（Assembly Problem）（Calandrillo，2003；Miceli and Sirmans，2007；Hong，2007；Turk and Korthals Altes，2010；Collins and Isaac，2011）。

（一）要挟问题

当一个项目已经被规划并准备付诸实施后，放弃该项目实施的成本就非常高。当土地所有者能够预期到这一点后，那么土地所有者所要的土地价格可能会超过它们的真实价格，这就造成了对项目实施要挟问题的出现。

以高速公路或者铁路建设为例，如果高速公路或者铁路建设已经规划好路线，那么沿线众多的土地所有者预期到自己的土地会被购买，那么他们所要的价格必然要超过土地的真实价值，进而提高了交易成本，并进一步导致项目实施进程延迟，还可能会导致项目的中止（Miceli and Segerson，2007）。

但是，当政府或者开发商所购买的土地只占土地所有者土地的一小部分时，那么土地所有者提高价格的要挟行为会受到一定的限制，原因在于，未被购买的土地可能会因为高速公路以及铁路的建设而带来地价上升，进而降低土地所有者要挟行为的强度（Fischer and Galetovic，2002；Bruce，2005）。

（二）禀赋效应

对于同一片土地而言，土地所有者愿意接受的土地价格要远远高于他们对同一片土地购买时所愿意支付的价格，这是土地交易过程中的禀赋效应（Fischel，1995）。

土地所有者对同一片土地想要获得的交易价格要高于从别人那里买来同一片土地愿意付出的价格，提高了土地所有者和开发商之间的交易成本。对于土地所有者而言,通过议价过程提高了自身的土地收益总额。但是从全社会的角度而言,较高的土地交易价格是通过高税收以及较少的公共利益项目供给实现的(Fischel, 1995),可能会造成整个社会福利的损失。

(三) 集合问题

土地的私人所有可能会导致项目所需要的土地属于不同的土地所有者,政府或者私人开发商会面临众多的土地所有者,双方就土地价格等谈判的交易成本就会非常高。交易成本还会进一步随着土地所有者数量的增加而提高,这是土地交易过程中集合问题的一种体现。

梅内兹和皮奇福德(Menezes and Pitchford, 2004)通过构建理论模型对土地交易过程中的集合问题进行了说明。他们假设:(1)土地交易中有一个开发商和两个土地所有者,并且开发商要购买这两个土地所有者的相邻土地;(2)开发商获得这两块土地后的价值高于在土地所有者1和2手中的价值,二者之差就是土地交易所产生的剩余;(3)为了剔除外部性的影响,假设如果开发商从土地所有者1中购买土地的话,对于土地所有者2来说保留价格是保持不变的;(4)土地所有者进入购买过程分为两个时期:现在(N)和未来(L),两个土地所有者分别有着P_1和P_2的概率在现在(N)将土地出售给开发商,$(1-P_1)$和$(1-P_2)$的概率在未来(L)将土地出售给开发商。结果表明:(1)土地所有者在出售土地时,如果两个土地所有者之间是竞争关系,那么对于任何一个土地所有者而言,他都不愿意与另外一个土地所有者同时售卖自己的土地,他们为了争夺土地交易产生的剩余必然会产生延迟,进一步导致土地配置的无效率;(2)如果两个土地所有者能够互相合作,则不会导致项目实施的延迟。

三、土地交易中抵抗问题的影响

(一) 提高土地所有者收益水平

由于提高土地交易价格造成的土地抵抗问题,对于土地所有者而言,如果不同的土地所有者之间互相合作，他们能够获得土地交易中的价值剩余，有利于他们提高自身的收益水平（Menezes and Pitchford, 2004）。

（二）造成经济效率损失

从开发商或者整个社会的角度来看，土地交易中抵抗问题所导致的负面影响之一就是项目的延迟实施，这可能会进一步造成经济效率损失。以2010年的印度为例，因为土地交易中延迟所导致投资受阻造成1 000亿元的损失（Chowdhury, 2013）。史蒂文（Steven, 2011）通过对20世纪90年代英国零售业的分析发现，最初的零售业项目都能够顺利实施，但是后来由于复杂的土地征用问题而导致一些项目延迟实施，进而影响到经济发展。

有的学者还对土地交易中集合问题对效率的影响进行了特别研究，并从两个角度说明了集合问题对土地配置的无效率。一是认为集合问题的本质是垄断（Posner, 2003），土地所有者对土地较高价格的要求可能会导致项目供给的不足；二是土地所有者和开发商之间议价的交易成本导致了项目实施的延迟，并进一步造成土地配置的无效率（Shavell, 2004; Fischel, 1995; Hirsch, 1999）。

米塞利和塞格松（Miceli and Segerson, 2007）将集合问题纳入议价模型的分析框架，并假设：（1）获得土地的主体可以是私人开发商，也可以是政府；（2）土地被用作大规模的项目，而且开发商所购买的土地属于两个不同的土地所有者（体现集合问题）；（3）开发商和土地所有者之间的议价过程分为两个阶段：$t=1$代表现在，$t=2$代表未来；（4）开发商获得两块土地可以通过三种方式：第一种方式是在$t=1$时，即开发商现在就可以获得两块土地；第二种方式是开发商在$t=1$（现在）获得其中一块土地，在$t=2$时（未来）获得另外一块土地；第三种方式是开发商在$t=2$（未来）时获得两块土地。但是如果开发商在$t=2$不能完全获得两块土地，那么开发商将会放弃这个项目。在上述假设条件下，对比分析了两种情况：（1）开发商和土地所有者之间在土地交易中通过协商确定土地交易价格；（2）通过实施土地征用权获得土地。结果发现：（1）当开发商通过土地购买的方式获得土地时，将会产生很高交易成本，进而造成项目实施的延迟；（2）通过实施土地征用权获得土地时，则能够避免项目的延迟实施；（3）实施土地征用权可能会使得土地补偿价格低于他们的真实价格,并进一步造成土地的过度征用,造成效率的损失。

(三) 引发冲突

土地所有者在土地交易中的抵抗问题可能还会进一步导致冲突的发生。许多学者对中国农村土地的非农化研究发现:(1) 2005 年有超过 60 000 起因为获得农业土地而产生的冲突;(2) 2006 年的前 9 个月中,有 17 900 件左右、涉及 38 万多农民(农民只拥有土地使用权)的"农村案件"。这些冲突案件都涉及政府的干预 (Banerjee et al., 2007; Cao et al., 2008; Goswami, 2007)。

四、土地交易中抵抗问题的协调

(一) 市场手段

1. 克拉克机制和自我评价机制

普拉斯曼和泰德曼 (Plassmann and Tideman, 2007) 认为,土地购买交易中土地抵抗问题的解决方案至少需要具备两个特征:(1) 只有当重新开发土地所产生的社会净收益大于土地价值的总和时,开发商才会购买这块土地。但是每块土地的价值属于私人信息。所以,只有在土地所有者了解到开发商要购买这块土地之前,就需要获得土地所有者对土地真实价值的判断;(2) 必须确保每个土地所有者所能获得的补偿至少要等于他们对土地的主观评价。而克拉克机制 (Clarke Mechanism) 和自我评价机制 (Self-assessment Mechanism) 则是能够满足上述条件并能够解决土地抵抗问题的途径。克拉克机制主要是通过克拉克税 (a Clarke Tax) 来弥补不同土地所有者的土地交易剩余价值差异,从而确保有效率的项目得到实施。自我评价机制就意味着:(1) 如果开发商想要获得属于不同所有者的土地,只需要按照土地所有者事先给出的价格就能够获得土地,而且能够保证交易价格正好弥补了土地所有者的全部损失;(2) 当开发商给出了土地交易价格时(按照土地所有者的要求),土地所有者并不会再改变保留价格，所以自我评价机制能够解决土地抵抗问题；（3）自我评价机制保证了有价值项目的有效实施。

2. 土地交易的市场导向

塔克和狄默氏格鲁（Turk and Demircioglu，2013）通过对土耳其的法特萨（Fatsa）和马尔泰佩（Maltepe）两个城市的研究发现，如果土地所有者愿意将属于不同所有者主体的土地作为一个整体自愿出售给想要获得土地的购买者，那么市场导向的土地交易方式将使得土地所有者获得较高的收益，这被认为是解决土地抵抗问题的有效途径之一。市场导向在新加坡私人住宅投资方面起到了积极的促进作用（Lum，Sim and Malone-Lee，2004）。但是，中国香港、新加坡和美国对市场导向获得土地的动机却并不相同（Turk and Demircioglu，2013；Tang and Tang，1999；Lum et al.，2004；Shoup，2009）。

（二）行政手段

通过行政手段虽然可以解决部分土地交易中的抵抗问题，但是也有学者对政治干预的有效性问题提出了质疑。比如，班纳吉等（Banerjee et al.，2007）就指出：（1）如果抵抗问题由土地所有者导致，政治的介入就不会提高效率；（2）如果土地购买者导致了土地交易中的抵抗问题，政治的介入会降低效率。只有在土地细碎化（即土地属于不同的土地所有者）的情况下，政治介入才有可能减少抵抗问题。可行的行政手段主要有：

1. 土地征用权的实施

以美国为例，如果土地被用作公共使用，那么地方政府和从事公益事业的法人都可以实施土地征用权，这在一定程度上避免了土地购买交易过程中所产生的抵抗问题（Turk and Korthals Altes，2010）。但是，土地公共使用的界定处于一个动态变化的过程中，美国最高法院从最初的"公共使用"概念逐步扩大到"公共目的"，在司法实践中不断调整"公共使用"的概念（Durham，1985；Kotlyarevskaya，2005）。

如果政府为私人部门投资而行使土地征用权，则会导致公权对私权的侵犯。其中一个非常著名的例子就是凯洛与新伦敦城（Kelo v. City of New

London）判例。美国最高法院认定，如果土地的开发能够增加当地的就业机会以及增加税收收入，就符合公共用途的范畴。不过这个案件的判决在美国引起了公权侵犯私权的激烈争论，很多州都明确禁止类似凯洛案件中政府对土地征用权的行使（Carpenter and Ross，2009；Azuela and Herrara，2007；Shigley，2007；Turk and Demircioglu，2013）。

在实施土地征用权的过程中，是否对土地所有者进行补偿，学者们之间存在分歧。部分学者认为，对土地所有者进行补偿是没有效率的。比如，布卢姆等（Blume et al.，1984）分析认为：（1）当土地的征用决定与土地用途无关时，零补偿是有效率的而完全补偿是没有效率的；（2）当是否征用土地的决定和土地用途相关，同时还受到投资者决定的影响时，因为道德风险问题的存在使得零补偿和完全补偿都是没有效率的。另一部分学者则认为，对土地所有者补偿是有条件的。比如，米歇尔曼（Michelman，1967）指出，只有当政府行为的净收益大于转让成本，并且转让成本小于道德成本时，政府才会对私人财产的征用实施补偿。还有部分学者认为应该无条件地给予土地所有者相应补偿。比如，诺莎尔（Nosal，2001）认为，虽然给予土地所有者补偿可能会导致道德风险问题，但还是应该给予土地所有者补偿。

2. 土地整理与土地银行

土地整理（Land Readjustment）是解决土地交易中抵抗问题的另外一条行政解决途径（Turk and Demircioglu，2013）。这是因为：在一个新的区域或者拥有众多建筑物的城市区域进行土地整理，可以增加土地供给。因为土地整理后，最初的土地所有者仍然留在原来的区域，所以不需要实施土地征用或者进行土地的购买，进而解决了土地交易存在的抵抗问题（Turk and Korthals Altes，2010）。当该区域内大部分土地所有者都愿意土地整理，而仅有较少一部分人不愿意进行土地整理时，只需要对这小部分不愿意进行土地整理的土地所有者实施土地征用权就可以了（Turk and Korthals Altes，2010；Turk and Korthals Altes，2011；Turk and Demircioglu，2013）。

洛（Louw，2008）认为，除了土地整理在一定程度上解决了土地交易中的抵抗问题外，土地银行也是一种可行的途径。对于项目导向的土地获得，土地整理要优于土地银行；对于计划导向的土地获得而言，土地整理和土地银行都可以实现。

参考文献

1. Alberto Alesina, Francesco Passarelli, 2014, Regulation versus Taxation, *The Journal of Public Economics*, Vol. 110, Issue 1, pp. 147 – 156.

2. Alfredo Garcia, Juan Manuel Alzate and Jorge Barrera, 2012, Regulatory Design and Incentives for Renewable Energy, *Journal of Regulatory Economics*, Vol. 41, Issue 3, pp. 315 – 336.

3. Anna Ter – Martirosyan and John Kwoka, 2010, Incentive Regulation, Service Quality and Standards in U. S. Electricity Distribution, *Journal of Regulatory Economics*, Vol. 38, Issue 3, pp. 258 – 273.

4. Ariel Casarin, 2014, Productivity throughout Regulatory Cycles in Gas Utilities, *Journal of Regulatory Economic*, Vol. 45, Issue 2, pp. 115 – 137.

5. Baomin Dong, Jiong Gong and Xin Zhao, 2012, FDI and Environmental Regulation: Pollution Haven or a Race to the Top? *Journal of regulatory economics*, Vol. 41, Issue 2, pp. 216 – 237.

6. Bastian Henze, Charles Noussair and Bert Willems, 2012, Regulation of Network Infrastructure Investments: An Experimental Evaluation, *Journal of Regulatory Economics*, Vol. 42, Issue 1, pp. 1 – 38.

7. Carlo Cambini, Laura Rondi, 2010, Incentive Regulation and Investment: Evidence from European Energy Utilities, *Journal of Regulatory Economics*, Vol. 38, Issue 1, pp. 1 – 26.

8. Christian J. and Urs T. , 2011, The Interaction between Universal Service Costing and Financing in the Postal Sector: A Calibrated Approach, *Journal of Regulatory Economics*, Vol. 39, Issue 1, pp. 89 – 110.

9. David P. Baron, 2010, Morally Motivated Self – Regulation, *The American Economic Review*, Vol. 100, Issue 4, pp. 1299 – 1329.

10. Diego Moreno and John Wooders, 2011, Auctions with Heterogeneous Entry Costs, *The Rand Journal of Economics*, Vol. 42, Issue 2, pp. 313 – 336.

11. Edmond Baranes and Cuong Hung Vuong, 2012, Competition with Asymmetric Regulation of Mobile Termination Charges, *Journal of Regulatory Economics*, Vol. 42, Issue 2, pp. 204 – 222.

12. Elena Krasnokutskaya and Katja Seim, 2011, Bid Preference Programs and Participation in Highway Procurement Auctions, *The American Economic Review*, Vol. 101, Issue 6, pp. 2653 – 2686.

13. Federico Boffa and John Panzar, 2012, Bottleneck Co-ownership as a Regulatory Alternative, *Journal of Regulatory Economics*, Vol. 41, Issue 2, pp. 201 – 215.

14. François Destandau, Serge Garc, 2014, Service Quality, Scale Economies and Ownership: An Econometric Analysis of Water Supply Costs, *Journal of Regulatory Economics*, Vol. 46, Issue 2, pp. 152 – 182.

15. Fumitoshi Mizutani and Shuji Uranishi, 2013, Does Vertical Separation Reduce Cost? An Empirical Analysis of the Rail Industry in European and East Asian OECD Countries, *Journal of Regulatory Economics*, Vol. 43, Issue 1, pp. 31 – 59.

16. Germà Bel and Xavier Fageda, 2010, Privatization, Regulation and Airport Pricing: An Empirical Analysis for Europe, *Journal of Regulatory Economics*, Vol. 37, Issue 2, pp. 142 – 161.

17. Hang Gao, Johannes Van Biesebroeck, 2014, Effects of Deregulation and Vertical Unbundling on the Performance of China's Electricity Generation Sector, *Journal of Industrial Economics*, Vol. 62, Issue 1, pp. 41 – 76.

18. Ian M. Dobbs, 2011, Modeling Welfare Loss Asymmetries Arising from Uncertainty in the Regulatory Cost of Finance, *Journal of Regulatory Economics*, Vol. 39, Issue 1, pp. 1 – 28.

19. James C. Cooper and William E. Kovacic, 2012, Behavioral Economics: Implications for Regulatory Behavior, *Journal of Regulatory Economics*, Vol. 41, Issue 1, pp. 41 – 58.

20. Jerry A. Hausman and William E. Taylor, 2012, Telecommunications Deregulation, *The American Economic Review*, Vol. 102, Issue 3, pp. 386 – 390.

21. João Vareda, 2011, Quality Upgrades and Bypass under Mandatory Access, *Journal of Regulatory Economics*, Vol. 40, Issue 2, pp. 177 – 197.

22. Lewis Evans, Graeme Guthrie, 2012, Price-cap Regulation and the Scale and Timing of Investment, *The Rand Journal of Economics*, Vol. 43, Issue 3, pp. 537 – 561.

23. Lucas W. Davis, Lutz Kilian, 2011, The Allocative Cost of Price Ceilings in the U. S. Residential Market for Natural Gas, *Journal of Political Economy*, Vol. 119, Issue 2, pp. 212 – 241.

24. Maarten Janssen, Vladimir A. Karamychev, 2010, Do Auctions Select Efficient Firms?, *Economic Journal*, Vol. 120, Issue 549, pp. 1319 – 1344.

25. Michael A. Crew and Paul R. Kleindorfer, 2012, Regulatory Economics and the Journal of Regulatory Economics: A 30-year Retrospective, *Journal of Regulatory Economics*, Vol. 41, Issue 1, pp. 1 – 18.

26. Michael Crew, Rami Kahlon, 2014, Guaranteed Return Regulation: A Case Study of Regulation of Water in California, *Journal of Regulatory Economics*, Vol. 46, Issue 1, pp. 112 – 121.

27. Nongluk Buranabunyut and James Peoples, 2012, An Empirical Analysis of Incen-

tive Regulation and the Allocation of Inputs in the US Telecommunications Industry, *Journal of Regulatory Economics*, Vol. 41, Issue 2, pp. 181 - 200.

28. Oliver J. Williams and Stephen E. Satchell, 2011, Social Welfare Issues of Financial Literacy and Their Implications for Regulation, *Journal of Regulatory Economics*, Vol. 40, Issue 1, pp. 1 - 40.

29. Pauline M. Ahern, Frank J. Hanley and Richard A. Michelfelder, 2011, New Approach to Estimating the Cost of Common Equity Capital for Public Utilities, *Journal of Regulatory Economics*, Vol. 40, Issue 3, pp. 261 - 278.

30. Philippe Aghion, Yann Algan, Pierre Cahuc and Andrei Shleifer, 2010, Regulation and Distrust, *The Quarterly Journal of Economics*, Vol. 125, Issue 3, pp. 1015 - 1049.

31. Raffaele Fiocco, 2012, Competition and Regulation with Product Differentiation, *Journal of Regulatory Economics*, Vol. 42, Issue 3, pp. 287 - 307.

32. Russell Smyth, Magnus Söderberg, 2010, Public Interest versus Regulatory Capture in the Swedish Electricity Market, *Journal of Regulatory Economics*, Vol. 38, Issue 3, pp. 292 - 312.

33. Severin Borenstein, 2011, Why Can't US Airlines Make Money? *The American Economic Review*, Vol. 101, Issue 3, pp. 233 - 237.

34. Shanti Gamper - Rabindran and Stephen R. Finger, 2013, Does Industry Self-regulation Reduce Pollution? Responsible Care in the Chemical Industry, *Journal of Regulatory Economics*, Vol. 43, Issue 1, pp. 1 - 30.

35. Soren T. Anderson and James M. Sallee, 2011, Using Loopholes to Reveal the Marginal Cost of Regulation: The Case of Fuel - Economy Standards, *The American Economic Review*, Vol. 101, Issue 4, pp. 1375 - 1409.

36. Stephen R. Finger and Shanti Gamper - Rabindran, 2013, Testing the Effects of Self-regulation on Industrial Accidents, *Journal of Regulatory Economics*, Vol. 43, Issue 2, pp. 115 - 146.

37. Steven L. Puller and Jeremy West, 2013, Efficient Retail Pricing in Electricity and Natural Gas Markets, *The American Economic Review*, Vol. 103, Issue 3, pp. 350 - 355.

38. Steven W. Pottier, 2011, Life Insurer Efficiency and State Regulation: Evidence of Optimal Firm Behavior, *Journal of Regulatory Economics*, Vol. 39, Issue 2, pp. 169 - 193.

39. Theodore J. Kury, 2013, Price Effects of Independent Transmission System Operators in the United States Electricity Market, *Journal of Regulatory Economics*, Vol. 43, Issue 2, pp. 147 - 167.

40. Thomas P. Lyon and Nathan Wilson, 2012, Capture or Contract? The Early Years of Electric Utility Regulation, *Journal of Regulatory Economics*, Vol. 42, Issue 3, pp. 225 - 241.

41. Timo Goeschl and Ole Jürgens, 2012, Environmental Quality and Welfare Effects

of Improving the Reporting Capability of Citizen Monitoring Schemes, *Journal of Regulatory Economics*, Vol. 42, Issue 3, pp. 264 – 286.

42. Tina Kao, Flavio Marques Menezes, John C. Quiggin, 2014, Optimal Access Regulation with Downstream Competition, *Journal of Regulatory Economics*, Vol. 45, Issue 1, pp. 75 – 93.

43. Torben Stühmeier, 2013, Access Regulation with Asymmetric Termination Costs, *Journal of Regulatory Economics*, Vol. 43, Issue 1, pp. 60 – 89.

44. Volodymyr Bilotkach, Joseph A. Clougherty, Juergen Mueller and Anming Zhang, 2012, Regulation, Privatization, and Airport Charges: Panel Data Evidence from European Airports, *Journal of Regulatory Economics*, Vol. 42, Issue 1, pp. 73 – 94.

45. William Hogan, Juan Rosellón and Ingo Vogelsang, 2010, Toward a Combined Merchant-regulatory Mechanism for Electricity Transmission Expansion, *Journal of Regulatory Economics*, Vol. 38, Issue 2, pp. 113 – 143.

第十四章 医疗服务规制研究的新进展

一、医疗服务的性质

(一) 医疗服务的特殊性

医疗服务不同于一般商品和服务,具有明显的特殊性。比如,雷克斯福特·桑特勒和史蒂芬·纽恩(Rexford E. Santerre and Stephen P. Neun, 2006)将医疗服务定义为:是由无数维持、改善或恢复一个人身体或精神良好状态的商品和服务的组成。布伦南和贝里克(Brennan and Berwick, 1996)认为,医疗服务的特点在于,它一方面是社会福祉所系,另一方面又关系私人利益。盖纳(Gaynor, 1994)从医疗服务市场中医疗服务供给者——医师服务的角度出发,强调医师服务是一种专业性服务,其主要特点包括医师服务的异质性(Heterogeneous)与不能再转售性(Non-retradable)特点。从制度层面来看,医师服务有三个特点:一是信息是这个市场的重要产品;二是由于医疗保险的介入,消费者只负担部分医疗服务费用;三是各国普遍采取的医疗保险制度改革,使医师服务市场的结构发生了很大变化。

(二) 医疗服务是不是公共品的争论

关于医疗服务是不是公共产品,学者们之间还存在分歧。部分学者认为,医疗服务有公共物品性质。比如,保罗·费尔德斯坦(Pauly Feldstein, 1998) 指出, 在医疗卫生产品中, 有一部分产品具有公共产品属性, 还有相当一部分产品虽不是严格意义上的公共物品, 但因其具有较强的正外部性, 具有准公共产品的性质, 因此无法按"谁受益, 谁分担"的原则进行补偿。然而, 也有学者认为, 医疗服务是私人用品, 这为医疗服务市场化改革提供了理论依据。比如, 舍曼·富兰德、艾伦·古德曼和迈伦·斯坦诺 (Sherman Folland, Allen C. Goodman and Miron Stano, 2004) 把医疗服务与公共卫生、公共预防、妇幼保健等卫生活动区别开来, 认为医疗服务并非公共产品或准公共产品, 而是私人产品。

二、医疗服务规制依据

(一) 信息不对称

因为信息不对称, 医疗服务供给者可能出于牟利动机而诱导患者选择获利较高的诊疗方案和消费不必要的医疗服务, 或供方出于自我保护的动机在医疗诊治方案选择过程中倾向于较少发生纠纷、利于自我保护的诊疗手段, 比如全面检查和昂贵药物等。为此, 需要政府通过规制进行有效干预。

阿罗 (Arrow, 1963) 指出, 医疗部门既有需求方的不确定性, 又有供给方的不确定性。由于医疗服务中严重的信息不对称, 传统的保险市场产生了"逆向选择"和"风险选择", 进而出现了"市场失灵"。政府通过强制性保险可以很好解决"逆向选择", 但是对医疗部门的道德风险却似乎无能为力。道德风险产生于"第三方支付", 需求方主要表现为过度消费医疗资源, 供给方则表现为"供给诱导需求"。

1. 第三方支付引发道德风险

马克·保利 (Mark V. Pauly, 1987) 也指出, 由于"第三方支付"会存在很大的道德风险, 使得一些医疗保险市场中的风险在私人市场是不可予以保险的, 这部分保险就需要政府来提供。约瑟夫·纽豪斯 (Joseph P. Newhouse, 1993) 也认为, 医疗服务市场第三方付费的存在使消费者对医疗服务的价格不太敏感, 拥有保险的消费者使用医疗服务所支付的边际价格为零或者很低,缺乏搜寻市场上最低价格的激励,很可能产生过度使用医疗服务的倾向。

2. 供给者诱导需求

供给者诱导需求理论研究最早可以追溯到谢恩和罗默(Shain and Roemer, 1959; Roemer, 1961)。他们在研究中发现,综合性医院每千人所拥有的床位数和每千人的住院天数之间存在着相关性,而且这一现象并不是个别地区的偶然现象,该现象被称为罗默影响。托马斯·麦圭尔(Thomas G. McGuire, 2000)的研究指出,当医生影响患者的医疗服务需求,而这种需求又不能与他们对于患者最佳利益的解释相一致时,供给诱导需求就产生了。

德拉特和多蒙特(E. Delattre and B. Dormont, 2003)通过解释供给者诱导需求产生的原因认为,许多医疗服务消费者缺少有关价格和技术方面的完全信息,导致医患信息不对称问题及医疗卫生服务行业的弱可替代性,就医者作为委托人处于脆弱和依赖的特殊地位,且不能判断医疗服务的质量,医疗提供者在交易中具有绝对优势,更加剧了医生的机会主义行为,这种机会主义倾向就是医疗服务供给方诱导病人多消费,即供给者诱导需求(Rexford E. Stanterre and Stephen P. Neun, 2006)。

哈特、施莱弗和维什尼(O. Hart, A. Shleifer and R. W. Vishny, 1997)进一步指出,有些诱导需求是由于不对称信息和代理问题而存在的。但是,追求利润的目的可能也会鼓励医疗提供者通过提高价格和降低不可观察的质量来运用市场势力,如此情况更可能会出现在医疗市场中,需要政府干预。因此,传统意义上的市场供求关系并不适用于该特殊市场,在该领域过分强调市场化往往会导致资源配置的低效率(Ewans, 1974)。

(二) 外部性

在将医疗卫生服务看做具有纯公共产品或准公共产品性质的理论框架下,医疗卫生服务具有明显的外部性,最常被引用的负外部性的实例是传染病的流行(Charles E. Phelps, 1997)。

保罗·费尔德斯坦(1998)认为,由于医疗服务具有正外部性,如果完全依靠市场机制的作用由私人部门提供,会出现供给不足。为了促使医院不以消费者的支付能力为基础提供服务、为人口稀少的非大城市地区提供服务,需要政府给予医疗服务供给者一定的优惠或补贴,支持其以低廉的价格提供更多的基本医疗服务。

(三) 公益性和公平性

医疗卫生事业是体现一国人权状况、社会经济发展水平的重要内容,关系到千家万户的健康,关系到人民群众生活的质量,其公益性已经为世界所公认。世界卫生组织(WHO)和瑞典国际发展合作机构(SIDA)1996年发表的基于"差异公平观"的倡议书——《健康与卫生服务公平性》强调,医疗公平至少应满足两个基本要求:一是个人不应为因病就医而倾家荡产,这意味着公平的医疗应有高水平的风险分担机制;二是穷人向医疗体系支付的费用应该比富人少,因为穷人收入低而又必须将收入的绝大部用于满足食物、住房等基本生活需求。

理查德·斯科特恩(Richard Scotton,1999)也指出,医疗公平目标的最保守定义为,没有人因为不能支付费用而不能得到有效的医疗服务或者因为接受医疗服务而导致贫困。

科尔奈和翁笙和(János Kornai and Karen Nisa Eggleston,2003)特别强调了公平性在医疗领域的重要性,他们认为,由于健康、免除痛苦和挽救生命的特殊重要性,大多数人都愿意接受医疗服务分配的"特别的人人平等"原则,这些原则深深植根于现代社会的社会规范体系中。单纯地依靠市场机制筹措资金和提供医疗服务将导致医疗服务供给者片面追求经济效益的行为,不可避免地出现穷人和弱势群体对医疗服务利用的减少。从公益性公平性的角度来讲,政府有必要对医疗服务业进行规制,以保障人人公平的利用医疗服务。

(四) 规模经济与垄断

医疗机构如果存在规模经济,形成垄断则有利于资源配置效率的提高,政府有必要维护自然垄断并控制自然垄断的定价行为。

1. 医疗机构的规模经济问题争论

关于医疗机构是否存在规模经济,学者们之间还存在不同意见。

部分学者认为，医疗机构存在规模经济和垄断行为。比如，卡尔和费尔德斯坦（Carr and Feldstein, 1967）、菲尔德斯坦（Feldstein, 1967）、印巴和泰勒（Ingbar and Taylor, 1968）等的早期研究证明了医院存在规模经济和垄断行为。托马斯·卡林和阿尔方斯·霍特曼（Thomas G. Cowing and Alphonse G. Holtmann, 1983）选用结构的方法，发现医疗机构存在规模经济。森川正之（Masayuki Morikawa, 2010）运用面板数据估计医院的全要素生产率也表明，医院的规模效应是显著的。弗雷希和莫布里（H. E. Frech III and Lee R. Mobley, 1995）则进一步指出，只有规模达370张床位的医院才存在规模经济。

但也有学者认为，医疗机构存在规模报酬不变。比如，罗伯特·康拉德和罗伯特·施特劳斯（Robert F. Conrad and Robert P. Strauss, 1983）使用结构的方法和多产出的方法，对北卡罗来纳州的医院样本进行研究发现，医疗机构存在规模报酬不变。

还有部分学者认为，医疗机构质量决定了规模经济是否存在。保罗·盖尔特和唐纳德·瓦尔德曼（Paul J. Gelter and Donald M. Waldman, 1992）认为，在不考虑质量问题的情况下，医院存在规模经济。而经过质量调整后的模型表明，规模经济只存在于低质量护理医院，质量为平均水平的护理医院成本是固定不变的，而高质量的护理医院则是规模不经济的。

2. 医疗机构的垄断性

与规模经济不同，学者们基本都肯定了医疗机构的垄断性。比如，勒夫特与梅尔科（Luft and Maerki, 1985）认为，较强的地域性使医疗机构具有垄断性，很多市场中潜在的竞争压力并不大。马丁·盖纳和威廉·沃格特（Matin Gaynor and William B. Vogt, 2003）也指出，医院销售的产品、宗教信仰、服务质量等等都是有区别的，最重要的方面之一是医院的物理位置，消费者主要看重医院是否在他们住所附近。因此，医院符合差异化寡头垄断竞争市场。20世纪90年代英国医疗服务市场化改革数据表明，医疗服务竞争和服务质量之间的关系是负向的（Carol Propper, Simon Burgess and Katherine Green, 2004），这也从反面说明了医疗机构垄断性经营的重要性。

三、医疗服务价格规制

(一) 费率控制

由权威机构设定医院在一定时期内收取的最高价格，是医疗服务规制的常用手段。20世纪70年代，美国联邦政府曾经将对医院成本的控制作为尼克松政府经济稳定计划的一部分，很多州以此作为基础制定了本州控制医疗服务费用的相应价格规制方案。

很多学者对费率控制的效果进行了实证考察，得出结论认为：

1. 在不涉及跨区域比较的情况下医疗费用有所下降

迈克·罗斯科和罗伯特·布罗伊勒斯（Michael D. Rosko and Robert W. Broyles, 1988）发现，费率控制使得住院患者人均成本、平均每天的住院成本、患者人均开支的上升幅度都有了一定程度的下降。比利斯、施拉姆和阿特金森（Biles, Schramn and Atkinson, 1980），以及弗兰克·斯隆（Frank A. Sloan, 1983）在没有涉及跨区域比较分析情况下的研究均表明，费率规制总体上降低了医疗费用。

2. 各地区费率控制效果存在差异

莫里西、斯隆和米歇尔（Morrisey, Sloan and Michell, 1983）对费率规制进行跨区域比较发现，费率规制虽有效，但各州的规制效果却不尽相同。大卫·德兰诺夫和肯尼·科恩（David Dranove and Kenneth Cone, 1985）通过均值回归分析方法考察了美国五个州的费率规制效果也指出，实施费率控制的州与没有实施费率控制的州相比，住院患者人均支出增加幅度大约低1.32%，平均每天支出增加的幅度低1.41%，患者人均支出增加的幅度低1.04%。均值回归使纽约州和马萨诸塞州的规制比实际上看起来更加有效（成本无论如何都会下降）。相反，均值回归使康涅狄格州、新泽西州和华盛顿州的规制看起来不那么有效。

(二) 投资审核制度

投资审核制度（Certificate-of-Need，CON）要求医院在医疗服务中尽可能选择效率较高而费用较低的诊疗技术，要求所有医院最低限额的新投资（如购买新病床和增置诊疗设备等）均需经过各级政府计划部门的批准，目的是防止医院过度发展医疗设备和服务、防止昂贵设备的重复投资，以及降低医院成本和诊疗费用。然而，所有的实证结果基本都显示，投资审核制度并未达到其预设目的。

20世纪60年代，美国少数几个州采用了医院投资审核制度。安特尔、奥斯菲尔德和贝克尔（John J. Antel，Robert L. Ohsfeldt and Edmund R. Becker，1995）利用美国1968~1990年48个州的面板数据回归分析得出，医院投资审核制度对医疗成本没有产生影响。科诺弗和斯隆（Christopher J. Conover and Frank A. Sloan，1998）研究也表明，医院投资审核制度在控制医院成本方面所起的作用并不大。废除该制度以后，并没有证据表明医院会大量增加新设备投资或成本随之上升。与继续实行医院投资审核制度的州相比较，取消该制度的州在医院成本和医生服务成本方面并不高。薇薇安·胡等（Vivian Ho et al.，2009）实证研究还表明，投资审核制度也并未带来了较高质量的医疗服务。

由于投资审核制度在控制医院费用和提高医疗服务质量方面并不成功，随着按病种预付制度的实施，投资审核制度也完全终止。

(三) 利用审查制度

利用审查包括入院前审查（确定患者是否有必要进行住院治疗）、住院中审查（确定患者是否需要继续住院治疗）、出院后审查（为了识别有问题的住院服务模式）。其主要目的是使医疗机构控制成本和提高服务质量。美国1974年实行的《全国医疗卫生规划和资源开发法案》就强调了利用审查制度。

学者们对利用审查制度效果的实证考察，也得出了两种不同意见。

1. 利用审查制度有效降低了医疗费用

托马斯·威齐兹、约翰·惠勒和保罗·费尔德斯坦（Thomas

M. Wickizer, John R. C. Wheeler and Paul J. Feldstein, 1989）实证研究发现，利用审查制度使住院率下降了13%，住院时间减少了11%，常规医院住院服务支出减少了7%，医院辅助服务减少了9%，总的医疗费用减少了6%，具有较好的规制效果。

2. 利用审查制度并未起到良好效果

更多实证研究则得出了相反的结论。比如，大卫·德兰诺夫（David Dranove, 1991）研究结果表明，通过利用审查消减成本很容易，而通过利用审查改进卫生保健服务则并非如此。丹尼·恩门（Danny Ermann, 1988）研究也指出，没有证据证明利用审查促进还是降低了服务质量和数量。大卫·格拉博斯基、罗伯特·奥斯菲尔德和迈克尔·莫里西（David C. Grabowski, Robert L. Ohsfeldt, and Michael A. Morrisey, 2003）研究也发现，一些联邦政府在取消了利用审查之后，并没有导致家庭护理与长期护理服务成本的显著增加，说明利用审查对于医疗支出并没有影响。从反面说明了该制度的无效性。

为此，20世纪80年代中期以后，随着其他控制成本的管制措施（如医疗照顾计划中的按病种预付制）的实施以及管理保健的出现和发展，利用审查制度在控制医疗费用方面的作用受到限制，美国很多州开始终止使用该制度。

（四）按病种预付制

美国从1983年开始在医疗照顾计划中实行按病种预付制。按病种定额预付制是依据美国卫生保健筹资署公布的诊断相关组（DRGs）编码，结合病人的年龄、性别、住院天数、临床诊断、病症、手术、疾病严重程度等因素，将病人归入大约500个不同的组，每个组都代表具有相似病症和适用相似治疗方案的病例。再根据疾病的轻重及有无并发症、合并症等将每组分为若干级别，对每组和不同的级别都制定相应的支付标准。医疗照顾计划按这个预先制定的支付标准对医院补偿，最初综合考虑了不同地区医院的成本，几年之后又完全以全国医院的平均成本为依据，并根据各地不同情况对其加以调整，但是支付标准不会因为不同医院的支出不同而变化（Sherman Folland, Allen C. Goodman and Miron Stano, 2004）。

学者们从理论和实证两个角度，考察了按病种定额预付制对医疗服务成本和质量的影响。

1. 对医疗成本的影响

理论和实证研究结果基本都得出了按病种定额预付制能够降低医疗服务成本的结论。

从理论角度看，安德烈·施莱弗（Andrei Shleifer, 1985）提出了标尺竞争理论，认为按病种预付制在刺激医院提高效率以降低成本方面具有明显效果。普格·朱诺（Puig Junoy, 1999）也认为，医院根据患者所属相关诊断组得到固定数额的补偿，实际治疗成本的增加意味着医院净收益的减少，医院承担一定成本风险，因而，按病种预付制具有降低成本的动力。凯瑟琳·凯里（Kathleen Carey, 2002）认为，通过缩短住院时间降低医疗成本是医院的策略性行为，预付制实施后的医疗费用降低是医院通过缩短住院时间实现的。

从实证角度看，科尔奈等（János Kornai et al., 2003）发现，在支付方式改变后的数年间，住院时间比实行按病种预付制以前缩短了1/5到1/4。医疗服务提供者承担的成本风险越大，在决定给患者提供合适治疗时所受到的预算约束也越大，越有动力控制成本。古特曼和多布森（S. Guterman and A. Dobson, 1986）、范格拉斯和霍洛韦（Feinglass and Holloway, 1991）的实证研究也表明，在预付制度实行的第一年，平均住院日下降了9%，1982~1985年间平均住院日共下降了14.6%。艾琳·罗斯巴德等（Aileen B. Rothbard et al., 2004）研究则表明，预付制比按项目付费在统计上可以显著降低医院支出和医疗费用，而医疗服务数量没有显著差异。但门诊费用却显著增长且高于按项目付费的增长幅度，这表明，住院费用的降低是以降低医疗服务量和对医院支付为代价的。

2. 对医疗质量的影响

一些学者担心，在预付制这种规制方式下，如果医院过分强调降低成本而通过过早地让患者出院或者避免接收高成本患者等方式减少服务，最终会影响医疗服务质量。从而，对预付制对医疗质量的影响进行了大量实证研究，得出了不同结论：

（1）部分学者发现预付制降低了医疗质量。霍奇金和麦圭尔（D. Hodgkin and T. G. Mcguire, 1994）的实证研究发现，实行预付制的医院患者数量减少，而没采用该制度的医院的市场份额有所提高，说明预付制导致医院采取风险选择行为。

(2) 部分学者发现预付制对医疗质量存在结构性影响。第一，对不同成本患者服务质量影响不同。大卫·梅尔策、珍妮特·钟和艾米班·巴苏 (David Meltzer, Jeanette Chung and Anirban Basu, 2002) 利用加利福尼亚州相关数据的实证研究表明，虽然从总体上看医疗服务质量没有降低，但高成本患者得到的服务质量降低，而低成本患者所享受的服务质量则有所提高。第二，预付制的具体方式对服务质量影响不同。蒙特菲奥里 (M. Montefiori, 2005) 研究发现，增加预付价格将加剧医院对边际患者的争夺，从而导致质量提升；增加旅行成本则导致均衡质量下降。布雷克、怒舍勒和斯特拉乌梅 (K. R. Brekke, R. Nuscheler and O. R. Straume, 2006) 也指出，更高的预付价将导致更高的均衡质量，但同时也诱导医院增大专业化差异以削弱质量竞争。

四、医疗服务质量规制

(一) 医疗服务质量的内涵

美国技术评估办公室 OTA (Office of Technology Assessment, 1988) 提出："医疗服务质量是指在现有条件下，利用医学知识和技术，增加患者期望结果和减少非期望结果的程度"。美国医疗机构资格认证联合会对医疗服务质量的界定与美国技术评估办公室基本一致，但增加了患者对医疗服务功能满意度评价的内容。

随着医疗模式的转变，医疗服务质量的内涵从单一的临床医疗质量转变为临床医疗、服务、时间、费用等方面的综合质量，即医疗服务质量从"提供者导向 (Provider Orientation)"向"患者导向 (Patient Orientation)"转变。

(二) 医疗服务质量评价体系

关于医疗服务质量的评价，很多学者和机构从不同角度进行了评价体系设计和构建，为医疗服务质量规制提供了可供选择的指标。

1. 从顾客角度

科丁顿和摩尔（Coddington and Moore，1987）认为，医疗服务机构应从顾客的角度用5个方面来评价医疗服务质量，即热情、照顾和关心；医护人员；技术和设备；专业化及服务的或获得性；结果。患者满意度的测评主要利用 SERVQUAL 服务质量模型为基础，SERVQUAL 量表体系有五个维度，包括可信性、移情性、有形性、反映性和保证性。SERVQUAL 方法能够用于比较国家的整体医疗服务质量（William E. Kilbourne et al.，2004）。

2. 从评审过程角度

医疗机构资格认证联合会 JCAHO（Joint Commission on Accreditation of Healthcare Organizations，1997）将评价指标运用到评审过程中，形成了功效（Efficacy）、适宜性（Appropriateness）、效率（Efficiency）、尊重与关心（Respect & Caring）、安全（Safety）、连续性（Continity）、效果（Effectiveness）、及时性（Timeliness）、可获取性（Availability）9 个维度的医疗服务质量评价体系。维克多·索维等（Victor Sower et al.，2001）在 JCAHO 所提出的医疗服务质量评价基础上提出了医院质量关键评价法（KQCAH），认为医院的服务质量可以从关心与尊重（Respect and Caring）、效果与连续性（Effectiveness and Continuity）、适宜性（Appropriateness）、信息（Information）、效率（Efficiency）、饮食（Meals）、第一印象（First Impression）、配送（Staff Diversity）等 8 个方面进行系统评价。

3. 从医院之间比较的角度

世界卫生组织（WHO，2002）建立了一套经过验证的、广泛适用的、综合的医疗服务性能评价模型，目的不是建立标准化的指标，而是通过提高医院之间的比较促进医院为患者服务的水平。该评价体系分为国际和国家两个层次，包括临床效力、患者满意度和患者经历、生产功效、安全性、员工情况、管理的响应性6个方面。

4. 从综合的角度

希登哈维等（Hiidenhovi et al.，2002）提出，可以通过12个问题对医疗服务质量进行评价,包括疗程信息、守约、专业技能、礼貌、服务意识、检验信息、药物信息、治疗方案信息、病情发展信息、隐私保护、检验效率和总体治疗成功率。

参考文献

1. Aileen B. Rothbard, Kuno E, Hadley TR, Dogin J, 2004, Psychiatric Service Utilization and Cost for Persons with Schizophrenia in a Medicaid Managed Care Program, *The Journal of Behavioral Health Services and Research*, Vol. 31, Issue 1, pp. 1 – 12.

2. Andrei Shleifer, 1985, A Theory of Yardstick Competition, *The Rand Journal of Economics*, Vol. 16, Issue 3, pp. 319 – 327.

3. Avi Dor, 2004, Optimal Price Rules, Administered Prices and Suboptimal Prevention: Evidence from a Medicare Program, *Journal of Regulatory Economics*, Vol. 25, Issue 1, pp. 841 – 1104.

4. B. Biles, C. J. Schramm, J. G. Atkinson, 1980, Hospital Cost Inflation under State Rate-setting Programs, *New England Journal of Medicine*, Vol. 303, Issue 12, pp. 664 – 668.

5. Carol Propper, Simon Burgess, Katherine Green, 2004, Does Competition between Hospitals Improve the Quality of Care?: Hospital Death Rates and the NHS Internal Market, *Journal of Public Economics*, Vol. 88, Issue 7 – 8, pp. 1247 – 1272.

6. Christopher J. Conover, Frank A. Sloan, 1998, Does Removing Certificate of Need Regulations Lead to a Surge in Health Care Spending, *Journal of Health Politics: Policy and Law*, Vol. 23, Issue 3, pp. 455 – 481.

7. D. Hodgkin, TG. Mcguire, 1994, Payment Levels and Hospital Response to Prospective Payment, *Journal of Health Economics*, Vol. 13, Issue 1, pp. 1 – 29.

8. D. C. Coddington, K. D. Moore, 1987, Quality of Care as a Business Strategy: How Customers Define Quality and How to Market It, *Healthcare Forum*, Vol. 30, Issue 2, pp. 29 – 32.

9. Danny Ermann, 1988, Hospital Utilization Review: Past Experience, Future Directions, *Journal of Health Politics: Policy and Law*, Vol. 13, Issue 4, pp. 683 – 704.

10. David C. Grabowski, Robert L. Ohsfeldt, Michael A. Morrisey, 2003, The Effects of CON Repeal on Medicaid Nursing Home and Long – Term Care Expenditures, *Inquiry*, Vol. 40, Issue 2, pp. 146 – 157.

11. David Dranove, Kenneth Cone, 1985, Do State Rate Setting Regulation Really Lower Hospital Expenses, *Journal of Economics*, Vol. 4, Issue 2, pp. 159 – 165.

12. David Dranove, 1991, The Five W's of Utilization Review, In: Robert Helms, *American Enterprise Institute Conference on Health Policy Reform*, pp. 239 – 255.

13. David Meltzer, Jeanette Chung, Anirban Basu, 2002, Does Competition under

Medicare Prospective Payment Selectively Reduce Expenditures on High-Cost Patients, *The Rand Journal of Economics*, Vol. 33, Issue 3, pp. 447-468.

14. E. Delattre, B. Dormont, 2003, Fixed Fees and Physician-induced Demand: A Panel Data Study on French Physicians, *Health Economics*, Vol. 12, Issue 9, pp. 741-754.

15. Frank A. Sloan, 1983, Rate Regulation as a Strategy for Hospital Cost Control: Evidence from the Last Decade, *Milbank Memorial Fund Quarterly*, Vol. 61, Issue 2, pp. 195-221.

16. Gaynor M, 1994, Issues in the Industrial Organization of the Market for Physician Services, *Journal of Economics and Management Strategy*, Vol. 3, Issue 1, pp. 211-255.

17. H. E. Frech III, Lee R. Moble, 1995, Resolving the Impasse on Hospital Scale Economics: a New Approach, *Applied Economics*, Vol. 27, Issue 3, pp. 286-296.

18. H. Hiidenhovi, K. Nojonen, Laippala Pekka, 2002, Measurement of Outpatients' Views of Service Quality in a Finnish University Hospital, *Journal of Advanced Nursing*, Vol. 38, Issue 1, pp. 59-67.

19. H. S. Luft, S. C. Maerki, 1985, Competitive Potential of Hospital and Their Neighbors, *Contemporary Policy Issues*, Vol. 3, Issue 2, pp. 89-102.

20. J. Feinglass, J. J. Holloway, 1991, The Initial Impact of the Medicare Prospective Payment System on U. S. Health Care: A Review of the Literature, *Medical Care Review*, Vol. 48, Issue 1, pp. 91-115.

21. Jacob John, Fekriah Mohd Yatim, Shani Ann Mani, 2011, Measuring Service Quality of Public Dental Health Care Facilities in Kelantan, *Asia-Pacific Journal of Public Health*, Vol. 23, Issue 5, pp. 742-753.

22. John J. Antel, Robert L. Ohsfeldt, Edmund R. Becker, 1995, State Regulation and Hospital Costs, *Review of Economics and Statistics*, Vol. 77, Issue 3, pp. 416-422.

23. Joseph P. Newhouse, 1993, Medical Care Costs: How Much Welfare Loss, *The Journal of Economic Perspectives*, Vol. 6, Issue 3, pp. 3-21.

24. K. R. Brekke, R. Nuscheler, O. R. Straume, 2006, Quality and Location Choices under Price Regulation, *Journal of Economics and Management Strategy*, Vol. 15, Issue 1, pp. 207-227.

25. Karen Eggleston, Winnie Yip, 2004, Hospital Competition under Regulated Prices: Application to Urban Health Sector Reforms in China, *International Journal of Health Care Finance and Economics*, Vol. 4, Issue 4, pp. 343-368.

26. Kathleen Carey, 2002, Hospital Length of Stay and Cost: A Multilevel Modeling Analysis, *Health Services and Outcomes Research Methodology*, Vol. 3, Issue 1, pp. 41-56.

27. M. Montefiori, 2005, Spatial Competition for Quality in the Market for Hospital Care, *European Journal of Health Economics*, Vol. 6, Issue 2, pp. 131-135.

28. M. Morrisey, F. Sloan, S. Michell, 1983, State Rate Setting: An Analysis of Some Unresolved Issues, *Health Affairs*, Vol. 2, Issue 2, pp. 36 – 47.

29. Mark V. Pauly, 1987, Monopsony Power in Health Insurance: Thinking Straight While Standing on Your Head, *Journal of Health Economics*, Vol. 6, Issue 1, pp. 73 – 81.

30. Masayuki Morikawa, 2010, Economies of Scale and Hospital Productivity: An Empirical Analysis of Medical Area Level Panel Data, *Discussion papers from Research Institute of Economy*, Trade and Industry (RIETI), Vol. 10, pp. 1 – 17.

31. Matin Gaynor, William B. Vogt, 2003, Competition Among Hospitals, *The Rand Journal of Economics*, Vol. 34, Issue 4, pp. 764 – 785.

32. Michael D. Rosko and Robert W. Broyles, 1988, *The Economics of Health Care*, NewYork: Greenwood.

33. Mohsin Muhammad Butt, Ernest Cyril de Run, 2010, Private Healthcare Quality: Applying a SERVQUAL Model, *International Journal of Health Care Quality Assurance*, Vol. 23, Issue 7, pp. 658 – 673.

34. O. Hart, A. Shleifer, R. W. Vishny, 1997, The Proper Scope of Government: Theory and an Application to Prisons, *Quarterly Journal of Economics*, Vol. 112, Issue 4, pp. 1127 – 1162.

35. Paul J. Gelter, Donald M. Waldman, 1992, Quality-adjusted Cost Functions and Policy Evaluation in the Nursing Home Industry, *Journal of Political Economy*, Vol. 100, Issue 6, pp. 1232 – 1256.

36. Puig Junoy, 1999, Managing the Conflict between Competition and Risk Selection in Health Sector Reform, *International Journal of Health Planning and Management*, Vol. 14, pp. 287 – 311.

37. Robert F. Conrad, Robert P. Strauss, 1983, A Multiple-output Multiple-input Model of the Hospital Industry in North Carolina, *Applied Economics*, Vol. 15, Issue 3, pp. 341 – 352.

38. S. Guterman, A. Dobson, 1986, Impact of Medicare Perspective Payment System For Hospitals, *Health Care Financing Review*, Vol. 7, Issue 3, pp. 97 – 114.

39. T. A. Brennan, D. M. Berwick, 1996, New Rules: Regulation, Markets and the Quality of American Health Care, *BMJ*, Vol. 312, Issue 7038, pp. 1108 – 1109.

40. Thomas G. Cowing, Alphonse G. Holtmann, 1983, Multiproduct Short – Run Hospital Cost Functions: Empirical Evidence and Policy Implications from Cross – Section Data, *Southern Economic Journal*, Vol. 49, Issue 3, pp. 637 – 653.

41. Thomas G. McGuire, 2000, Physician Agency, *Handbook of Health Economics*, Vol. 1, pp. 461 – 536.

42. Thomas M. Wickizer, John R. C. Wheeler, Paul J. Feldstein, 1989, Does Utiliza-

tion Review Reduce Unnecessary Hospital Care and Contain Costs, *Medical Care*, Vol. 27, Issue 6, pp. 632 - 647.

43. Victor Sower, Jo Ann Duffy, William Kilbourne, Gerald Kohers, Phyllis, 2001, The Dimensions on Service Quality for Hospitals: Development and Use of the KQCAH Scale, *Health Care Management Review*, Vol. 26, Issue 2, pp. 47 - 59.

44. Vivian Ho, Ku - Goto, Meei - Hsiang, Jollis, James G., 2009, Certificate of Need (CON) for Cardiac Care: Controversy over the Contributions of CON, *Health Services Research*, Vol. 44, Issue 2p1, pp. 483 - 500.

45. William E. Kilbourne, Jo Ann Duffy, Michael Duffy, George Giarchi, 2004, The Applicability of SERVQUAL in Cross-national Measurements of Health-care Quality, *Journal of Services Marketing*, Vol. 18, Issue 7, pp. 524 - 533.

第十五章 经济性规制绩效研究的新进展

由于信息经济学、博弈论、制度经济学、行为经济学、实验经济学等各种新研究方法的引入，规制经济学自20世纪70年代产生以来得到快速发展。近年来，经济性规制的绩效问题受到学者们的高度关注，主要从经济性规制绩效评估、影响因素和提高经济性规制绩效的措施等方面进行了研究。

一、经济性规制绩效评估

对不同行业的经济性规制绩效进行实证检验，成为近年来学者们研究的重要内容。从研究结果来看，学者们得出的结论存在较大分歧。主要有：

（一）经济性规制取得了较好绩效

乔·沃瑞达（João Vareda，2011）以电信行业为例研究发现，当规制机构对在位者进行规制时，在位者升级网络质量的激励和新进入者投资建设支路网络的激励之间相互作用，新进入者投资支路网络的可能性对在位者质量升级的激励有积极的影响。

还有学者从放松规制的角度反向说明了经济性规制的正面绩效。塞成瑞·伯恩斯坦（Severin Borenstein，2011）研究美国民航放松规制后的结果发现，自从1978年美国民航业放松规制以来，民航业在国内市场损失了近600亿美元，大部分损失发生在近10年。糟糕的财务记录对放松规制经济学提出了挑战。

（二）经济性规制并未取得效果甚至有损经济效率

米歇尔·克鲁和拉梅·卡隆（Michael Crew and Rami Kahlon，2014）指出，早前曾经因为人们对回报率规制（ROR）不满意，所以加州自来水行业用价格上限规制（PCR）代替了回报率规制。但后来加州自来水行业规制方法从价格上限规制又重新转回到回报率规制，甚至是保证回报率规制（Guaranteed Return Regulation，GRR），这主要是因为立法者不愿意使用像税收等明显的干预方法，而更愿意在规制过程中使用模糊的方法。然而，加州经验却说明，保证回报率规制并没有带来效率的提高。热尔马·贝尔和塞维尔·法杰达（Germà Bel and Xavier Fageda，2010）用欧洲100个大型机场的经验数据实证研究也发现，规制机制基本上没有影响机场的收费水平。西奥多·克瑞（Theodore J. Kury，2013）指出，1996年美国联邦能源规制委员会（FERC）通过一系列的市场规则用以消除批发电力市场中的竞争障碍以提高效率，并为本国电力消费者提供更低成本的电力。这些市场规则的结果之一就是促进电力供应商可以平等地进入输电网的区域输电组织（RTOs）和独立系统运营商（ISOs）的建立。然而，通过利用美国本土数据实证研究却发现，费率协议是电力价格下降的主要原因，RTOs并没有对电力价格产生预期影响。史蒂文·波蒂（Steven W. Pottie，2011）对美国多个州的保险规制对人寿保险成本、收益和利润率影响的调查研究也表明，更多规制和更多地区运作的其他成本会被扩张的收益所抵消，保险的利润率并未被影响。

有学者进一步研究发现，很多经济性规制不仅没有带来效率的提高，反而出现了效率的下降。卢卡斯·戴维斯等（Lucas W. Davis et al.，2011）指出，从理论上说，价格上限会导致需求过剩，商品很难被分配给最需要它们的经济主体，从而导致出现分配成本。他们利用美国天然气市场1954~1989年的数据（此时间段美国对住宅天然气市场实施价格上限规制）估算发现，美国天然气市场每年的分配成本高达36亿美元，是以前估计的美国消费者净福利损失的三倍。高航等（Hang Gao et al.，2014）研究中国电力产业放松规制对行业效率的影响也指出，中国2002年对电力行业进行的以垂直分拆为主要内容的放松规制改革，实施两年后，物质资本和人力资本的使用分别下降了5%和7%。从反面证明了规制对效率的负面影响。

对于经济性规制绩效不明显甚至是存在负面绩效的原因,很多学者用俘虏理论进行了解释。规制经济学的早期研究发现,1917 年以前美国实行国家规制的州的电价比不进行国家规制的州的电价下降得慢,原因在于规制者被受规制的电力企业所提供的利益所"俘获"。另外一种解释是:与之前的地方特许承包经营相比,国家规制能更好地克服规制机会主义,从而更可靠地保护特定的电力资产。托马斯·里彦和内森·威尔逊(Thomas P. Lyon and Nathan Wilson, 2012)用美国 1902 ~ 1937 年电气普查的一组数据验证了这两个替代性的解释。他们研究发现,由地方特许承包经营向国家规制的转变大大降低了私人投资偏好,保护了电力的高价格,这一结果支持了"俘获"假说。拉塞尔·史密斯等(Russell Smyth et al., 2010)通过研究瑞典能源委员会决策的影响因素也验证了规制"俘获"假说。这是因为,在 1996 年年初到 2008 年年末这段时间内,对规制者的政府和公众监督并不存在,从而使得公共事业公司增强了对规制者的影响,获取更多利益。

二、经济性规制绩效的影响因素

(一) 规制方式

弗拉基米尔·比洛凯驰等(Volodymyr Bilotkach et al., 2012)用 61 个欧洲机场 18 年的面板数据研究发现,如果采取单一式规制政策,或者机场私有化,或者实施事后价格规制,相关机场费用就会降低。不过,价格上限规制和附近机场的存在并不影响机场费用。那各鲁克·博安尼波特、詹姆斯·派珀斯(Nongluk Buranabunyut and James Peoples, 2012)对美国电信行业的实证分析也表明,不同规制方式的经济绩效存在差别。受价格上限规制的电信运营商能高效地混合使用劳动和资本。与此相反,受回报率规制的电信运营商无法使成本最小化。卡洛卡必尼和劳拉·龙迪(Carlo Cambini and Laura Rondi, 2010)以 1999 ~ 2007 年的欧洲能源为样本研究也发现,企业投资率在激励性规制条件下比回报率规制条件下要高。

特—马提热斯安等(Anna Ter - Martirosyan et al., 2010)研究了

1993~1999年美国规制对电力配电公司的影响发现，激励性规制的确导致了较长时间的服务中断，但是包含质量标准的规制能够抵消服务质量下降。因此，精心设计的质量标准可以使得激励性规制起到节约成本而服务质量不下降的目的。

马尔腾·詹森等（Maarten Janssen et al., 2010）研究了特许经营权拍卖的效率问题指出，即使在拍卖时和二级市场企业成本不相同，且成本和效率信息不对称的情况下，如果只拍卖一个许可证，效率最高的企业会因为出价最高获得经营权。但是如果政府拍卖多个许可证且在二级市场企业之间进行竞争，结果就会不一样，也就是低效率的企业可能会获得经营权。

不对称规制对规制绩效的影响也存在差异。伊恩·道伯斯（Ian M. Dobbs, 2011）指出，回报率是进行价格规制的重要变量，错误地估算回报率对投资、价格都会产生影响并导致福利损失。一般来说，低估回报率产生的福利损失会明显大于高估回报率的损失。埃德蒙·巴冉尼等（Edmond Baranes et al., 2012）研究也发现，不对称规制可以激励运营商巩固其市场地位、增加消费网络设施从而增加社会福利，不对称规制也可以给运营商更大的投资激励。

（二）公民监控汇报能力

蒂莫·高驰尔和奥勒·尤尔根斯（Timo Goeschl and Ole Jürgens, 2012）研究指出，公众参与环境监控可以使规制机构对违法事件更敏感，从而被确认为是提高环境质量和规制效率的方式，而居民监控汇报能力则受到技术水平低和缺乏组织性的影响或限制。但是，蒂莫·高驰尔和奥勒·尤尔根斯（Timo Goeschl and Ole Jürgens, 2012）的研究结论却与此相反。他们发现，更高的居民汇报能力引发了一个替代效应，它使规制者的监控成本和执行成本效应更加模糊，社会福利最终甚至会下降，环境改善将低于预期。在极端方案下，提高居民监控汇报能力最终会对环境质量产生不利影响。

（三）外商直接投资

伴随着全球化的发展，增加外国直接投资已经激起了人们对环境保护上的"竞相逐底（Race to Bottom）"现象的担忧。这是因为那些不受拘束的"污染产业"的投资者把发展中国家当成了"污染的港湾"。董保民等（Baomin Dong et al.，2012）运用南北市场中两个国家间的共享博弈模型研究却得出了与环境污染港湾论相反的结论。他们指出，如果两个国家的市场规模都很小，外商直接投资将会增加接受国的排放标准，进而导致一种"力争上游（Race to the Top）"的情形。但是如果市场规模足够大的话，外商直接投资将不会改变南方国家的排放标准，从而导致环境规制不力或低效。

（四）偏见

詹姆斯·库珀和威廉姆·科瓦契奇（James C. Cooper and William E. Kovacic，2012）运用行为经济学方法研究了偏见对规制决策的影响指出，规制者选择一项决策时会考虑他来自政治代理人的回报。短视很有可能导致规制者采取的政策更接近政治代理人的偏好。规制者的激励结构可能会奖励那些政治上采取权宜政策的人。

（五）范围经济

刘易斯·伊万和格雷姆·格思里（Lewis Evans and Graeme Guthrie，2012）研究发现，被规制企业如果比社会计划者的投资更小、更频繁、增量更大，投资扭曲就越大，范围经济也越大。当范围经济位于中等水平时，规制价格上限就会低于社会计划者，范围经济增加时，价格上限就会上升。当产品数量也被规制时，生产的平均成本会上升但是价格上限却下降。当企业进行初始投资后，规制者马上就想通过提高价格上限将剩余从消费者转给股东从而诱发企业进一步进行投资。

（六）信任程度

菲利浦·阿洪等（Philippe Aghion et al.，2010）运用多个国家的横截面数据分析发现，规制和信任程度之间存在很强的负向关系。不信任或引发公众对规制的需求，同时规制也会阻碍社会信任程度的形成和增加，这会导致一个多重均衡。这意味着，在信任程度低的国家，即使人们知道政府是腐败的,他们还是希望政府进行更多的干预。

(七) 规制周期

规制合同不是永久的,因此规制合同需要重新签订,而重新谈判和重新签订合同会带来"棘轮效应",从而影响企业效率。阿里尔·卡萨林(Ariel Casarin, 2014)以天然气行业为例研究表明,在规制周期内和规制周期间,企业技术或者部分或者全部发生了变化,而且外生投资也减小了"棘轮效应",当规制周期比较短时,策略性降低成本的行为明显减少,生产效率基本不变。

三、提高经济性规制绩效的措施

(一) 制订合理的激励措施

威廉姆·霍根等(William Hogan et al., 2010)研究发现,在发电商为价格接受者条件下,将商业法和规制法结合起来,通过标尺竞争和价格规制来得到长期投资激励能够有效提高规制绩效。阿尔弗雷德·卡希尔等(Alfredo Garcia et al., 2012)对可再生能源的研究也指出,没有激励措施的两个规制政策(电价补贴政策和可再生资源配额标准)没有一个能够诱导可再生能源的社会最优投资水平。因此,当有着"干中学"或其他形式的范围经济时,或有着由传统投资引起的传统技能过剩时,要提高规制绩效,激励措施是必要的。

(二) 合理选择规制方式

1. 根据市场条件选择规制方式

阿尔伯托·阿拉斯纳等(Alberto Alesina et al., 2012)比较和研究了上限规制、定额和比例税降低外部性的效果发现,当一个社会中只有一小部分人进行具有外部性的活动时,或者降低外部行为的成本或所交税额足够凸时,这三种降低外部性的方法所选择的限制水平都过于严格了,而且大众倾向于选择和社会计划者不同的限制方法,比如当社会计划者选择税收时,大众就会选择上限规制。因此,提高规制效率、有效地减少外部性应该根据市场条件对上面三种方法进行合理的选择。

2. 根据产品性质选择规制方式

拉斐尔·费厄库(Raffaele Fiocco, 2012)指出,一种产品由受规制的垄断者和非受规制的竞争性企业共同提供的情况下,垄断者采用哪种制度结构更有效,取决于产品性质。当成本信息不对称时,如果产品是替代性的,一个拥有非竞争性子公司的多元化垄断者夸大成本提高规制价格,将会刺激对其竞争性子公司的产品需求,提高竞争性子公司利润。相应地,分权体制则会阻止垄断者进入竞争性领域,提高福利。相反,如果产品是互补品,多元化垄断者抬高成本的策略,会降低不受规制部分的需求,从而损害其竞争性子公司的利益。因此,允许垄断者多元化并拥有竞争性部分则会产生反补贴激励,从而削弱公司操纵成本的兴趣,增加社会福利。

(三)合理设计规制机制

弗德里科·伯伐和约翰·潘萨尔(Federico Boffa and John Panzar, 2012)研究指出,假设产业链上游的"瓶颈"部分存在显著规模收益,而其他(下游)部分是具有竞争性的垂直相关产业。为了达到有效竞争的目的,就需要进行合理地规制机制设计,即上游企业的所有权按照股份份额成比例地分配给下游企业。这个机制既保留了下游产业的竞争,也部分地内化了规模经济的好处,可以使下游产品质量提高。

参考文献

1. Alberto Alesina, Francesco Passarelli, 2014, Regulation versus Taxation, *Journal of Public Economics*, Vol. 110, Issue 1, pp. 147 – 156.

2. Alfredo Garcia, Juan Manuel Alzate, Jorge Barrera, 2013, Regulatory Design and Incentives for Renewable Energy, *Journal of Regulatory Economics*, Vol. 41, Issue 3, pp. 315 – 336.

3. Anna Ter – Martirosyan, John Kwoka, 2010, Incentive Regulation, Service Quali-

ty, and Standards in U. S. Electricity Distribution, *Journal of Regulatory Economics*, Vol. 38, Issue 3, pp. 258 – 273.

4. Ariel Casarin, 2014, Productivity throughout Regulatory Cycles in Gas Utilities, *Journal of Regulatory Economics*, Vol. 45, Issue 2, pp. 115 – 137.

5. Baomin Dong, Jiong Gong, Xin Zhao, 2012, FDI and Environmental Regulation: Pollution Haven or a Race to the Top?, *Journal of Regulatory Rconomics*, Vol. 41, Issue 2, pp. 216 – 237.

6. Carlo Cambini, Laura Rondi, 2010, Incentive Regulation and Investment: Evidence from European Energy Utilities, *Journal of Regulatory Economics*, Vol. 38, Issue 1, pp. 1 – 26.

7. Diego Moreno, John Wooders, 2011, Auctions with Heterogeneous Entry Costs, *Rand Journal of Economics*, Vol. 42, Issue 2, pp. 313 – 336.

8. Edmond Baranes, Cuong Hung Vuong, 2012, Competition with Asymmetric Regulation of Mobile Termination Charges, *Journal of Regulatory Economics*, Vol. 42, Issue 2, pp. 204 – 222.

9. Federico Boffa, John Panzar, 2012, Bottleneck Co-ownership as a Regulatory Alternative, *Journal of Regulatory Economics*, Vol. 41, Issue 2, pp. 201 – 215.

10. François Destandau, Serge Garc, 2014, Service Quality, Scale Economies and Ownership: An Econometric Analysis of Water Supply Costs, *Journal of Regulatory Economics*, Vol. 46, Issue 2, pp. 152 – 182.

11. Ian M. Dobbs, 2011, Modeling Welfare Loss Asymmetries Arising from Uncertainty in the Regulatory Cost of Finance, *Journal of Regulatory Economics*, Vol. 39, Issue 1, pp. 1 – 28.

12. James C. Cooper, William E. Kovacic, 2012, Behavioral Economics: Implications for Regulatory Behavior, *Journal of Regulatory Economics*, Vol. 41, Issue 1, pp. 41 – 58.

13. Lewis Evans, Graeme Guthrie, 2012, Price-cap Regulation and the Scale and Timing of Investment, *The Rand Journal of Economics*, Vol. 43, Issue 3, pp. 537 – 561.

14. Maarten Janssen, Vladimir A. Karamychev, 2007, Do Auctions Select Efficient Firms?, *Economic Journal*, Vol. 120, Issue 549, pp. 1319 – 1344.

15. Nongluk Buranabunyut, James Peoples, 2012, An Empirical Analysis of Incentive Regulation and the Allocation of Inputs in the US Telecommunications Industry, *Journal of Regulatory Economics*, Vol. 41, Issue 2, pp. 181 – 200.

16. Oliver J. Williams, Stephen E. Satchell, 2011, Social Welfare Issues of Financial Literacy and Their Implications for Regulation, *Journal of Regulatory Economics*, Vol. 40, Issue 1, pp. 1 – 40.

17. Philippe Aghion, Yann Algan, Pierre Cahucand, Andrei Shleifer, 2010, Regula-

tion and Distrust, *The Quarterly Journal of Economics*, Vol. 125, Issue 3, pp. 1015 – 1049.

18. Raffaele Fiocco, 2012, Competition and Regulation with Product Differentiation, *Journal of Regulatory Economics*, Vol. 42, Issue 3, pp. 287 – 307.

19. Russell Smyth, Magnus Söderberg, 2010, Public Interest Versus Regulatory Capture in the Swedish Electricity Market, Journal of Regulatory Economics, Springer, Vol. 38 (3), pp. 292 – 312.

20. Timo Goeschl, Ole Jürgens, 2012, Environmental Quality and Welfare Effects of Improving the Reporting Capability of Citizen Monitoring Schemes, *Journal of Regulatory Economics*, Vol. 42, Issue 3, pp. 264 – 286.

21. Torben Stühmeier, 2013, Access Regulation with Asymmetric Termination Costs, *Journal of Regulatory Economics*, Vol. 43, Issue 1, pp. 60 – 89.

22. Volodymyr Bilotkach, Joseph A. Clougherty, Juergen Mueller, Anming Zhang, 2012, Regulation, Privatization, and Airport Charges: Panel Data Evidence from European Airports, *Journal of Regulatory Economics*, Vol. 42, Issue 1, pp. 73 – 94.

23. William Hogan, Juan Rosellón, Ingo Vogelsang, 2010, Toward a Combined Merchant-regulatory Mechanism For Electricity Transmission Expansion, *Journal of Regulatory Economics*, Vol. 38, Issue 2, pp. 113 – 143.